Antonio Pérez Henares

Nobles y plebeyos

Guerras y escándalos en la aristocracia española

Colección España Hoy / 15

Antonio Pérez Henares

Nobles y plebeyos

EDICIONES TEMAS DE HOY

Colección: ESPAÑA HOY

Paseo de la Castellana, 93. 28046 Madrid
Diseño de cubierta: Rudesindo de la Fuente
Fotografías de cubierta: STAFF
Primera edición: septiembre de 1992
Depósito legal: M. 26.242-1992
ISBN: 84-7880-191-X
Compuesto en Fernández Ciudad, S. L.
Impreso en Talleres Gráficos Peñalara, S. A.
Printed in Spain - Impreso en España

INDICE

Capítulo I

LOS BLASONES RELUCEN EN EL IMPERIO SOCIALISTA

EL DESPERTAR DE LOS AIRES DE GRANDEZA

Cae el sol con el instinto asesino del plomo con que, sólo en Sevilla, sabe caer el sol. Frente a la catedral, junto a unas vallas amarillas, se apretujan centenares de personas, muchas de ellas mujeres. Algunas llevan horas esperando sentadas en sillas bajas de asientos de anea. La plaza está cada vez más llena. Ya son miles. Crecen los nervios. La ansiedad se dispara. «¡Ya empiezan a llegar!», anuncia alguien entre la concurrencia.

Al fondo del pasillo vallado se ha detenido un coche del que desciende una pareja. El, frac; ella, traje, peineta y mantilla. Se dirigen a paso lento hacia la puerta de la catedral, sonríen a los fotógrafos y a las gentes. «¿Quiénes son?», pregunta alguien. «No lo sé», le responden. «Yo sí, es un marqués», informa otro más avisado.

Empieza el desfile de invitados. Algunos comienzan a ser reconocidos. «¡Mira, mira!, es el duque de Feria.» «¡Mira, mira!, es la Nati.» Suenan los aplausos. Algunos se mezclan con vivas. Suben de intensidad cuando el personaje ha sido portada en el *¡Hola!,* se apagan cuando la identidad sólo se supone. Son los nobles sevillanos, los nobles de media España, que pasan con sus galas, sus condecoraciones y sus joyas ante el pueblo de Sevilla.

El pueblo les mira, les admira, y a algunos hasta se les cae la baba. Los nobles asisten a la boda del hijo mayor de la duquesa de Alba, noble entre los nobles de España. Cuando Cayetana comparece, y cuando comparecen los novios, su hijo Carlos y Matilde, hija del marqués de la Motilla, es el delirio.

Las «marías» sevillanas discuten apasionadamente sobre los atavíos. Comparan telas y hechuras, bordados y ribetes, rasos, sedas y terciopelos. «Es una oportunidad única. ¡Qué día!», se emociona una señora. Y no es para menos: tiene a sus ídolos de papel *couché* casi al alcance de las manos, tan sólo separados por una valla que, eso sí, todos respetan casi religiosamente. Un cochero, de los que tienen su parada en la misma plazoleta, mira con aire asqueado la escena. Luego dice en voz alta, para que le oigan y hasta para que le discutan: «Unica ¿para qué?, ¿para seguir aplaudiendo las *caenas*?» Pero nadie le hace caso. Tampoco le replican, simplemente continúan atentos al espectáculo.

Nadie quiere reflexionar con el conductor de coches de caballos sobre lo sorprendente que resulta esa adoración por la aristocracia en el mismo corazón de la España socialista, en la Sevilla de Felipe y de Alfonso. Nadie, en España, parece tampoco sorprenderse del impresionante renacer de la nobleza en una época de gobierno casi absoluto del PSOE, ni del ansia desatada por los viejos títulos cuando se acerca el siglo XXI, que provoca inusitadas peleas, incluso entre hermanos, por los derechos sucesorios sobre condados, marquesados y ducados.

Nunca en lo que va de siglo, y nunca posiblemente desde que comenzó su declive con la Revolución Francesa, gozaron los nobles españoles de mayor predicamento en la opinión pública, nunca fueron menos contestados por estamento social alguno, nunca se cuestionaron en menor medida sus privilegios, nunca se deseó tanto entrar, por la vía que fuere, en ese reducido ámbito de dos mil familias que constituye la nobleza española.

La aristocracia española vivió su época más oscura a partir del momento en que Alfonso XIII salió del país, en 1931. Primero fue la República, cuando cayeron sus privilegios y, lo que fue peor, sus grandes extensiones de tierras se vieron amenazadas por la reforma agraria. En su mayoría, los nobles no fueron apoteósicamente franquistas, pero sí aplaudidores compañeros de viajes y cacerías. No era el fascismo su sitio, ni los exaltados falangistas sus más apropiados contertulios, pero era peor el Frente Popular. Así que, unos con pasión y los otros simplemente con

Fernando Solís, marqués de la Motilla y presidente del Banco de Andalucía, lleva del brazo a su hija, que va a casarse con el heredero de los Alba. (Foto: *Tribuna*/Villar.)

interés, apoyaron al llamado bando nacional. Después, con la dictadura, hubo de todo. Lo normal fue el acomodo confortable a la nueva situación. Al fin y al cabo, las propiedades de la nobleza volvieron a estar a salvo. Frente a los que se entregaron con fervor al nuevo régimen, hubo también quienes comenzaron desde muy pronto a plantear la necesidad de restaurar la monarquía en la persona del legítimo heredero de la Corona: don Juan de Borbón. No es que lo pregonaran a voces, ni tampoco unánimemente, aunque ahora todos quieran presumir de haberlo hecho y no haya aristócrata que se precie que no se refiera al conde de Barcelona por el nombre de Juan III; como sí lo hizo siempre, ahora y en los momentos difíciles, Luis María Ansón, director del órgano oficioso de la monarquía, *ABC*.

En cualquier caso, un buen sector de nobles españoles, más o menos abiertamente, tuvo sus simpatías puestas en don Juan. Con él conspiraron y hasta le dieron disgustos al Generalísimo, como cuando se adhirieron al famoso manifiesto de Lausanne. La sangre no llegó al río, pero a alguno le costó el destierro en una población perdida, si podía ser de las Canarias mejor. En fin, que como don Juan reclamó la monarquía constitucional, esto es, la democracia, pues nuestros nobles por esa senda fueron, que por algo todo, y sin duda el título, lo deben a su señor el rey. Así que la nobleza se fue haciendo, según se iba pudriendo el régimen, a la idea de que iba a haber elecciones, partidos y todos esos asuntos propios de burgueses y plebeyos. Cuando se coronó a don Juan Carlos hubo sus más y sus menos. Hubo incluso quien lo consideró un traidor a su padre, y hasta que éste no abdicó, y pasaron años antes de que lo hiciera, algunos no reconocieron al nuevo monarca. Pero también hay que reconocer a su favor que fueron lo suficientemente sensatos para, al menos, torcer aristocráticamente el morro cuando, desde los corrillos «azules» y «emilirromeranos» del régimen franquista, se había empezado a lanzar unos años antes la candidatura a la Corona de Alfonso de Borbón, casado entonces con Carmencita Martínez-Bordiú, la nietísima.

Esa sí que era una idea peligrosa, porque había ciertos mimbres para hacer el cesto. Alfonso de Borbón era nieto también de Alfonso XIII, aunque su padre, don Jaime, mayor en edad que don Juan, hubiera renunciado al trono tanto por sus deficiencias físicas —era mudo— como por su desgraciado matrimonio con Enmanuela Dampierre, madre de Alfonso, de la que no tardó en divorciarse después de los impetuosos idilios de ella con diversos financieros italianos, con uno de los cuales contrajo segundas nupcias. Pero, en todo caso, Alfonso era nieto de Alfonso XIII, y además Carmencita era nieta del Caudillo. La legitimidad dinástica se unía a la de la victoria por las armas que había obtenido Franco. Podía resultar. Pero no resultó. Ganó la apuesta, gracias le den unos a Dios y otros al azar o la razón, un príncipe sensato.

Y llegó la restauración. Los nobles españoles se las prometieron muy felices, pero pronto su gozo se fue a un pozo. Desde el primer día se vio la voluntad del nuevo rey de no cometer los errores que había cometido su abuelo. Decidió prescindir de camarillas nobiliarias, de camareras de la reina y de cualquier cosa que se pareciera a una corte. Y encima se lo dejó a todos muy claro.

Así, el despertar de los aires de grandeza de nuestra aristocracia comenzó con sordina. Se empezaron a desempolvar blasones, pero con cuidado, no fuera a ser que esto de la democracia fuera cosa de los rojazos. O sea, que empezaron a salir en las fotos, pero con tiento.

El rey se resistía a hacer corte, pero la nobleza comenzó a brillar, al principio con cierta timidez, luego ya sin pudor alguno, en las páginas de papel *couché*. Primero en las revistas del corazón, después en las de información general, luego en los diarios y finalmente en todos los medios, radio, prensa y televisión. En consecuencia, los expedientes para desempolvar títulos empezaron a llegar por centenares a las oficinas del Ministerio de Justicia. Legiones de supuestos legítimos herederos reclamaron sus derechos, y avispados personajes pensaron en la forma de hacer su agosto facilitándoles como fuera el camino hacia la nobleza.

Los socialistas llegaron al poder a finales de 1982. A los nobles les asaltaron de pronto los malos recuerdos. Pero el susto no duró mucho. Pronto comprendieron que, al contrario de lo previsto, podía comenzar para ellos un nuevo tiempo de esplendor.

Aquellos chicos socialistas pronto dejaron las chaquetas de pana en el ropero de la nueva casa. El poder socialista no tenía nada que ver con las viejas aspiraciones de Pablo Iglesias. En la oposición habían presumido de jacobinos, pasando incluso por la izquierda a los comunistas, pero fue pisar moqueta y volverse todo mieles. Le tomaron el gusto a lo que gusta. Fue el cambio de las tres ces (coche, casa y compañera, que dijo el sindicalista Nicolás Redondo). Pero fue más. Primero a escondidas y luego por la puerta grande, la cultura del dinero, de la competitividad a cualquier precio y del individualismo más feroz les hizo convertirse al capitalismo que tanto habían denostado antes. Y aquello fue y sigue siendo Troya. La cultura del *pelotazo,* de considerar al honesto poco menos que como a un estúpido, y el afán de alcanzar la riqueza, el poder y el éxito a toda costa se pusieron por encima de cualquier otro valor ético o público.

En ese caldo de cultivo, como no podía ser de otra manera, sólo faltaba la *titulitis.* El dinero busca hoy, como lo buscó en el siglo XIX y a lo largo de toda la historia humana, cierto *cachet,* cierta excusa social, cierta imagen que dé «razón» al hecho de ser más que los otros. Y esa gran coartada ha sido siempre el título. Da igual que la nobleza se consiguiera por derrotar a los moros, vencer a los gabachos, dar caña a los republicanos o, en suma, por eso tan amplio que se bautizó y bautiza como «servicio a España», donde cabe casi todo a fines de autojustificación.

Porque, desde luego, títulos hay de matamoros o *mata-casi-todo* el género humano, desde indios o negros, pasando por magrebíes, europeos varios y hasta algún amarillo que se cruzó por medio. Son los títulos «buenos», por viejos, pero también existen los concedidos a hombres de Estado o militares en los siglos XVIII y XIX que se consiguieron a base de combatir con fruición unos contra otros, con el pueblo español de por medio.

Pero hay también otros, porque ojo con muchos de los títulos de los que hoy se presume y vocea. Apenas hay que escarbar para encontrar en su origen cuando no un prestamista, un mercachifle; cuando no un chulo de alcoba, una barragana, y cuando no un bufón, un traficante de esclavos.

El dinero quiere títulos. Sus representantes aspiran a ese prestigio social que ha de acompañar a su coche último modelo, a la casa en La Moraleja y al yate en Puerto Banús. Y si no se logra un título, por lo menos, maldita sea, un antepasado que dé cierta distinción ahora que se ha aprendido a comer con no sé cuantos tenedores en la mesa.

LA CAZA DEL TITULO

Banqueros, industriales, políticos, militares, cantantes, actores, comisionistas, intermediarios y publicistas, por poner algunos ejemplos, se someten a todos los estudios genealógicos que hagan

Todos saben quién es José María Ruiz Mateos, y también conocen sus bufonadas, pero pocos saben que es marqués de la Olivara, un título que logró adquirir en la República de San Marino y que legalizó para su uso en España. (Foto: *Tribuna*/Janeiro.)

falta, a ver si salta la liebre y les ponen un blasón en las costillas del pasado. El dinero será el que mande al fin y a la postre, pero una fiesta de *ringorrango* no es nada sin la asistencia de un duque, o por lo menos un marqués o un conde. ¿Y qué mejor cosa que tener uno mismo cualquiera de esos títulos, aunque sea el de barón o hasta el de vizconde, las dos categorías más bajas del elenco?

Los títulos son una excelente carta de presentación, y no sólo aquí, sino también en los Estados Unidos, el imperio, donde creen que una condesa come todas las semanas con el rey y que los nobles van vestidos todo el día como en *Sissi.* Los títulos son «el mejor compañero de un buen talonario de cheques», como le comentaba con gracia el genealogista Angel González a la periodista Lourdes Muñoz en la revista *Tribuna.*

A la caza del título se han lanzado como locos personajes de los que nadie diría que podían andar persiguiendo tales cosas. Por ejemplo José María Ruiz Mateos, quien compró un título, como si de una bodega se tratara, nada más ni nada menos que en la Serenísima República de San Marino, semigobernada por los comunistas para más señas, el día 26 de julio de 1976. Sorprendente esto de las repúblicas que nombran marqueses. A don José María lo hicieron marqués de la Olivara en San Marino, pero más pasmoso resulta aún el hecho de que, exactamente diecisiete días antes del triunfo del PSOE en las elecciones de 1982, o sea el 11 de octubre, el título le fuera autorizado para su uso en España. Y bien que lo usa, pues con ese título encabeza siempre sus tarjetones don José María. Y que nadie le rechiste, que derecho tiene a ello. Legal, al menos.

Otros financieros lograron también habilitar su título conseguido en el extranjero como título válido en el reino de España. Es el caso de Luis Coronel de Palma, autorizado a utilizar el título italiano de marqués de Tejada el 17 de julio de 1968. Y no falta tampoco un apellido de ministro entre estos títulos italianos, el del marqués de Almunia, de Antonio Almunia y de León, concedido por el rey Carlos de Borbón, entonces rey de Nápoles, que lo fue luego de España como Carlos III. Dicho título se autorizó en España el 31 de diciembre de 1957.

Los títulos pontificios fueron también una buena espita para la consecución de noblezas. Claro, que luego había que autorizarlos y eso no siempre era fácil. Algunos lo consiguieron. Entre los que lograron su ansiada entrada en el círculo de la nobleza española mediante esta digamos «recalificación» de títulos pontificios figuró el conde de Osborne, Tomás Osborne Vázquez, cuyo título fue concedido en 1900 por el Papa y autorizado el 2 de marzo de 1983 por el rey.

La rehabilitación de un título del reino de España que estuviera vacante es, sin duda, el más duro camino, pero también el que ofrece mejores recompensas. Son títulos con solera y del solar. No es de extrañar que haya quien pusiera sus cinco sentidos en lograrlo. Hubo quien, como Lola Flores, ni siquiera se buscó antepasados. Proclamó a los cuatro vientos que quería un título y que se lo dieran o que le dijeran quién le podía vender uno. Fue demasiado ingenua, pero por ello mismo se lo mereció más que otros que se pusieron a trapacear buscándole vueltas a su linaje. Por ejemplo, Ramón Mendoza.

Don Ramón, no conforme con haberse hecho rico, haber presidido el hipódromo y ganar alguna vez, aunque de ello hace años, la Liga con el Real Madrid, quería ser noble, a lo mejor para ponerse a tono con su ex novia y ex duquesa Nati Abascal. De manera que se devanó los sesos y se los hizo devanar a genealogistas y abogados en busca de algún tatarabuelo con blasones. Al final, los especialistas le dijeron que lo suyo no tenía arreglo. Vamos, que no había forma de hacerle descender ni del Cid ni de Boabdil.

Con todo, la más notable batalla en lo que respecta a recuperación de títulos fue la que protagonizaron las dos mujeres más ricas de España, las hermanas Koplowitz, Esther y Alicia. Su padre fue, como casi todos saben, un judío polaco llamado Ernesto, y su padrino y protector, al morir aquél y quedar huérfanas, fue Ramón Areces. Ninguno de ellos poseía títulos de nobleza, pero quien sí los tenía para dar y repartir era la madre de las chicas, Esther Romero de Juseu Armenteros. Doña Esther era condesa de Peñalver, y vivió, con muchos de sus ancestros, en Cuba. Allí estaba el origen de otras de sus mercedes y también el de su amistad con quien después fundaría El Corte Inglés. La madre de las propietarias de Construcciones y Contratas era una auténtica noble hispano-cubana. Falleció en 1966.

Esther y Alicia conocieron a los primos Alberto Alcocer y Alberto Cortina, con quienes se casaron y de quienes se divorciaron más tarde, después de sus famosos escándalos erótico-financieros. Esther, la mayor, ha seguido la tradición familiar y sólo ha tenido hijas —tres—; para compensar, Alicia tiene tres hijos varones.

Las hermanas Esther y Alicia Koplowitz, cinco títulos nobiliarios y las primeras fortunas del país. Ambas de blanco y en la recepción del Campo del Moro. (Foto: *Semana.*)

Las dos hermanas, actuando de común acuerdo, han rehabilitado varios de los títulos que pertenecieron históricamente a su familia, y hoy Esther posee ya los marquesados de Casa Peñalver y de Campo Florido, así como el condado de Peñalver, concedido según sentencia de marzo de 1988. Por su parte, Alicia ostenta los marquesados del Real Socorro y de Bellavista.

Desde luego, estas rehabilitaciones costaron muchos esfuerzos. Para conseguir estos árboles genealógicos hubo que remover Roma con Santiago, o mejor dicho, La Habana con Madrid, pero todo se hizo. Por dinero no iba a quedar. Y quizá por dinero les vuelven cada dos por tres los problemas a las hermanas Koplowitz, ahora empresarias de postín.

Al amor de su fortuna, raro es el año que no aparece algún abogado en el despacho del de las hermanas, Luis Vallterra, manifestando que va a ponerles una demanda porque tiene un cliente con mayor derecho que ellas a algunos de los títulos. Normalmente nunca llega la sangre al río, y más de uno acaba, en síntesis y conclusión, pidiendo un «pellizco» para retirar sus pretensiones. Las hermanas han decidido mantenerse firmes y no soltar un duro, conscientes de que, si lo hicieran, les lloverían las reclamaciones.

El último requerimiento lo ha hecho el ciudadano cubano Juan Bosco de Cárdenas, quien ha amenazado a las Koplowitz con arrebatarles los marquesados de Bellavista y Campo Florido y demandarlas ante los tribunales si no le entregan una cantidad cifrada en varios millones de pesetas. El cubano, que ni siquiera reside en España, fue asesorado por un abogado de Madrid e hizo como todos: comenzó afirmando que poseía un «mejor derecho» y terminó pidiendo millones. Lo del derecho al título es algo intangible, pero, según parece, los millones de las Koplowitz no.

«Cada cierto tiempo, desde que represento a las hermanas Koplowitz en estos temas», afirma el experto en derecho nobiliario Luis Vallterra, «viene gente al despacho contando rarísimas historias del pasado, sin otro fin que obtener dinero. Recuerdo que uno, en rebajas, nos acabó pidiendo cien mil pesetas. Por supuesto, ni a éste ni a ninguno se le hizo el menor caso.

»En esta ocasión, primero se recibió una carta, no del cubano, sino de un abogado, diciendo que estaba dispuesto a una demanda para recuperar sus títulos, pero que querían llegar a un acuerdo. Luego vino rápidamente el "cuánto" que querían: una cantidad de siete cifras».

EL ESCALAFON DE LA NOBLEZA

Mientras el citado cubano pide dinero por renunciar a sus supuestos derechos, hay muchos españoles que están dispuestos a pagar lo que sea por conseguir que alguien les demuestre, les ceda o les preste los suyos, con tal de entrar en el selecto club de la aristocracia. Hay quienes están dispuestos hasta a la falsificación, como tendremos ocasión de ver en el siguiente capítulo. Pero antes intentaremos responder a un par de preguntas. ¿Cuántos componen y cuál es el escalafón de la nobleza española?

Pues no crea el lector que es fácil responder, porque el número cambia de día en día con las nuevas concesiones, y sobre todo con las rehabilitaciones. Pese a que estas últimas se dan ahora con cuentagotas, pues el plazo establecido de años como máximo desde que el título dejó de tener propietario para poder reclamarlo se convierte cada vez más en una barrera infranqueable, el número de nobles no deja de crecer. En definitiva, digamos que en el último recuento había 2.666 títulos nobiliarios ostentados por 2.079 personas nobles. El hecho de que esto suceda es la acumulación de varios de ellos en algunas cabezas.

Pero, además, no todos los títulos nobiliarios son iguales. Hay rangos, y por ellos hasta te pueden cambiar de sitio en el comedor privado de la Gran Peña, en plena Gran Vía madrileña. En la planta baja del viejo reducto aristocrático hay una larga mesa. Allí se sientan a comer juntos los nobles, pero los de menor rango corren el riesgo de que los manden a lugar menos preferente y alejado de la cabecera si se presenta un aristócrata de rango superior. Los primeros, y a ésos no los mueve nadie, son los duques, que son grandes de España por el hecho de poseer un ducado, y junto a ellos van los otros grandes de España, aunque su titulación sea menor. Tras los grandes de España van ya los nobles de «a pie» en orden decreciente: marqueses, condes, vizcondes y barones. Pero, como ya hemos dicho, un barón con grandeza, por ejemplo, es «más noble» que un marqués sin ella.

También entre los «más-más» hay diferencias. Por hacer una clasificación, que sin duda todos rebatirán, excepto los colocados en las primeras posiciones, los «más» grandes de España son los siguientes, al menos por acumulación de grandes títulos:

Duquesa de Alba, Cayetana Fitz-James Stuart (18 grandezas, 40 títulos).

Duquesa de Medinaceli, María Victoria Fernández de Córdoba (11 grandezas y 38 títulos).

Duque de Fernán-Núñez, Manuel Falcó y de Anchorena (6 grandezas, 17 títulos).

Duquesa de Osuna, Angela María Téllez-Girón y duque de Estrada (5 grandezas, 10 títulos).

Duque del Infantado, Iñigo de Arteaga (4 grandezas, 10 títulos).

Duque de Sessa, Gonzalo Barón Gavito (4 grandezas, 5 títulos).

Duque de Alburquerque, Beltrán Alfonso Ossorio y Díez de Rivera (3 grandezas, 13 títulos).

Duque de Tamames, José Luis Messía Figueroa (3 grandezas, 5 títulos).

Duquesa de Medina-Sidonia, Luisa Isabel Alvarez de Toledo (3 grandezas, 4 títulos).

Excepto la duquesa de Alba, seguro que cada uno de estos nobles estaría dispuesto a argumentar con ardor la mayor o menor calidad de sus títulos. Los Medina-Sidonia dirían que los suyos tienen más abolengo que los de los Alba, y hasta la propia «duquesa roja», la historiadora Isabel Alvarez de Toledo, quizá recordaría que el título más antiguo de España es el condado de Niebla de los Alvarez de Toledo. Le fue otorgado a Guzmán el Bueno por la llamada gesta de Tarifa, que consistió en tirarles a los sarracenos el puñal para que mataran a su propio hijo, antes que rendir la plaza. Con todo, el famoso condado de Niebla no tiene añadida grandeza de España, y ya va siendo hora de decir qué significa eso tan rimbombante. Como todos los demás títulos, se trata simplemente de una donación graciosa de su majestad de turno. Pero en esta ocasión con una buena historia detrás.

A la llegada a España de Carlos I, que era también V de Alemania, el monarca traía en su séquito una buena ristra de príncipes flamencos. Aquello tuvo que ver, como ya sabrá el lector, con la famosa revuelta de los comuneros, que acabó muy mal para Padilla, Bravo y Maldonado en Villalar. Pero la llegada del emperador alemán también implicó otras cosas. Los notables castellanos de más rango se sentían menospreciados por aquellos nobles flamencos que tenían categoría principesca. Como no era cosa de rebajarles el título y Carlos I estaba bastante escarmentado como para crearse más disgustos, pensó, y pensó bien, que para tener contentos a los españoles nada mejor que nombrar grandes de

España a veinticinco de los más linajudos, lo que equivalía a otorgarles el mismo rango que los príncipes de Alemania y Flandes. La grandeza de España, título que como se dijo va unido al de duque, aunque también otros puedan ostentarlo si les es concedido, venía a significar algo así como ser «primo del rey», su pariente fiel. Y aún hoy siguen considerándose «primos del rey» los grandes de España, aunque su número haya crecido actualmente hasta casi los cuatrocientos, exactamente 398.

Los grandes de España ostentan en cierto sentido la representación de toda la nobleza española. Su sede, en la calle Ayala 3, fue también la sede de la secretaría de don Juan de Borbón. Durante muchos años su máximo representante, o decano, fue Iñigo de Arteaga, duque del Infantado, teniente general y uno de los mayores terratenientes de España para más señas. A finales de 1991, la Diputación Permanente de la Grandeza se renovó, entrando como decano el duque de San Carlos, Alvaro Fernández Villaverde y de Silva. A primera vista, la renovación de esta institución pareció ir en serio, pues además del apreciable rejuvenecimiento de los cargos, entró a formar parte de ella, por primera vez, una mujer, cuando hasta entonces a las nobles féminas no les estaba permitido siquiera hablar en las asambleas, haciéndolo por ellas el cónyuge. Pero no tardó en comprobarse que la renovación era tan sólo una palabra, y que los criterios del organismo y de sus máximos representantes seguían anclados en las más rancias doctrinas y seguían sin reconocer la igualdad de derechos entre varones y hembras a la hora de las sucesiones. Pero eso es harina de otro costal y materia para otro capítulo.

El duque del Infantado no dejó su cargo antes de ver cumplido uno de sus sueños desde que se restauró la monarquía en 1975: que los «grandes» fueran recibidos como tal corporación por el rey. Tuvo que esperar quince años, pero al final lo consiguió. Por mucho que se desmienta, lo habían pedido hacía más de cinco años, y el monarca había dado la callada por respuesta. Algunos lo consideraron como un agravio.

En realidad no podía decirse que las relaciones entre el rey y sus «primos» fueran nada del otro jueves. La gran nobleza española comentaba en privado lo que para ella habían sido continuos desplantes, y se quejaba con amargura del mal pago dado a sus desvelos, incluso económicos, por la Casa Real. «Hubo nobles que se arruinaron por ayudar a don Juan en su exilio de Estoril», es la más repetida de las frases utilizadas. Tras ella se esconde un reproche a veces velado y otras expresado en voz alta. En realidad, el rey, al principio de su reinado sí se entrevistó con alguno de los «grandes» a título personal y recabó su opinión en privado, pero al encontrarse con respuestas de la guisa de «Majestad, creo que se ha ido demasiado lejos» que le espetó algún duque en relación con la transición española a la democracia, los llamamientos no volvieron a repetirse.

Los recelos existían por ambas partes. Lo cierto es que la nobleza española protagonizó en los primeros años de la transición lo que ha sido calificado muy certeramente por la periodista Joaquina Prades, de *El País,* como «un curioso ejercicio de esquizofrenia política». La transición fue dura con bastantes aristócratas que habían sido colaboradores de Franco y al mismo tiempo leales a don Juan, a su Juan III, en su exilio de Estoril. Muerto el dictador, la esquizofrenia fue algo más que curiosa, pues culminó con la negativa a reconocer como rey a don Juan Carlos en 1975, cuando fue coronado. En este ambiente, no es de extrañar que el malestar fuera creciente. Aún lo fue más cuando don Juan Carlos fue tajante a la hora de negarse a «hacer Corte», costumbre que su padre sí había seguido manteniendo en Estoril. Allí se intentaron mantener las reglas cortesanas igual que cuatrocientos años antes. Don Juan nombraba cada dos semanas un «mayordomo» entre la grandeza, y doña María de las Mercedes elegía entre las duquesas una «camarera».

De ahí viene la supuesta anécdota atribuida a la reina Sofía que, cierta o no cierta, ha corrido de boca en boca por toda la nobleza española. Según el rumor, la duquesa de Osuna, Angela María Téllez-Girón, «grande» entre las «grandes», se había presentado en palacio a poco de la coronación y se había ofrecido como camarera de la reina. La reina, según lenguas de triple filo, le habría dado el corte del siglo a la duquesa respondiéndole en tono de broma: «Lo que necesitamos de verdad en palacio es una buena cocinera, ya que la que teníamos acaba de despedirse.»

Esta es la versión más repetida, aunque hay otra que asegura que la reina no comentó entonces nada, sino que se limitó a hacer una cortés salida por la tangente ante el ofrecimiento. El comentario se lo habría hecho, según la segunda versión de la historia, a su augusto esposo, quien lo celebraría, con su habitual humor, a algunos de sus más allegados.

La duquesa de Osuna está ya un poco cansada de desmentir la anécdota. Ella y su sobrino, el duque de Segorbe, hijo pequeño de los duques de Medinaceli, han encontrado una poderosa razón para negar la veracidad del episodio: «Los comentarios son totalmente falsos, entre otras cosas porque la educación de la reina es exquisita, y jamás se le ocurriría decir nada desagradable. Todo es completamente absurdo.» Lo cierto es que las dos casas emparentadas de Medinaceli y Osuna gozan de la amistad de la familia real. La duquesa de Osuna conoce al rey desde su infancia y es gran amiga de su hermana, la infanta Margarita. En todo caso, el mero hecho de que la anécdota se corriera como la pólvora da idea del grado de mosqueo que existía entre los grandes. Porque, ciertamente, la grandeza de España estaba bastante mosqueada, aunque eso no sea muy aristocrático.

Frases como «un reconocimiento tardío», «un intento de evitar el total resquebrajamiento de una tradición» o la más contundente de otro Grande de España, «se nos ha relegado, pero también es nobleza no medir agravios», salpicaron las reuniones previas a la esperada cita del 12 de junio de 1991.

En el fondo, aunque no querían «pedir nada en concreto», lo que sí latía era el deseo de recordar a Su Majestad los servicios prestados. Aunque luego nadie se atrevió a hacerlo en voz alta y quedó todo en las revistas sin permitir que se diera un solo nombre, lo cierto es que todos querían recordarle al rey la ayuda económica a su padre, a quien costearon su exilio en Portugal y Suiza, el pago de los estudios del propio Juan Carlos y el papel que desempeñaron los nobles como intermediarios entre don Juan y Franco. Una vez dicho lo anterior se aseguraba, eso sí, que «todo se hizo desinteresadamente, sin que mediara ningún tipo de petición de la Casa Real, que supo llevar siempre con gran dignidad su pobreza». Pero quedó dicho.

Con la monarquía constitucional sí que hubo algún corte y algún recorte de mayor entidad que el relatado de la duquesa de Osuna. Algunos de estos recortes afectaron a todos. Los Grandes de España tenían ciertos privilegios, no ya aquéllos de los tiempos pasados, como la facultad de permanecer los hombres cubiertos ante el rey y las mujeres sentadas, sino algunos más actuales, como el de tener pasaporte diplomático. El privilegio fue abolido por el gobierno socialista en 1983, y eso es algo que muchos no han perdonado. «Fue cosa de Alfonso Guerra, seguro», afirman todos, convencidos de que la «maldad» contra los que se llaman a sí mismos «Nos, la clase» —y así abren sus reuniones— no pudo tener otro autor que el ex vicepresidente del gobierno.

La duquesa más duquesa en la boda del mayor de sus hijos, que se celebró en la catedral de Sevilla. (Foto: *Tribuna*/Villar.)

Aunque les quedan pocos privilegios aparentes, los «grandes» consiguieron, no sin librar una ardua batalla legal, que se les especificara en el documento nacional de identidad su condición de grandeza, al igual que el tratamiento de «ilustrísima».

Pero en fin, poco a poco las aguas fueron volviendo a mejores cauces para esos cerca de cuatrocientos considerados primos del rey. El príncipe había recibido a la Diputación de la Grandeza en abril de 1989. Después, con ocasión de su asamblea anual en diciembre de 1990, el mismo año en cuyo verano el rey había sido objeto de críticas periodísticas por lo que se llamó la «corte de Mallorca» y cuando en la sede de la calle Ayala todo eran murmuraciones y corrillos a causa del «desplazamiento», un joven marqués, el de Nervión, Alberto Mencós Valdés, dijo en voz alta lo que los demás sólo se atrevían a decir en voz baja: «¿Por qué no solicitamos una audiencia a Su Majestad para todos los grandes de España?»

Así se hizo. Se aprovechó la ocasión del 6 de enero, celebración de la Pascua Militar, durante el protocolario saludo de la Diputación de la Grandeza. Y ¡por fin! llegó la contestación positiva.

Luego vinieron las cuestiones de protocolo. Primero se pensó en los «grandes» y sus descendientes, luego en aquéllos y sus primogénitos, y finalmente la cuestión quedó reducida al poseedor del título y su cónyuge. Además, se trataría simplemente de un saludo, y luego el rey compartiría un cóctel con los presentes. Se hizo saber también que «no había intención de establecer continuidad alguna». Pero la audiencia se celebró en el Palacio Real. Y si el revuelo periodístico fue monumental, el de los «grandes» y sobre todo el de sus esposas no tuvo parangón.

Por fortuna, la discreción ha sido siempre una buena aliada de la aristocracia y aunque, como en todo colectivo, hubo quien dio la nota, poniéndose vestidos de veintiún botones y treinta joyas, la inmensa mayoría entendió el mensaje de la hora de recepción —doce de la mañana— y acudió vestida con elegante sencillez para la ocasión.

Pero no podía faltar la polémica, y ésta saltó por donde menos se esperaba. No por la duquesa de Medina-Sidonia, la *roja,* quien afirmó que a ella no se le había perdido allí nada y que se quedaba tranquilamente en Sanlúcar. No. Tuvo que saltar por la más duquesa de las duquesas, la de Alba.

Cayetana y su duque consorte, Jesús Aguirre, anunciaron que

no podían asistir. Y se desató el drama. Primero se dijo que Jesús Aguirre tenía muy apretada la agenda. Y no coló, pues no hay nada que le guste más al culto consorte de Cayetana que ejercer de duque y ante el rey. Se hubiera cargado tres agendas. No. La verdad, si es que esta nueva versión lo era, se descubrió días después: don Jesús tenía un flemón enorme y, claro, eso hacía feo. Así que no fueron, y el feo lo hicieron ellos.

Las críticas le llovieron y aún le llueven a la Alba por aquello. Hubo quien tachó a la duquesa de orgullosa y maleducada, y alguno opinó que era una pequeña venganza, pues a la boda de su hijo mayor en Sevilla sólo fue la hermana del rey, mientras que a la de la hija del duque de Arión en el castillo de Malpica de Tajo asistió el príncipe heredero, don Felipe. Hubo también quien recordó la famosa frase pronunciada por el padre de Cayetana en su palacio de Liria cuando Franco le privó del pasaporte para que no pudiera desplazarse a ver a don Juan a Estoril: «Es la primera vez en quinientos años que un Alba no puede asistir a una llamada de su rey.» Pues bien, hubo esta segunda vez, con o sin flemón. Un agudo periodista y profundo conocedor de la psicología de Cayetana de Alba, Ismael Fuente, autor del libro *La duquesa,* quizá acertó en su diagnóstico: «Cayetana sigue siendo una niña caprichosa.»

En todo caso, la recepción fue un éxito. Asistieron, con esas mínimas excepciones, todos los que podían asistir. Desde el entonces más nuevo, el duque de Suárez, hasta los de más rancio linaje.

Se comentó mucho la soledad en que se encontró al principio Adolfo Suárez, pero también el más cariñoso de los saludos que le dirigió el rey y que le compensó de su solitario deambular anterior. «Gracias a Dios que te encuentro, José Luis», le dijo el ex presidente al marqués de Vilallonga, «llevo dadas tres vueltas y no conozco a nadie».

Dicen también que el rey estuvo gélido con Francis Franco, señor de Meirás y nieto del dictador, pero atentísimo con su madre, la duquesa de Franco. Y que al marqués de Villaverde, que iba de consorte, pues su título no tiene grandeza, apenas si lo miró. En fin, se dijeron éstas y muchas cosas más, y se seguirán diciendo. Luego, todo volvió a una relativa calma. Hasta se arregló lo de Cayetana, que estuvo en primera fila días después, el 24 para ser exactos, en los Reales Alcázares de Sevilla, donde el rey celebró aquel año su onomástica.

Sin embargo, la peor puñalada vino de donde menos se podía pensar y de donde más dolía, porque vino de puñal de propio acero. Mientras que la prensa del corazón se hacía un enorme eco del acto, con grandes despliegues de textos y fotos, *ABC*, el portavoz monárquico, dejó las cosas en su sitio. Luis María Ansón, que no da puntada sin hilo, se limitó a poner dos fotos y remitir a la columna donde cada día aparecen, sin comentario alguno, las audiencias reales. El mensaje de la Casa Real, interpretaron casi todos, estaba claro. La recepción no era ni mucho menos el inicio de una corte, y el rey seguía sin querer cortesanos. No habría continuidad. El jarro de agua fría que muchos de los grandes de España recibieron aquel día 13, que por fortuna no fue martes, cuando se lanzaron sobre «su periódico» a buscar su foto, fue tremendo. Hubo quien lo hojeó tres veces sin dar crédito, hasta que entendió lo que pasaba: alguien no quería que aquella recepción creara de nuevo una corte como la que a juicio de no pocos tanto tuvo que ver con la caída de Alfonso XIII. Ese alguien era el nieto de aquel rey.

Capítulo II

ALTEZAS POCO REALES Y NOBLES DE PACOTILLA

Los tratamientos y títulos de personajes que aparecen continuamente en las revistas del corazón, de esos personajes que parecen hechos de papel cuché, son en ocasiones sólo eso: papel cuché. Incluso papel bastante mojado. Las fiestas de Marbella, Ibiza o cualquier otro lugar de reunión de la llamada *jet* tienen por norma poner en su nómina una docenita de nobles como indispensable condición de distinción y tronío. Lo malo es que en muchas ocasiones, como hemos visto, la mitad de los nobles que se hacen anunciar con rimbombantes títulos son más falsos que duros de madera, e incluso no es raro que el supuesto príncipe que monta la fiesta no tenga el más mínimo derecho, al menos en nuestro país, a titularse como tal.

Reyes destronados o descendientes de otros que lo fueron, ahora con el ojo puesto en el Este por si les cae algún trono, tenemos para dar y tomar en nuestro suelo. Dejemos a éstos aparte, que ya los trataremos en posteriores páginas. Ahora comenzaremos con la enorme ristra de autonombrados «alteza real», tratamiento por el que se vuelve loco todo el mundillo de oropel que constituye el reino de Gil y Gil.

En cualquier mesa de postín, lo primero que te sientan es una supuesta princesa a la que no se le apea el tratamiento de alteza. Pues bien, excepto un reducidísimo número de personas, apenas siete en toda España, aquí nadie puede titularse de tal modo ni recibir el trato de príncipe o infante, si a la estricta legalidad vigente nos atenemos. Así que cuando nos salen con tratamientos, orales y escritos, de alteza real referidos al Gonzalo de Borbón de turno, al Francisco de Borbón de rigor, al inevitable Alfonso de Hohenlohe o a la omnipresente Tessa de Baviera, ante lo que de verdad estamos es ante un fraude de ley.

La continua aparición de los más variados personajes españoles y extranjeros que utilizan sistemáticamente títulos de príncipes, infantes, infantas y tratamientos de alteza real dio lugar a la promulgación del *Real decreto 1368/1987,* de 6 de noviembre, en el que con precisión jurídica y clarísimo objetivo se limitó y delimitó tal cuestión. El real decreto, firmado por el entonces ministro de Justicia Fernando Ledesma y por el rey don Juan Carlos, aclara tajantemente quiénes tienen derecho a los títulos de príncipe o infante y al tratamiento de alteza real. Y lo hace con carácter exclusivo. O sea, que los no mencionados ahí no pueden hacerlo [1].

El decreto es muy preciso en formas y fondos. El título de príncipe sólo lo podrá ostentar el heredero o la heredera de la Corona: el príncipe o la princesa de Asturias. Es decir, que en España, príncipe sólo hay uno: don Felipe de Borbón. Los demás lo serán si se lo reconocen por ahí, pero en España el único con derecho a llamarse así es don Felipe. Las dos hijas de sus majestades los reyes, Cristina y Elena, tienen el título de infantas y, al igual que su hermano, tratamiento de altezas reales.

Asimismo, el decreto establece el uso de los títulos de la Casa Real, autorizados por el rey. Se les concede el tratamiento de alteza real a los padres de su majestad el rey, don Juan y doña María de las Mercedes, junto con el título de condes de Barcelona. Por último, las dos hermanas de don Juan Carlos, doña Pilar y doña Margarita, gozan también de este exclusivo privilegio del tratamiento de altezas reales junto a sus títulos de duquesas de Badajoz y Soria, respectivamente.

Pero ojo, el decreto establece con absoluta contundencia que el tratamiento de altezas reales es exclusivo para estas siete personas. Luego señala que sólo los hijos del príncipe de Asturias, don Felipe, cuando los tenga, tendrán derecho al principado y a titularse como infantes, pero que ese privilegio ya no lo ostentarán

[1] Véase Apéndice.

los hijos de nuestras actuales infantas, Elena y Cristina, cuyos vástagos tendrán únicamente la dignidad de Grandes de España y tratamiento de excelencia, perdiendo ya el de altezas reales. Asimismo, el real decreto establece que los títulos de sus tías, doña Pilar y doña Margarita, lo son con carácter vitalicio pero no transmisibles a sus descendientes. Con lo cual, y por poner un ejemplo, la conocida Simoneta Gómez-Acebo, hija de doña Pilar, no tiene derecho ni al título de duquesa de Badajoz de su madre ni mucho menos a ser tratada como alteza.

Y se preguntará el lector: ¿a qué se debe tal precisión, tan matemática y exacta delimitación? Pues es bien sencillo. La familia del rey don Juan Carlos es, como puede verse en el árbol genealógico, larga, ancha y extensa, y al comprobarse que a pesar de todas las medidas cautelares buena parte de esos parientes aparecen luciendo supuestos tratamientos de altezas reales, se ha querido dejar meridianamente claro a quién corresponden de manera exclusiva.

Así, según lo define nuestra ley, al príncipe don Felipe; a las infantas, doña Elena y doña Cristina, hijas de don Juan Carlos, y a doña Pilar y doña Margarita, hermanas de su majestad. Los cinco con tratamiento de alteza real, que también se les debe a los padres del rey, don Juan y doña María de las Mercedes. En total siete. Y el resto, digan lo que digan el *Anuario del gran mundo,* el *¡Hola!* y los tratadistas de rancios tratados, no tienen el respaldo de la ley española sancionada y rubricada por quien puede: el rey.

No obstante, deben hacerse algunas precisiones. Las primeras, el lógico derecho de las hijas de Alfonso XIII, tías del rey, que viven fuera de nuestro país. Su título y tratamiento les fue otorgado por Alfonso XIII. Pero aquí de nuevo interviene el Real Decreto. Porque hubo otra persona con derecho, reconocido por el citado Real Decreto, a recibir tratamiento de alteza real. Se trataba del fallecido duque de Cádiz, don Alfonso de Borbón. El título, según consta en su carta de concesión, le fue adjudicado con motivo de su boda en 1972 con la nieta de Franco, Carmen Martínez-Bordiú, por el propio dictador en su calidad de jefe de Estado, aunque se especificaba que «a petición del príncipe de España», entonces don Juan Carlos. Y se añadía que el título sería para él, para su cónyuge y para sus descendientes.

Aunque a Carmen Rossi difícilmente se le ocurriría reclamar el título, dada la circunstancia de su matrimonio deshecho y anulado, sí parecería lógico el que lo ostentara el único hijo vivo de ambos, Luis Alfonso. Pero no es así. El Real Decreto vuelve a ser contundente en este sentido y sale al paso de esta hipótesis y de las que pudieran aducir los descendientes italianos de las tías del rey estableciendo que «los miembros de la familia del rey don Juan Carlos I de Borbón que en la actualidad tuviesen reconocido el uso de un título de la Casa Real y el tratamiento de alteza real podrán conservarlo con carácter vitalicio, pero no sus consortes ni descendientes». La frase es esclarecedora y deja fuera del tratamiento de grandeza, pues, a las primas italianas del rey. Por otro lado, resulta más que palpable la intención de enmendar la plana a aquel decreto franquista de 1972 que concedía el tratamiento de alteza real al duque de Cádiz.

Estas especificaciones del contundente documento no pueden explicarse en modo alguno como posibles discordancias del rey con su familia. Por ejemplo, cuando don Juan Carlos concedió el ducado de Soria a su hermana Margarita en 1981, quiso dejar constancia de que lo hacía «para darle testimonio de mi profundo cariño». No hay cuestiones de enfados familiares, sino un intento de racionalizar y concretar, en una monarquía reinante, elementos aparentemente inocuos pero que podrían convertirse en verdaderas bombas de relojería si se dejara que todos los supuestos «príncipes» y «altezas» siguieran girando en confuso torbellino, como, a pesar de todo, giran por fiestas y saraos.

Porque, ¿se cumple de verdad la normativa legal? La respuesta es no. A multitud de ciudadanos con lazos innegables de parentesco con el rey y su familia, que poseen los apellidos Borbón, Baviera, Orleans o Torlonia, se les mantienen los tratamientos en sumarios oficiosos de títulos como el citado *Anuario del gran mundo.* Con dichos tratamientos se les agasaja en cuanto acto social tienen a bien acudir y, en suma, se desprecia el aviso, contundente pero nunca cumplido, que indica la prohibición de que «ninguna otra persona [de las relacionadas en el real decreto] podrá: a) titularse príncipe de Asturias; b) titularse infante de España; c) recibir tratamientos y honores que correspondan a las dignidades de las precedentes letras a y b».

Lo cierto es que, por toda España, primos, tíos y sobrinos en los más diversos grados, por voluntad propia o por no resistirse al halago, siguen haciendo caso omiso. Desde la discoteca Boccaccio, donde gustaba aparecer a Gonzalo de Borbón con alguna acompañante en busca de una foto, pasando por los mil y un saraos de la *jet,* hasta las reuniones de una fantasmagórica orden de caballería oficiadas por Francisco de Borbón para crédulos hispanoamericanos, en todos los lugares se usa y abusa del parentesco e incluso se exigen tratamientos a los que no se tiene derecho alguno.

LOS INCOMODOS PARIENTES DEL REY

Si bien es posible que Alfonso de Borbón le diera ciertos quebraderos dinásticos a su primo don Juan Carlos, es justo reconocer que el desgraciado duque de Cádiz supo siempre mantener una pose digna hasta su trágica muerte en Colorado (EUA).

No ha sido éste el comportamiento de su hermano Gonzalo de Borbón, quien presume de ser alteza sin serlo y siempre suele estar metido en problemas. De su matrimonio con Mercedes Licer, de tan corta duración como pésima imagen, ya no quedan ni recuerdos, pero es que en toda su trayectoria vital no ha hecho otra cosa que crear molestias a su augusto primo. Cuando no se halla embarcado en pleitos dinásticos en Francia pretendiendo derechos reales para su sobrino Luis Alfonso y relacionándose con extremistas de derecha e integristas católicos, es porque anda ocupado en extrañas y nocturnas aventuras sentimentales. Don Gonzalo alardea de título, pero lo cierto es que no tiene ninguno. Como tampoco Enmanuela Dampierre, su madre.

Enmanuela Dampierre se hace llamar duquesa de Segovia, ya que tal era el título de su difunto esposo, el infante don Jaime, segundo hijo de Alfonso XIII. Los problemas físicos de don Jaime —era sordomudo— y sus desgraciados avatares personales le hicieron renunciar al trono. Uno de estos avatares fue su matrimonio con la citada señora, quien, después de tener dos hijos con él, el fallecido duque de Cádiz y su hermano Gonzalo, abandonó a su marido por un agente de bolsa italiano de Milán, conocido como el «bello Tonino». Con la separación del infante, que se casó posteriormente con una cantante de cabaret llamada Carla Tiedeman, Enmanuela perdió todo derecho a ese ducado de Segovia que pretende ostentar. Ahora, en compañía de su hijo Gonzalo, se dedica a remover historias de cofres y joyas y a reivindicar supuestas herencias para su nieto Luis Alfonso.

Este muchacho se encuentra por ello sometido a extraños manejos, pues mientras su tío y abuela lo proponen para el trono

S.M. EL REY ALFONSO XIII
=
S.A.R. LA REINA VICTORIA EUGENIA

S.A.R. D. ALFONSO
=
D.ª Edelmira San Pedro (1)
D.ª Marta Rocafort (1)

S/S

D.ª M.ª Victoria
=
José Carlos Alvarez de Toledo (1)

S.A.R. D. JAIME
=
D.ª Enmanuela Dampierre (1)

D. Alfonso
Duque de Cádiz
=
D.ª Carmen Martínez Bordiú (1)

D. Gonzalo
=
Carmen Haro (1)
D.ª Mercedes Licer (1)

D. Francisco
+ Pamplona

D. Luis Alfonso

INFANTA BEATRIZ
=
Alejandro de Torlonia
Ppe. de Civitela-Cesi

D.ª Sandra
=
(1) D.ª María Ferrer = D. Clemente Lequio (1)

Francesco Lequio

D. Alessandro Lequio
=
Antonia dell'Atte (1)

D. Marcos Alfonso

D. Marino

D.ª Olimpia

Infanta D.ª Pilar
Duquesa de Badajoz
=
D. Luis Gómez-Acebo

D.ª Simoneta
=
J. M. Fdez. Sastron

D. Juan Filiberto

D. Beltrán

D. Bruno

D. Fernando

(1) Matrimonios anulados o separados.

INFANTA D.ª CRISTINA
=
D. Enrique Eugenio Marone Cinzano
Conde de Marone

D.ª Giovana
=
D. Jaime Galobart (1)

D.ª M.ª Teresa
=
Marqués de Castromonte (1)

D.ª Anna Sandra (1)
=
Fernando Schwartz

S.A.R. D. GONZALO
+ 1934

S.A.R. D. JUAN
Conde de Barcelona
=
S.A.R. D.ª M.ª de las Mercedes

S.M. EL REY JUAN CARLOS I
=
S.M. LA REINA D.ª SOFIA

Infanta Elena

Infanta Cristina

S.A.R. D. Felipe
Ppe. de Asturias

Infanta D.ª Margarita
Duquesa de Soria
=
D. Carlos Zurita

D. Alfonso

D.ª María

S.A.R. D. Alfonso
+ Estoril

de Francia y a través del testamento su difunto padre le anima a no renunciar a ser el primogénito de la Casa de Borbón, su madre ha intentado reivindicar para él los títulos de duque de San Ricardo, marqués de Valcarlos y marqués de Güell. Tres títulos que curiosamente provienen de concesiones a hijos de infantes de España que perdieron, por sus uniones «desiguales», títulos, tratamientos y rangos. Pero aquello sucedió en tiempos tan lejanos como los de Francisco de Paula, hijo de Carlos IV, que casó en segundas nupcias con una señora llamada Teresa Arredondo. El hijo de ambos, al que se le concedió el título de duque de Valcarlos, murió muy joven en París, sin descendencia. El origen de los otros dos es similar. Francisco de Paula se había casado en primeras nupcias con una princesa de la casa de Dos-Sicilias. Una de las hijas tuvo un desdichado matrimonio con un cubano y a sus hijos, tras la tormentosa separación, se les dio en consuelo, ya que habían sido excluidos de la Casa Real, los dos títulos referidos.

Ahora, esos títulos se han intentado pedir para Luis Alfonso, pero el decreto de rehabilitación de 1988 establece con claridad que «sólo procederá la rehabilitación de un título nobiliario cuando el solicitante tenga un parentesco con el último poseedor legal que no exceda del sexto grado civil». Es un hecho demostrado que las pretensiones de Carmen Rossi chocan frontalmente con esta provisión legal, pues su hijo se sitúa en el séptimo grado en el caso del ducado de San Ricardo, en el octavo en el del marquesado de Valcarlos y en el noveno con respecto a la segunda y última marquesa de Güell.

Doña Enmanuela Dampierre quizá debiera considerar la adopción de actitudes más discretas, pues en la trayectoria de los Borbones situaciones como las suyas no han sido infrecuentes. El hijo mayor de Alfonso XIII, llamado también Alfonso, renunció a sus derechos por sus sucesivos matrimonios morganáticos (esto es, fuera de sangre real) con las cubanas Edelmira Sampedro y Marta Rocafort, que acabaron como el rosario de la aurora. Al menos, las cubanas dejaron después a la Casa Real española en paz. Un tercer matrimonio no llegó a celebrarse, pero a punto estuvo, el que le hubiera unido con la cigarrera yanqui de un club nocturno llamada Mildred Gaydon.

Dentro de esta tradición de escándalos de la dinastía borbónica no hay que olvidar que el rey Alfonso XIII tuvo hasta cinco hijos naturales de diversas relaciones amorosas extramatrimoniales. Sin embargo, estos hijos, según relata el especialista Juan Balansó, han sabido mantener una notable discreción. Es el caso de Leandro Ruiz Moragas, cuyo rostro delata bien a las claras su ascendencia. Leandro, junto a su hermana María Teresa, ya fallecida, fue el fruto de los amoríos reales con una bella actriz divorciada del famoso torero Rodolfo Gaona. Balansó cuenta haber visto a la actual reina, doña Sofía, besarlo afectuosamente «el día de la celebración de las bodas de oro de los condes de Barcelona», como acostumbra a hacer con sus familiares.

Otra hija natural de Alfonso XIII, también recibida con agrado por la actual familia real, es doña Juana Alfonsa, calco físico en mujer, lo mismo que Leandro en hombre, de los rasgos paternos. Juana Alfonsa es hija de una dama de familia noble emparentada, dicen, con los Quiñones de León. Los otros descendientes fueron Melania de Vilmorin, hija de una aristócrata francesa, y el hijo de una institutriz irlandesa que cuidaba a los infantes. Este último incluso se presentó ante Franco en alguna ocasión con ciertos aires de grandeza. El general lo puso en la frontera.

Por lo demás, todos ellos optaron por una discreción de la que ahora parece no querer saber nada doña Enmanuela y don Gonzalo. Así, la supuesta duquesa pretende olvidar sus posteriores matrimonios para reclamarse heredera viuda de alguien a quien abandonó. Eso se llama querer estar antes al plato y ahora a las tajadas. Y eso no puede ser, ni para ella ni para don Gonzalo.

Con tales antecedentes no es de extrañar que la actual Casa Real se haya especializado en capear temporales de parientes incómodos. Suele hacerlo con prudencia y sin dejar por eso de actuar con la delicadeza a la que la sangre común obliga, como ha hecho recientemente la infanta Cristina al asistir al cumpleaños de su primo Luis Alfonso, al que la Familia Real da siempre que tiene oportunidad una prueba de afecto.

EL CONDE DE ANA OBREGON

Parece que es el sino de La Zarzuela tener que afrontar cada cierto tiempo pequeños escándalos que son aireados profusamente en los medios de comunicación. El más reciente ha sido el del supuesto conde Lequio y sus publicitados amores con la actriz-bióloga-constructora Ana García Obregón.

Alessandro Lequio, conocido como *Dado* por sus amigos, es sobrino segundo del rey (ver árbol), pero en ningún caso puede llevar el título de conde ni menos aún tratamiento alguno de alteza en España. El «título» en realidad le fue concedido a su abuelo Francesco por Mussolini cuando aquél era embajador del *fascio* italiano en Madrid. La merced pasó al padre de nuestro *Dado,* Clemente, a quien el ya desterrado rey Humberto II se lo confirmó, aunque Italia era ya una república. Por otra parte, el padre de *Dado* había tenido, antes de casarse con Sandra Torlonia, madre de nuestro Lequio, un hijo mayor fruto de un anterior matrimonio con María Ferrer, a quien correspondería el título en caso de ser válido.

Ana Obregón con el presunto conde Lequio. Un idilio teñido de escándalo y aireado por sus protagonistas desde su inicio. Su hijo ha sido el más anunciado de España. (Foto: *Tribuna*/Carlos Alvarez.)

En el caso de este pretendido condado poca verdad había, pero eso era lo de menos. Lo de más fue el escándalo. Lequio llegó a España casado con una modelo, Antonia dell'Atte, y con un hijo. Su tempestuoso romance con la Obregón dio lugar a la ruptura del matrimonio, a decenas de portadas en las revistas, a entrevistas en televisión, incluso una de la novia al novio, a anuncios de matrimonio antes de obtener el divorcio e incluso a un niño en el embarazo más aireado del siglo, todo ello salpicado con querellas a diestro y siniestro por supuestas intromisiones en el honor contra todo periodista que se atrevió a opinar sobre el asunto. Ni siquiera el que esto escribe se ha salvado de una, con los preceptivos cincuenta millones exigidos como reparación por cada miembro de la pareja, o sea, cien en total.

La Casa Real intentó y logró mantenerse al margen de las salpicaduras del batiburrillo protagonizado por ese remoto miembro de la familia. «Ignorarlo en lo posible» y «distanciamiento al máximo» fueron las expresiones utilizadas en los aledaños de La Zarzuela.

Aunque tras el nacimiento del niño se hizo correr el interesado rumor, que se apresuró a rumorear el más afamado de los recogechismes, Jesús Mariñas, de que «está por ver la actitud de la Familia Real», y que «*Dado* es el sobrino nieto preferido de Don Juan Carlos, que adora a su prima Sandra», lo cierto es que la Familia Real ha seguido y conseguido ponerse a buena distancia del «culebrón». Y es que llovía sobre mojado. La madre de Alessandro Lequio, Sandra Torlonia, protagonizó otro episodio hace diez años que provocó la discreta intervención de los oportunos resortes para que cesara en sus presentaciones como familiar del rey.

Sandra, que vive habitualmente en Italia, llegó entonces a España. Era una espléndida y bella mujer que acababa de enviudar. Su esposo había caído una tarde por la ventana de su palacio romano y los rumores se habían desatado. Estaba solo con su esposa en la habitación. Sus copiosas libaciones eran muy conocidas en la sociedad romana, lo cual se barajó como posible causa del accidente, pero la policía llegó a abrir una investigación. Sea como fuere, Sandra Torlonia aterrizó en Madrid como representante de la multinacional Westinghouse al objeto de que el gobierno español adjudicara a la empresa norteamericana General Dynamics la compra de 84 aviones caza-bombarderos F-16 por un valor de 310.000 millones de pesetas. Su comportamiento, calificado de «atolondrado» incluso por sus familiares, hizo que fuera advertida de que su parentesco con el rey don Juan Carlos debía quedar al margen de sus actividades. Su gestión no sirvió de mucho, pues el gobierno se decidió finalmente por comprar el F-18 de la McDonell-Douglas. Sandra Torlonia se consoló comentando a la prensa que «ella había cumplido, en todo caso, el cometido de asalariada de Westinghouse». También afirmó como amargo reproche a no se sabe quién que, «a pesar de ser alteza real —tratamiento que no le correspondía en modo alguno— y estar emparentada con el rey, tenía que trabajar para conseguir un nivel de vida apropiado».

Su hijo nos ha llegado también, dos lustros después, como asalariado. Concretamente de Fiat. Pero a los directivos de la empresa automovilística, que pensaron que su parentesco real vendría de perlas para la imagen de la compañía, el tiro les salió, literalmente, por la culata. Así que lo despidieron. Una cosa era tener en nómina a un sobrino segundo del rey de España y otra que su nombre fuera sinónimo de escándalo.

Sin embargo, Lequio no se arredró. Su romance siguió viento en popa y su fortuna también, pues el riquísimo padre de la Obregón, Antonio García, propietario de JOTSA, le dio inmediatamente empleo y el «conde» cambió muy pronto una motillo que tenía por un flamante deportivo de importación regalo de su novia. La madre de ésta, feliz por el evento y por la posibilidad de emparentar con tan ilustres apellidos estaba, y está, que no cabe en sí de gozo. Doña Ana ya ha recibido en Madrid la visita de Sandra Torlonia, y todos sueñan con finales felices. Anita con ser llamada condesa y estar emparentada políticamente con don Juan Carlos. Lequio con el amor que pregona la pareja, y también con un porvenir económico que en Italia no parecía tan prometedor.

LOS DESCENDIENTES DE ALFONSO XII

Pero no crea el lector que los problemas del apellido Borbón se acaban con los descendientes del rey Alfonso XIII (los incluidos en el árbol genealógico del reputado especialista Fernando Alós), ya que por parte de los de Alfonso XII le caen a la sociedad española otra buena ristra de supuestos tratamientos y realezas que sólo existen en algunas imaginaciones y para nada en los textos legales, aunque figuren en tarjetones ribeteados con dorados. Todos juntos suman una lista de una treintena de personas. Sin embargo, entre estos personajes es necesario hacer alguna distinción.

El caso más específico y que necesita un tratamiento más diferenciado es el del hijo mayor de la hija mayor de Alfonso XII, María de las Mercedes. Se trata de don Carlos de Borbón-Dos Sicilias, primo del rey y considerado por muchos como el cuarto en la línea sucesoria. Don Carlos de Borbón-Dos Sicilias, casado con

Ana de Francia, ha gozado siempre de un tratamiento especial por parte de sus majestades, con quienes le une gran amistad. El duque de Calabria, como es conocido, es cabeza de una línea dinástica, aunque no reinante, de entronque muy directo con la Corona de España.

El rey don Juan Carlos, al margen del decreto mencionado, concedió a su primo un estatus especial que incorpora el tratamiento de realeza. Pero, sin duda, parece desmesurado aplicarlo también a sus hijos, cuando el propio rey no lo estima oportuno ni para algunos de sus posibles nietos, en concreto los hijos de las dos infantas. Pero no sólo es a los cinco hijos de Carlos de Borbón (Cristina, Paloma, Pedro, Inés y Victoria) a quienes se atribuye de manera impropia y hasta a su pesar el tratamiento de alteza real, sino que se hace la misma distinción con sus tías doña Teresa, casada con Iñigo Moreno de Arteaga, marqués de Laula, doña Inés y doña Isabel, casada ésta con un tal conde Zamoysky.

En la otra rama de la familia descendiente de Alfonso XII, la de María Teresa de Borbón y Habsburgo y su marido Fernando de Baviera, figura otra lista de «tratamientos» no reconocidos por nuestra legislación. Se trata sobre todo de sus nietos, pues el hijo mayor José Eugenio y la menor María de las Mercedes fallecieron. La nieta más conocida, hija de José Eugenio, es María Teresa, Tessa, quien aparece muy asiduamente en todas las fiestas de sociedad y saraos relacionados con la moda. Su hermano mayor, Fernando de Baviera, es algo menos fotografiado pero igualmente mal titulado.

Sin embargo, ahora los nietos más conocidos por la opinión pública están resultando ser los nietos habidos de la otra hija. Esta se casó con un tal Irakli de Bagration de Murkani y tuvo dos hijos, María de la Paz y Bagrat, que se encuentran en plena batalla con su hermanastro Jorge y algunos de sus sobrinos por la reconquista del trono georgiano. Un trono desaparecido hace casi doscientos años que, tras las convulsiones producidas en la ex URSS, ha vuelto a tener actualidad al haberles sido ofrecido por los partidos que derrocaron al presidente Gamsajurdia en Georgia.

Para que nada falte, incluso se da el tratamiento de alteza real, cuando viene al caso, al hijo y los nietos de un descendiente de Isabel II y Francisco de Asís, Alfonso de Orleans, ya fallecido; se trata de Alvaro y los vástagos de éste, apellidados Orleans y Parodi Delfino. Al menos éstos tienen un parentesco lejano con el rey, aunque la utilización que hagan del tratamiento de realeza sea ilegal, pero hay algunos supuestos Borbones que rozan, alcanzan y traspasan el esperpento. La persona que más pasea por las fiestas el apellido Borbón, dada su condición de asesora de la firma Loewe, es Marisa Yoldi, que se hace llamar Marisa de Borbón por estar casada con Alfonso de Borbón y Escasany. Ni Marisa ni Alfonso tienen título alguno.

Marisa pasea el apellido, pero hay otros que pasean cosas que entran ya de lleno en el delito. Hay que recordar que la ley española prohíbe y castiga la utilización de un título, español o extranjero, que no esté autorizado por el Ministerio de Justicia. Hacerlo es un delito y como tal está contemplado en el artículo 322 del Código Penal al señalar que «el que se atribuyere títulos de nobleza que no le pertenecieren incurrirá en penas de arresto mayor». Si el susodicho artículo 322 se cumpliera tendrían que hacer una cárcel exclusiva para nobles falsos en España. Porque si entre los propios familiares del rey habas cuecen con los tratamientos, imagínese el lector lo que hay un poquito más abajo.

Para empezar no hace falta salir del apellido, aunque se trate de la apartada rama de la familia con la que ha emparentado la peripatética-festiva Marisa Yoldi, ahora Borbón. Allí encontramos a un estrambótico personaje: Francisco de Borbón y Borbón, padre de Francisco de Borbón y Escasany, duque de Sevilla, y del marido de Marisa. Tanto al padre como a los dos hijos les sobra, y mucho, el tratamiento de alteza real que pretenden, pero en el caso del padre la situación lleva tiempo rozando los límites de cualquier paciencia.

TITULOS DE PACOTILLA

Don Francisco, que carece de título nobiliario alguno, aunque anduvo en fallidos intentos por rehabilitar el ducado de San Ricardo y se hace llamar marqués de las Siete Fuentes sin que le asista derecho a ello, se ha sacado de la manga una de las órdenes de caballería más estrambóticas que existen en España. Se llama Orden Militar Hospitalaria de San Lázaro de Jerusalén, y su sede «magistral» se halla en la propia residencia de don Francisco, en el pomposamente llamado Palacio del Bosque, en Villaviciosa de Odón. El gran maestre es, como no podía ser de otra manera, «Su Alteza Real» don Francisco de Borbón. Entre los miembros de la orden hay que mirar con lupa para encontrar un título verdadero, si excluimos al hijo de don Francisco, el citado duque de Sevilla, que ocupa el cargo de gran comendador, y al duque de Tovar, gran prior; como siempre, nuestro ilustre prófugo aparece en cualquier lugar donde haya negocio de *titulitis*. El resto del «gobierno» de la orden es de echarse a temblar. En sus puestos directivos aparecen, entre otros, un tal Robert Gayre of Gayre, autotitulado barón de Lochori, título no conocido ni reconocido en España ni como español ni como extranjero. El «lugarteniente general del Capítulo Noble del reino de Valencia» es un tal Fernando González, autotitulado conde de Borbón, título tan irregular como el de Ignacio del Río y Arce, supuestamente conde de Santián de Velasco y también uno de los mandamases. Entre los miembros más señeros de la orden figuran también, como dama y caballero de la misma, los marqueses de Guisa, de cuyo título vamos a tener pronto noticia a través del Sumario 70/85.

En realidad, la organización es un negociete que se ha montado Francisco de Borbón, quien por otro lado anda siempre un poco justo de cuartos. Sus mejores clientes son los hispanoamericanos. Bien es sabido que muchos burgueses y adinerados de la América hispana se vuelven medio locos por la cosa del linaje y el abolengo. Así que los de San Lázaro, a cambio de algún emolumento «para la orden», se lo proporcionan. Les ponen una capa, algún abalorio de chapa, les arrea un espadazo don Francisco y se vuelven para Caracas, México, Lima o San José convencidísimos y eufóricos por su «caballerosidad» recién conquistada y creyendo poco más o menos que los ha investido la mano derecha del mismísimo rey. Tampoco es cosa de rasgarse las vestiduras por ello, pensarán algunos. Al fin y al cabo, de algo tiene que vivir el bueno de don Francisco, quien, además, lo único que hace es ofrecer momentos de felicidad a los hermanos de ultramar. Pero es que, si le toleramos sus montajes a don Francisco, habrá que tener la manga muy ancha, porque como él hay en España personajes a espuertas presumiendo de título y alardeando de aristocracias y mercedes sin que tengan el más remoto derecho a hacerlo. Como decíamos en el primer capítulo, la causa de estos comportamientos es que queda muy bien eso de poner marqués o conde en una tarjeta; abre muchas puertas y vale para acompañar a un talonario de cheques, y al parecer también resulta fenomenal para anunciar a un vidente o a una relaciones públicas. Como hemos visto, lo más problemático es la utilización en falso de lo que son estrictamente títulos del reino de España. Hay quien se atreve con ellos, pero los más se inclinan por el coladero de los pontificios o de los extranjeros.

El caso más espectacular de los títulos del propio Reino de España es el ya relatado de Enmanuela Dampierre, madre del fallecido duque de Cádiz y de don Gonzalo de Borbón. Pero no es el único caso. Es notorio entre la aristocracia el de la autodenominada duquesa de Valencia. El título tuvo poseedor legítimo en su tiempo, pero quien ahora se hace llamar así, María del Carmen Macías, no tiene derecho legal a hacerlo. Como tampoco lo tiene a figurar como marqués de Castro el ex marido de Tessa de Baviera, Alfonso Márquez Patiño. Que intentó rehabilitar tal título es cierto; que no lo consiguió, también. Así que, aunque se pasee con él por todas las fiestas y así lo llamen, nada hay que lo acredite como tal marqués, aunque su hermano, Fernando, sea conde. De Paraíso, por más señas. Parece, sin embargo, que Rainiero de Mónaco le ha dado al buen señor un consuelo concediéndole el tratamiento, pero para usarlo en España será necesario que se lo autoricen, y eso es más que difícil.

LOS ESPERPENTICOS

Pero si los anteriores personajes tienen determinadas «justificaciones», hay otros que, sin más, y sin el más mínimo lazo con la aristocracia, se han colgado un título. Quien riza el rizo entre todos ellos es otro personaje de eso llamado *jet* que ahora va quedando en cutrerío de oropeles: el «marqués» de Araciel. El famoso marqués, no contento con lo bien que le van las cosas adivinando el porvenir a los famosos, ésos que lo son por salir en las revistas y que salen en las revistas porque son famosos sin que se sepa por qué suceden ambas cosas, se ha puesto un nombre de un kilómetro de largo y títulos de dos. Vamos, casi tan largos como su minuta, de diez a quince mil pesetas, por adivinar el porvenir a sus asiduos visitantes. Estos suman una docena por término medio al día, lo que da idea del dinero que se embolsa el buen señor. Pues bien, don Diego Joaquín Benítez Gambín Pagés de Caicedo Ramírez de Arellano y Messía de la Cerda se proclama no sólo marqués de Araciel, sino también señor de las casas marquesales de Caicedo y de los Ogijares, duque de Rouen

—este título en Francia—, nieto del marqués de Branciforte, descendiente de la casa de Medicis de Florencia y heredero único y directo del condado de la Vega del Pozo, del vizcondado de Jorbalán, del marquesado de los Llano y del de las Fuentes del Duero. Todos ellos del mismo curso legal que los duros de madera.

No es el único. Aunque menos conocido, está el autoconsiderado infante Jesús Dumont-Borbón y Rodríguez Farnesio, que se hace llamar su alteza real. En su autobiografía se considera «patriarca de la casa plenipotencial de Dumont, legataria soberana del sacro e imperial trono celta», y en sus relaciones para la posteridad se destaca como «autor y ponente de la comunicación referida de ondas gráficas dermopapilares demostrativa de tendencias patológicas». Nacido en Madrid en 1925, añade en su biografía su título de doctor en Medicina y su condición de fundador del Sindicato Nacional de Escritores de España, de la Escuela de Medicina Legal de la Universidad Complutense de Madrid, de la Sociedad Española de Medicina Legal y Social de dicha universidad, fundador y director de la revista *Escritores de España* e igualmente fundador de la Universidad Mundial de la Paz. Está casado, tiene dos hijos y su esposa María Barroso aparece, cómo no, con el tratamiento de alteza real y la calidad de infanta.

Tanto el marqués de Araciel como Dumont-Borbón enviaron sus autobiografías al *Anuario del gran mundo,* y como miembro de este «gran mundo» aparece también don Eduardo Cuneo y de Osorio Fernández de Eztecha, quien no se conforma con el tratamiento de alteza real, sino que se hace llamar su alteza serenísima el príncipe de Candía-Adana, y se adjudica el título real de Creta e imperial bizantino para añadirse a continuación un ducado, el de Cuneo del Cabo de San Miguel de Savona, «título del descubrimiento de América», que remacha con los de noble y patricio de Génova.

Estos estrambóticos personajes y sus no menos esperpénticos títulos quizá sean la caricatura de lo que está sucediendo en nuestro país. Sus casos resultan, tal vez, los más risibles y, por tanto, posiblemente los menos graves. Sin embargo, no debiera olvidarse que algunos de los que, como ellos, se metieron en estos vericuetos acabaron en ocasiones en comisaría o en la propia cárcel. Fue el caso de la autotitulada «condesa de Covadonga», Margarita Vere Garcés, que acabó en los calabozos allá por el año 1951, jurando y perjurando que se había casado con el hijo mayor de don Juan de Borbón, Alfonso. En realidad, la señora era una avispada vividora, que hasta su detención se dedicaba a «aceptar» los regalos de algunos, algo menos avispados, empresarios y comerciantes que pretendían obtener favores reales y no muy legales merced a los contactos de la condesa.

La señora, que aseguraba que don Juan Carlos era su sobrino, que la invitaba a merendar a palacio y que en cuanto muriera Franco le devolverían el «suyo» de Pedralbes en Barcelona, falleció a finales de los años setenta, y según cuenta Enrique Rubio en su libro *Los chungos. Los fules,* a su entierro acudieron lujosos automóviles y cuatro furgonetas con flores.

Otro caso de vanidad nobiliaria teñida de estafa fue el de la alemana Helga Martha Schilling, que en tierras granadinas se hizo pasar por la princesa Sehik Fatima al Khalifa, de la familia real del emirato de Bahrein, a una de cuyas verdaderas princesas había hurtado el pasaporte. La «Petrodólares», tal y como la bautizaron en la zona, montó un memorable desafío. Se presentó como intermediaria en el negocio del petróleo, y en 1978 su mansión de Costa Aguilera (Salobreña) fue muy visitada por todo tipo de personajes, unos en busca del negocio fácil y millonario, otros para evadir capitales, e incluso se vieron algunos viejos nazis como Otto Skorzeny, que liberó a Mussolini de su primer cautiverio. Finalmente los inspectores de Motril le echaron el guante, ya que la Interpol andaba tras ella por una multitud de delitos de estafa y hasta tráfico de armas y drogas. Cuando se marchó dejó a deber millones en los comercios de la zona. Había llegado a tener treinta y dos criados.

Pero si este producto fue de importación, la racial gallega María Teresa Gandía Ruiz, de Padrones de Bureba (Lugo), tuvo también su estilo, aunque de menos monto económico. Se hacía pasar por «princesa de Prusia» y su especialidad era dejar sin pagar los alquileres y todo tipo de compras. Detenida finalmente por el año 1973, cuando tenía unos cuarenta y tres años, declaró a la policía que se había casado *in articulo mortis* con Ricardo de Hannover.

El mejor de todos fue, sin duda alguna, el emperador Moctezuma, Guillermo Grau Rifé. Resulta, en verdad, que existen descendientes de Moctezuma en España; uno de ellos es Gonzalo Chávarri Girón, decimoquinto descendiente del emperador de los aztecas, algunos de cuyos hijos fueron educados por los españoles y recibieron de la Corona títulos nobiliarios. Pero nada tiene que ver con ellos Guillermo Grau, hijo de un industrial catalán cuya única hermana fue secretaria del alcalde Porcioles, estaba y está empeñado en ser el propio emperador azteca, y así lo ha hecho constar en sus tarjetones: «S. M. I. príncipe Guillermo III de Grau-Moctezuma.» El «emperador» se pasó años y más años montando fiestas, reuniones y saraos en los que hizo condes, marqueses y duques a todos aquellos que pagaban las cantidades de doscientas, trescientas o novecientas mil pesetas, dependiendo del rango del título. Detenido por diversas estafas en los años cincuenta y sesenta, siempre supo salir airoso, y protagonizó una sonadísima boda con una locutora de radio que se convirtió en emperatriz. En los años setenta sus montajes se pusieron totalmente al descubierto, y sus fiestas fueron ridiculizadas, pero aun en 1987 de nuevo el escritor Enrique Rubio confirma haber recibido noticias de estafas del «emperador» relacionadas con ventas de títulos.

Con don Guillermo parece que aprendió el arte de la estafa nobiliaria Eugenio José Méndez de Haro, un barcelonés que se atribuye el título de marqués de Haro-Unión y no se sabe cuántos más acompañados de titulaciones universitarias, académicas y científicas de similar veracidad. Vinculado inicialmente al «emperador» Moctezuma, de cuya «Casa Civil» llegó a ser jefe, después se metió en negocios con Francisco de Borbón y Borbón y algunos de los «caballeros» de San Lázaro, «orden» a la que perteneció. Fue la historia de la inmobiliaria AFISA, que acabó, como no podía ser menos, con acusaciones de estafas. Pero lo mejor de todo fue la impresión de billetes falsos con la efigie de San Isidoro. Aquello lo condujo a la cárcel y, aunque se libró en 1977 por la amnistía al lograr convencer al juez de que la falsificación de papel moneda había tenido intencionalidad política al servicio de la idea monárquica, el Tribunal Supremo revisó el caso y lo volvió a encerrar. *La Vanguardia* escribió entonces: «Al ex jefe de la Casa Civil de Moctezuma el Tribunal Supremo le acaba de otorgar un nuevo título: el de falsificador de billetes de mil pesetas.» Algunos pensaron que con ello acababa su carrera, pero se equivocaron. Las penúltimas noticias ya lo situaban en 1985 en Lérida, donde había estado encarcelado; apareciendo en los diarios, recibiendo incluso premios y sin apearse del tratamiento de excelencia, fue detenido de nuevo en 1989 en Barcelona por tráfico de drogas. De momento, la última vez que salió en los «papeles» fue a raíz del acontecimiento que tuvo lugar en el Castillo de Albatarrec (Lérida) el 16 de mayo pasado, donde la Orden de San Lázaro, de la que ha sido figura clave, «ordenó» a veintitrés nuevos miembros. Eugenio José Méndez y nuestro viejo conocido don Francisco de Borbón habían sido los organizadores del evento. La amistad entre ambos es tal que en el carné de Méndez llegó a figurar como residencia el hogar de don Francisco. Claro que Francisco de Borbón no es su único amigo. En su agenda figuraban bien precisas las direcciones y teléfonos particulares, por ejemplo, de Irakli de Bagration, el aspirante al trono georgiano, de José María Ruiz Mateos, de Gonzalo de Borbón, o del «ultra» Alberto Royuela.

Además de las estafas, estos casos caricaturescos esconden otro delito: la utilización indebida de un título. Un delito que es cometido con creciente frecuencia por gentes a quienes los citados personajes esperpénticos les causan auténtico sonrojo. Pues bien, antes del sonrojo, tal vez debieran poner el uso de sus títulos en orden, si no quieren verse empalidecer algún día ante una posible citación judicial.

EL COLADERO DE LOS TITULOS PONTIFICIOS Y EXTRANJEROS

Hay un buen puñado de compatriotas que mediante el llamado «coladero pontificio» están utilizando como españoles títulos concedidos a sus antepasados por los papas de Roma pero cuyo uso no está autorizado en España. Eso no quiere decir que todos los «pontificios» sean ilegales, ni mucho menos. Hay cerca de cuarenta de éstos cuyo uso ha sido autorizado por el estado español, y como tales figuran en la guía oficial del Ministerio de Justicia. Pero hay muchos más que no han superado ese trámite. Y ésos, se pongan como se pongan sus poseedores, en España no significan nada ni pueden utilizarse.

A continuación se incluyen algunos de estos títulos pontificios indebidamente utilizados como títulos del Reino, y cuya lista es enorme: duquesa de La Salle de Rochemauré, utilizado por Ana Luisa Hércules Félix de La Salle; marqués de la Torre, utilizado por Alberto de la Torre y de Vides; marqués de Berges, de Emilio López de Berges; conde de Cárdenas, de Bartolomé Belmonte Cárdenas; marqués de Casa Dalp, de Bernabé Sánchez-Dalp y Calonge; marqués de Casa Quijano, de Santiago López y

Díaz Quijano; conde de Egaña, de Casimiro de Egaña y Oquendo; conde de Falcón, de Rafael Falcón Salazar; conde de Fuentecilla, de Emilio de Fuentecilla y Salcedo; marquesa de Gadeo Orozco, de María de los Angeles Gadea e Ibáñez; marqués de Llen, de Manuel Sánchez Tabernero; condesa de Llivia, de María de los Dolores Venero; marquesa de Pascual Bofill, de María de la Soledad Pascual y de Llanza; y marqués de Villota, de Ignacio Pascual y Pons.

El otro gran coladero es el de los títulos extranjeros que rápidamente y sin encomendarse a ley alguna se «autohomologan» como títulos del Reino de España. De esta manera aparecen, sin mesura ni recato, príncipes y princesas, duquesas y hasta altezas imperiales en numerosa y variopinta legión. Aquí, el que llega con ínfulas lo primero que se aplica es un principado, el que menos un baronesado y, aunque no tengan ningún derecho a usar sus títulos, las consortes españolas de estos supuestos nobles defienden con vehemencia sus pretensiones aristocráticas; por ejemplo, Tita Cervera, que se proclama baronesa, aunque de hecho no lo es.

Pero, vayamos por partes. ¿Hay alguien más conocido como príncipe que Alfonso de Hohenlohe? «El príncipe por aquí, el príncipe por allí, el príncipe se divorcia o el príncipe se casa», se repite una y otra vez en las noches marbellíes. Nadie duda de su rancio abolengo ni de su familia, y si en su país de origen les está permitido titularse así, que lo hagan. Pero como residentes o nacionalizados en España, si quieren hacerlo tendrían que haber intentado legalizar algún tipo de titulación nobiliaria. Y eso no consta. Es más, de toda su familia tan sólo una persona tiene en estos momentos título nobiliario, María Francisca Hohenlohe, marquesa de Belbvis de las Navas, pues la otra Hohenlohe que lo tenía, Beatriz, que era duquesa consorte de Arión por su matrimonio con Gonzalo Fernández de Córdoba, perdió tal condición al separarse de su marido, que no hace mucho contrajo segundas nupcias. De los demás Hohenlohe, ni el mencionado Alfonso, ni su hermano Christian, ni la madre de ambos, María Piedad Iturbe tienen derecho a utilizar rango nobiliario alguno, como tampoco su primo Max Enmanuel, presidente de Porsche Club España, ni la madre de éste, Carmen Cuadra. Claro que en Marbella todo reluce, aunque sea de oropel. Por ejemplo, Gunilla von Bismarck, cuyo título de condesa no está entre nosotros reconocido en lo más mínimo.

Alfonso de Hohenlohe, Gunilla von Bismarck y su ex marido Carlos Ortiz. En la *jet* marbellí hay mucho título que no está autorizado para su uso en España. (Foto: Korpa.)

La ley, una vez más, ha intentado salir al paso de estos usos y abusos. Así, el Real Decreto 222 de marzo de 1988 sobre rehabilitaciones afrontó también el problema de la plaga de títulos extranjeros, señalando en su prólogo que «han sufrido una desnaturalización de su significado», siendo utilizados dichos títulos extranjeros en la vida social como equivalencia a títulos del reino [2]. Las autorizaciones para utilizar en nuestro país títulos foráneos se han restringido cada vez más, pues la nueva normativa establece que «sólo se expedirán autorizaciones de uso en España de títulos extranjeros que tuvieran una significación valiosa para España».

Sin embargo, la ola sigue, se hincha y no decrece. Los españoles parecen tener predilección por los títulos de origen italiano, tal vez por lo difícil que resulta comprobar la validez de un título en un estado republicano o por la cercanía geográfica. Así, por ejemplo, Amparo Peláez Latorre utiliza el de princesa de Caracciolo-Carafa, y María Luisa Pérez de Arezana el de marquesa de la Gándara Real, ninguno de los cuales tiene autorizado su uso por el Ministerio de Justicia.

Volvamos ahora a nuestra baronesa por excelencia y matrimonio. Nuestra sin par y simpática Tita Cervera, *miss* España, ex mujer de un Tarzán, Lex Baxter, ex consorte después de un maleducado revendedor de secretos de alcoba, Espartaco Santoni, y ahora esposa de uno de los hombres más ricos del mundo, Heinrich von Tyssen. Ya es dudoso que Heinrich, aunque pueda tapar bocas con duros y hasta con cuadros famosos, sea barón, pues en su país de origen suele aplicarse tal apelativo al simple *von,* pero aquí no tiene el mismo significado: el de un título nobiliario. Por ese motivo, y sobre todo porque dicho título no ha sido autorizado en España para él, nuestra Tita no tiene derecho a llamarse baronesa. Aunque tal vez, tras el desembarco de la famosa colección de cuadros de su marido en nuestro país, su anhelo se consiga de la única manera que puede hacerse, con la concesión de una merced nobiliaria por el rey de España en pago al servicio prestado.

Con ello se cumpliría el sueño, pero hay quienes no esperan al gesto real para intentar que se haga realidad. Es el caso de los famosos condes de Perlac, o de Somoggi de Perlac. El, Francesco, es gerente del Meliá don Pepe de Marbella, y ella, Cristina Figue-

---

[2] Véase Apéndice.

roa y Melgar, hermana del tantas veces citado en esto de los títulos falsos, el duque de Tovar. El título de los Perlac tiene, según se afirma, origen húngaro, y fue supuestamente autorizado por un rey que ya no reinaba, el italiano Humberto. Pero, una vez más, ni la monarquía reinante y constitucional española ni su Ministerio de Justicia han dado autorización alguna para usarlo socialmente.

Todas las anteriores fantasmagorías nobiliarias se quedan en pañales ante el nuevo nombre: la esplendorosa, según sus acólitos, Smilja Mijailovich, princesa Smilja para las noches de Ibiza.

Smilja Mijailovich es desde hace ya muchos años una figura imprescindible, muchos dicen que inevitable, de las noches de Ibiza y de las revistas del corazón. Tras largos años de paciente trabajo en las relaciones públicas (una conocidísima y prestigiosa periodista nativa de la isla dice que, además, es una relaciones públicas muy especial y con especialísimas habilidades relacionadas con las que retratara Fernando de Rojas), se ha convertido en el principal contacto para introducir personajes en la sociedad de la isla pitiusa. Su amistad con el gran potentado balear Abel Matutes, sus conexiones con políticos, empresarios y periodistas y su perfecto dominio del mundo de la moda la sitúan, verano tras verano, en el vértice de la actualidad.

Hace quince años a nadie en la isla se le habría ocurrido darle el título de princesa. Hoy, por el contrario, es el tratamiento habitual que le aplican los medios de comunicación. Smilja asegura que el título le fue concedido a su familia por el rey Pedro de Yugoslavia. Afirma también que su padre fue diplomático, lo mismo que su marido, Michel Mijailovich, del que se separó hace diez años. Fue tras esa separación cuando ella recaló, más bien con lo puesto, en la isla. De toda esta historia nada es comprobable, y menos el pretendido título, que por supuesto no tiene el más mínimo reconocimiento legal. La opinión más extendida en la propia isla es que el compañero de aventuras de Smilja por Europa, su marido, era un chófer al servicio de un príncipe yugoslavo, y de ahí le vendría a la anfitriona de la moda *ad-lib* la idea de que quedaría de lo más fino convertirse ella misma en princesa.

En la vecina Mallorca nos encontramos con otro «príncipe», Zourab Tchokotua, que es amigo de don Juan Carlos, y precisamente por ello debería cuidar ese tratamiento, que no es de recibo legal en España. Aunque, cualquiera sabe, pues Zourab pertenece a una familia noble de Georgia, y tal y como van de baratos por allí los tronos quizá el bueno del potentado se encuentre con que le ofrecen una corona. Sin embargo, lo más seguro es que el prudente y sagaz Zourab prefiera no andarse con tales historias y seguir dedicándose a sus negocios en Palma de Mallorca. Que por cierto le van muy bien, aunque haya tenido, como buen inmobiliario, algún sonoro tropiezo. Alguno incluso con los tribunales de justicia, como el que le ha costado un procesamiento por presunta estafa y una fianza de 153 millones de pesetas.

La lista de supuestos nobles de países del Este o centroeuropeos que pretenden utilizar aquí sus títulos es interminable. Entre ellos tenemos a los príncipes Ghica y Sturza, de ascendencia rumana, al austrohúngaro conde Orssich y a los polacos príncipe de Marek y conde Potocki. Al autotitulado príncipe Obolensky, al ruso nacido en Francia y establecido en Madrid, Michael Sergeevitch, que dice proceder de la dinastía Rurik, y a Juana Isabel Díez-Martínez de la Rivera y Lefebre, quien se titula condesa de Dantzig, un supuesto tratamiento «imperial francés de 1807».

Pero sobre todos los anteriores destacan con luz propia dos nombres. El primero de ellos es el inefable «príncipe» Starhemberg, llamado Heinridi Ruediger, quien se autobiografía como «escritor, autor de teatro e intérprete de gran éxito de *El principito* de Saint-Exupéry», para lo que, según prosigue su autobombo en el *Anuario del gran mundo,* adopta el pseudónimo de Henri Gregor, con el que también ha interpretado en cine. Ruediger procede de Austria, país en el que están prohibidos los títulos nobiliarios. Destaca en su currículum lo que considera una prolífica vida de escritor, con obras como *La tercera muerte,* pieza teatral estrenada en Austria, o *La capa española, Libertad, libertad* y *Regreso a Sevilla.* Dice compaginarlo todo con su principal actividad, la de director de Producciones Gregor, S. A., y con la de jefe de Relaciones Internacionales de la Liga Europea. Casi nada.

LAS RAZONES DEL FALSO DUQUE

El segundo personaje destacado es el señor Andreas von Wernitz, que sin duda merecería para sus andanzas todo un capítulo, cuando no un libro. Von Wernitz, que incluso se permite dar lecciones a sus entrevistadores sobre qué títulos son verdaderos y cuáles falsos, como si de un riguroso experto se tratara, es en realidad un falso noble que pretendió sin éxito ser considerado duque de Hornes. Pero además, resulta que el personaje tiene más de un problema con la justicia, y no sólo con la española, sino también con la de Argentina, país del que tuvo que salir tras una quiebra fraudulenta en el negocio de la hostelería.

En España se hizo famoso actuando de broker, y un buen día salió en primera página por haber comprado la compañía de aviación Spantax. El que se quedó espantado fue el ministro Carlos Solchaga cuando la revista *Tribuna* demostró, en sendos artículos, que el comprador, que representaba a un jefe cristiano maronita del Líbano, había tenido problemas por estafa con la justicia argentina y, lo que era peor, tenía aún cuentas pendientes en España, donde pesaba sobre él una petición fiscal de ocho años y un día de cárcel por haber formado parte muy activa en la «limpieza» fraudulenta de fondos de dos compañías de seguros, «La Constancia» y «El Porvenir de los Hijos». Junto con algunos socios, von Wernitz dejó a ambas empresas sin un duro y sin un local. Por si fuera poco, este personaje tenía vinculaciones con la extrema derecha y hasta con individuos de pasado nazi que se habían refugiado en España. Pero ni con eso se arredró. Obviando pasados y presentes el supuesto duque, que ya ha recibido alguna amonestación desde el palacio de La Zarzuela, aún sigue presumiendo de serlo y no sólo de eso, sino que es capaz de afirmar ante cualquier incauto que es poco menos que un amigo personal de su majestad la reina, mostrando, sin rubor ni pudor, «documentos» que según él prueban la autenticidad de sus pretensiones.

Para comprender el entramado mental en que éste y otros personajes semejantes se mueven, quizá vengan a cuento las propias palabras de Andreas von Wernitz recogidas en una larga entrevista que me concedió tras salir a la luz sus implicaciones en los procesos por estafa y su extraño pasado argentino.

—¿No es cierto que su padre era nazi?

—Eso es rotundamente falso. Mi padre era doctor en Filosofía Pura en la Universidad de Berlín, discípulo de Nicolas Hartmann y Martin Heidegger. Jamás tuvo ningún contacto, el más mínimo, ni con el partido nazi ni con el ejército, aunque mi familia es noble familia prusiana y muchos de ellos, como mi bisabuelo, que fue gran mariscal de Prusia, fueron militares, al igual que lo eran muchos nobles prusianos.

—¿No es cierto que usted al llegar a España conecta con personajes como el duque de Tovar o Ilse Skorzeny, íntimamente relacionados con la extrema derecha o el nazismo?

—El duque de Tovar está condenado por un delito de lesa majestad y yo, como monárquico, no puedo ser amigo suyo, porque estas fotos —y señala fotos dedicadas de los reyes— no me las ha enviado a mí Pepita Pérez. Yo soy una persona bien vista en La Zarzuela y ese señor no puede pisarla jamás.

—Pero usted lo tuvo como consejero en su empresa Leasing Consult.

—Yo aterrizo aquí en plena transición, como Tarzán, o sea desnudo, y entre la gente con la que yo me relacionaba, nobles de la Casa Real para abajo, había de todo, y en el club Puerta de Hierro se me presentó Tovar como historiador y genealogista. El sabía que yo era miembro de la asociación de la nobleza alemana, que somos los treinta descendientes de los «príncipes mediatizados», supervisores de la edición del *Gotha.* Me pidió que si podían figurar los Figueroa y enviamos su árbol genealógico, aunque hasta la fecha no se les ha inscrito. A partir de ese momento tuvimos relación y él se me vino a «vender» a mí como persona relacionada y con contactos. Leasing Consult necesitaba a alguien que fuera español y abogado en ejercicio. Así que lo acepté, pero antes del escándalo de las falsificaciones yo le pedí la renuncia y cambié el consejo.

—Usted afirma que es duque de Hornes y de varios títulos más, pero en el Ministerio de Justicia tal título no está reconocido.

—Si yo no fuera el duque de Hornes no podría ostentar mi pasaporte, emitido por el Ministerio del Interior, con ese título. Yo pedí tal título por rehabilitación y está a la espera de firma. Antes de este pasaporte tenía el pasaporte diplomático que se concedía a los grandes de España, hasta que un real decreto anuló este privilegio. Pero yo en Alemania y en todo el mundo soy príncipe de Hornes, como otros títulos de igual categoría reconocidos en el almanaque de *Gotha,* que es para nosotros los centroeuropeos lo que vale. En mi carta de identidad alemana, que he renovado, aparezco como barón von Wertniz, un título que proviene del año 900, o sea una antigüedad de 1089 años, algo que ni la familia Borbón puede demostrar.

—¿Y su relación con Francisco de Borbón y Borbón, quien aparece como máximo responsable de una llamada Orden de San Lázaro de Jerusalén, a la que usted pertenece al igual que el duque de Tovar?

—Esa orden es, de las falsas, la mejor. Hace años que envié mi renuncia a la misma. El propio título de marqués de Siete Fuentes de Francisco de Borbón es falso. Es algo que le llevaba Tovar, y Tovar por dinero hace marqués o conde a quien sea. Yo conozco a todos los Borbones, puesto que por mediación de mi mujer, que es descendiente del último Borbón que reinó en Francia, somos todos parientes y contraparientes. Yo digo que soy pariente de los reyes y no miento. En mi círculo social encontrarme con Borbones, Habsburgos u Orleans en una mesa, para mí es normal, y así conocí a Paco de Borbón, cuyo hijo, el duque de Sevilla, estaba casado con una pariente mía de Prusia. Francisco de Borbón y Borbón vive de un sueldo de teniente coronel retirado, y fueron ellos los que se ofrecieron a todo, hasta a ser padrino de mi hija Gabriela, que lo es Paco. En lugar de yo querer acercarme a ellos, ellos se acercaron a mí, porque yo además tengo dinero.

—¿Tiene usted buenas relaciones con la Casa Real?

—Sí, porque nunca he dado problemas. ¿Se me vio alguna vez en el *¡Hola!* saliendo con actrices y diciendo que soy primo de la reina?

—¿Le causaron problemas en estas relaciones sus contactos con los «otros Borbones»?

—Sí, muchos. Hasta tal punto que en una ocasión el secretario de la Casa Real me dio indicaciones, cuando no sabía quiénes eran, de que los dejara de tratar. La persona que más daño me ha hecho en España es Francisco Enrique de Borbón y Borbón, así como todos los adláteres de falsos marqueses y falsos nobles.

Como puede comprobarse por lo anterior, los nobles falsos son siempre los otros. Lo que von Wernitz no quiere reconocer, a pesar de ser hechos probados, es que su intento de rehabilitación del título, realizado a través del ahora denostado duque de Tovar, tuvo un resultado absolutamente negativo. Data de 1983 y su expediente no pasó los controles pertinentes, no llegando en ningún caso ni a contemplarse la firma real. En relación con las supuestas cartas, lo único verdadero es que desde la Casa Real hubo de darse el oportuno aviso, dado que el supuesto duque llegó a pergeñar algún documento, con la habilidad que le caracteriza, en el que se comprometían nombres que jamás deben comprometerse. Las cartas son, al contrario de lo que él pretende, avisos de que se cese en las manipulaciones. Aquello ocurrió en el año 1988, y fue el propio Sabino Fernández Campos, jefe de la Casa de Su Majestad, el que puso los puntos sobre las íes. Tras ello, el supuesto grande de España quedó por una corta temporada en sordina. Pero no duró mucho, y a poco volvió a intentar entrar en la danza. En 1991 reapareció en los medios de comunicación, en concreto en las revistas *Tiempo* y *Panorama,* impartiendo, precisamente él, lecciones de bondad o falsedad de títulos nobiliarios. La espectacular foto de fondos imperiales que acompañó estas entrevistas hizo soltar estruendosas carcajadas en los círculos de la auténtica nobleza, que siempre le han negado, a poca que sea su seriedad, su pertenencia a dichos círculos. Por supuesto, no fue citado a la recepción del Palacio Real de junio de 1991. Andreas von Wernitz es uno más de los que proclaman a los cuatro vientos sus delirios de grandeza, provocando la irritación de muchos, pero lo peor es que para intentar justificarlos no ha dudado en utilizar los nombres de quienes ocupan el escalón más alto en las instituciones del estado.

Leyes hay para corregir este tipo de actitudes, aunque muchos dirán que la judicatura española tiene cosas más importantes que hacer que andar persiguiendo a duques, marqueses y condes falsos. Quizá sí, pero también es cierto que el descaro, el abuso y la desfachatez con que se actúa y se alardea empieza a resultar, como poco, grotesco.

CAPÍTULO III

LAS SAGAS DEL ESCANDALO

Dos mil familias nobles dan para mucho. Sobre todo si los apellidos son rimbombantes, si las caras son famosas y si el brillo social, cuando no la fortuna, acompañan a los personajes. Dicen los rancios nobles que la discreción ha sido tradicionalmente su seña de identidad. Tal vez fuera así antes, pero en los últimos tiempos es difícil abrir una revista sin encontrarse a algún vástago de una familia noble envuelto en un escándalo, ya sea de faldas o de finanzas. Como además en el clan aristocrático todos se conocen, muchas veces se tratan y no pocas están ligados por vínculos familiares, al final resulta todo un auténtico laberinto de senderos cruzados y recruzados donde las pistas escandalosas aparecen y reaparecen por las familias como si de un Guadiana de muchos ojos se tratara.

Cuenta, y muy bien por cierto, Javier Rioyo en su libro *Madrid, casas de lenocinio, holganza y malvivir,* que Casanova encontró en su viaje a Madrid terreno abonado en los bailes de máscaras del conde de Aranda a los que acudían las damas de la nobleza, y que si uno se tropezaba con la muy ardiente duquesa de Villadarias más valía salir corriendo. O sea, que los devaneos de nuestros aristócratas, que tampoco van a dejar de ser humanos a pesar de sus noblezas, no son de ahora.

Ni tampoco quedan tan atrás en el recuerdo los desenfrenos

de la corte de Isabel II, que andaba a saltos —de cama, claro—, pasando de los brazos de nobles como el marqués de Bedmar, el conde de Baena o el conde de San Luis, Fernando Sartorius —¿no le suena el apellido?— a los de militares como el general Serrano o el capitán de ingenieros Enrique Puig Moltó.

Más recientes en esa «corte de los milagros» madrileña son las andanzas de los nobles que rodeaban a Alfonso XII, quien, después de perder a su prima María de las Mercedes, se hizo notorio por sus noches locas. No le faltó quien le acompañara, las más de las veces el famoso conde de Benalúa. Nobles y rey, embozados en sus capas, fueron la sal de aquellos años y, cosa lógica tratándose de españoles, el pueblo quiso a aquel rey guapo y vividor que se aburría en palacio con la prudencia y sobriedad de la nueva reina, la austriaca María Cristina. Se iba de «marcha», y luego tenía que andar el entonces alcalde, el ilustrado duque de Sesto, dando la cara por él y por sus líos con artistas de vodevil. Sobre todo por aquél que tuvo con la contralto Elena Sanz. ¿Recuerda el lector la copla «María Cristina me quiere gobernar»? Pues de aquel entonces era.

Menos gracia le fue haciendo con el tiempo a la gente de Madrid la corte de su hijo Alfonso XIII. Sus amores lejos de palacio son notorios, pero no lo es tanto cierto descubrimiento que, de nuevo, debo a Javier Rioyo. Al rey le gustaban las películas pornográficas, unos cortos que le suministraba el conde de Romanones, su ministro de casi todo y, según se descubre ahora, su proveedor cinematográfico. Por cierto, que las que más le gustaban eran las más marcadamente cutres. O eso dicen, al menos.

Los nobles, pues, siempre han estado en danza y en los papeles. No hace tanto que hemos conocido las coplas y los dibujos con que los muy románticos hermanos Bécquer criticaban los vicios de los Borbones y sus cortesanos. Al pueblo, según sigue pareciendo, no había cosa que más le gustara que un buen escándalo con aristócrata de por medio. Antes, el escándalo aparecía al día siguiente en una copla, y ahora la gente corre en seguida hacia el quiosco en busca de los detalles.

Crímenes con noble de por medio, líos de faldas con aristócrata debajo los ha habido tantos y tan famosos en la historia que sería materia para otro libro, máxime cuando tenemos que contar los de ahora. No me resisto, sin embargo, a resumir el famoso caso, que recorrió los mentideros madrileños, atribuido a un vástago del marquesado de Casa Riera allá por la frontera del primer tercio de siglo. El marquesado de Casa Riera tiene calle en Madrid, justo al lado del Círculo de Bellas Artes. Contrajo matrimonio el protagonista del suceso, que había vivido en Cuba, con una bella mujer española de ascendencia pero nativa de aquellas tierras. Blancos ambos, por supuesto. Regresados a España les nació un hijo, y llegó la tragedia. El niño tenía rasgos raciales marcadamente negroides. Loco de ira y celos, el marido acabó con la vida de ambos, de madre e hijo. Fue algo terrible. Dos médicos investigaron el caso científicamente y su resultado fue aún peor para el ya preso homicida: los genes negros que habían reaparecido tras algunas generaciones en su hijo no provenían de la madre ni de ninguna aventura de ésta, sino que los llevaba en su memoria genética el propio aristócrata, heredados vaya usted a saber de quién.

No hemos tenido tragedia como aquélla de los Casa Riera en los últimos años, pero algunas casi se le han acercado. Inmediatamente viene a la cabeza el apellido Urquijo y el más famoso de los crímenes con apellido aristocrático. No hay que olvidar tampoco el caso «Nani», en el que está implicado Jaime Messía Figueroa, o los innumerables *affaires* de la *jet,* en los que a unos les salpican acusaciones de narcotráfico, caso de Carlos Goyanes, el marido de Cary Lapique, y los más aparecen enredados en múltiples asuntos amorosos, que tal pareciera que se pasan la vida quitándose unos a otros las novias sin salir del mismo «círculo de tiza» nobiliario.

Hay algunas familias a las que parece perseguir el escándalo. Apellidos que, día sí día también, están desdichadamente en candelero y, como si de una maldición bíblica se tratara, cuando no están envueltos en un lío de faldas lo están en una quiebra financiera o se encuentran perseguidos y prófugos de la justicia acusados de los más variados delitos, desde la falsificación y la estafa hasta la complicidad en crímenes de sangre.

LOS FALCO, SEDUCIDOS Y ABANDONADOS

«Yo no creo que estemos gafados. Tanto a mi hermano como a mí nos han pasado cosas buenas y malas en la vida, igual que a todo el mundo», afirmaba Fernando Falcó, marqués de Cubas, a Charo Nogueira y al que esto escribe en la revista *Tribuna* el 10 de abril de 1989, en la pleamar del escándalo que le había sepa-

Manuel Falcó y D'adda †
M.ª Pilar Ossorio y Gutiérrez de los Ríos †

- M.ª del Rosario Falcó y Ossorio
  Condesa de Siruela †
  =
  Carlos Fitz-James Stuart. Duque de Alba †
- Manuel Falcó y Ossorio
  Duque de Fernán-Núñez †
  =
  Silvia Alvarez de Toledo †
  - Manuel Falcó y Alvarez de Toledo
    Duque de Fernán-Núñez †
    =
    Mercedes Anchorena †
    - Manuel Falcó y Anchorena
      Duque de Fernán-Núñez
      =
      Cristina Ligues
    - Mercedes Falcó y Anchorena
      Duquesa de Arco
      =
      Fernando de Soto y Colón
      de Carvajal. Marqués de Arienzo
      - Mercedes de Soto y Falcó
        =
        Alvaro de Silva y Mora
        Duque de Bourmonville
      - Fernando de Soto y Falcó
        =
        Inés Escrivá de Romaní
      - Miriam, Manuel y Tristán
        de Soto y Falcó
  - José Falcó y Alvarez de Toledo
    Conde de Elda †
    =
    Emilia Carrión
    - Enrique Falcó y Carrión
      Conde de Elda
      =
      Fernanda Méndez-Núñez
      y Gómez-Acebo
  - Cristina Falcó. Condesa de Frigiliana †
    =
    Leopoldo Sáinz de la Maza
    Conde de la Maza †
    - Leopoldo Sáinz de la Maza
      Conde de la Maza
      y de Frigiliana
      =
      Victoria Ybarra y Allende

- Felipe Falcó y Fernández de
  Córdoba. Marqués de Pons †
  =
  Rocío Medina y Liniers
  - Carla Falcó Medina. Duquesa de
    Montellano y marquesa de Pons
    =
    Jaime Matosian

(1) Matrimonios anulados o separados.

La saga de los Falcó.

Felipe Falcó y Ossorio
Duque de Montellano †
=
Carlota Escandón †

a Falcó. Marquesa de Villatorcas
=
lo Martín Alonso †

a Martín Alonso †
=
cio Benthem
Martín Alonso
=
l Sorge

Pilar Falcó. Marquesa de Nules
=
Luis Morenés
Conde de Peña del Moro †

Livia, Tristán y Luis
Morenés y Falcó.
Pilar Morenés y Falcó
=
Rodolfo Bay Alfajeme †

Beltrán Falcó †
Tristán Falcó †

Manuel Falcó Escandón.
Duque de Montellano †
=
Hilda Fernández de Córdoba.
Marquesa de Mirabel

M.ª Paloma Falcó
=
José Francisco Mitjans.
Marqués de Manzanedo †

Rocío Falcó y Fernández de
Córdoba. Condesa de Berantevilla
=
Alfonso Díaz Bustamante y Quijano

Falcó Medina. Condesa de
ueva de las Achas
=
o Armada y Barcáiztiegui.
e de Güemes

Carlos Falcó y Fernández de
Córdoba. Marqués de Griñón
=
Pilar Juana Girod (1)
=
Isabel Preysler (1)

Manuel Falcó Girod
Alejandra Falcó Girod
Tamara Falcó Preysler

Fernando Falcó y Fernández de
Córdoba. Marqués de Cubas
=
Marta Chávarri Figueroa (1)

Alvaro Falcó y Chávarri

rado de la joven, rubia y minifaldera Marta Chávarri, fugada hacia los brazos del financiero Alberto Cortina.

Y tenía razón el bueno del marqués. Pero es que en aquel momento él era la noticia más espectacular de España. No sólo le había abandonado la biznieta de Romanones, Marta Chávarri, sino que toda su bien ganada reputación de *play boy* se venía por los suelos. Las consecuencias de aquello son hoy bien sabidas: el matrimonio de Cubas se deshizo, al igual que sucedió con el de Cortina y Alicia Koplowitz, menos conocida como marquesa del Real Socorro. Poco después también se rompería la unión del primo de Alberto Cortina, Alberto Alcocer, con la hermana de Alicia, Esther Koplowitz, marquesa de Casa Peñalver, por causa de una joven y bella secretaria: Margarita Hernández.

Pero, además de matrimonios, aquella historia de amoríos deshizo la mayor operación político-financiera tramada por la cúpula socialista, que con la ayuda de los Albertos pretendía acabar con Mario Conde, presidente del Banesto, y controlar el mayor banco español, producto de la fusión del Banesto y el Central, colocando en él a su cerebro económico: Miguel Boyer. Aquello también se fue al garete. Hoy la situación es bien otra a la prevista. Cortina y Marta forman una nueva pareja legal. La unión Banesto-Central se convirtió en agua de borrajas. Mario Conde sigue presidiendo Banesto y Alfonso Escámez, ahora ya ex presidente del Central, ha unido sus destinos al Hispanoamericano de José María Amusátegui. Miguel Boyer es tan sólo un empleado, eso sí de superlujo y supersueldo, de las Koplowitz, con poder decreciente, sobre todo desde que el escándalo Ibercorp dejó a sus amigos de la *beautiful people* con las dos alas llenas de perdigones. Las hermanas Koplowitz aún no se han casado, aunque Alicia pasea a caballo con Gonzalo Muñoz y se abraza a él por paisajes nevados y playas exóticas, mientras que su hermana Esther, menos fotografiada, hace sus pinitos por el hotel de lujo Biblos de Mijas (Málaga) con el ingeniero Antonio Losada Gómez. Derecho, juventud y belleza tienen, y no seré yo quien me oponga a ello, y menos quien lo critique.

Pero volvamos a los Falcó. Lo que le sucedía a Fernando, marqués de Cubas, con Marta Chávarri no era sino una réplica de los desgraciados amores de su hermano Carlos, marqués de Griñón, quien le había precedido en la senda del fracaso matrimonial al haber sido abandonado por sus dos esposas, también famosas y con participación en todas estas historias: Juana —*Jeanine*— Girod e Isabel Preysler.

La primera rompió su matrimonio con Carlos Falcó como consecuencia de un tempestuoso idilio con otro aristócrata, José Enrique Varela, hijo del bilaureado general, que precedió al presidente del Real Madrid, Ramón Mendoza, en el corazón de la bella Jeanine. La segunda fue Isabel Preysler. ¿Y quién no sabe lo de Isabel? La mayor coleccionista de maridos famosos de nuestro país había dejado ya a Julio Iglesias cuando se vinculó al marqués de Griñón.

Un pequeño apartamento, en el número 45 de la madrileña calle —cómo no de nombre aristocrático— Marqués de Pico de Velasco, fue el escenario de los amores de la Preysler con Griñón. Una amiga fiel y chivata, la entonces duquesa de Sevilla, de esperpénticos vestidos e impronunciable apellido, Beatriz Gräfin von Hardember Zu Furstenberg, le fue con el cuento al periodista, entonces de *¡Hola!,* Jaime Peñafiel. Este hizo oír el mensaje a Isabel, quien le tomó la delantera a Julio Iglesias, que estaría como siempre de gira, se convirtió en acusadora, pues Julio también tenía lo suyo que ocultar, y se separó de él.

El marqués de Griñón se casó pues de segundas con Isabel, pero ésta no tardó en pensar en un tercero. El idilio de «la

Una foto irrepetible y dos matrimonios deshechos. Fernando Falcó, marqués de Cubas, y Marta Chávarri comparten aplauso y mesa con Carlos Falcó, marqués de Griñón, e Isabel Preysler.

China» y el superministro de Economía, Miguel Boyer, es sin duda el romance que más portadas ha dado a las revistas de España en toda su historia. Lo fue desde el rumor, desde las fotos en el Caribe, desde el cariñoso beso en la mejilla, y lo ha seguido siendo cuando se comprobó, cuando se produjeron las separaciones de ambos de sus anteriores parejas, cuando su boda, cuando sus veraneos y cuando el nacimiento de su retoño. Vamos, que ha sido el culebrón número uno, y lo sigue siendo, de la sociedad española.

A Carlos y a Fernando Falcó, la personalidad de sus ex mujeres los ha hecho muy famosos, aún más de lo que lo fueron por sus anteriores conquistas, que las hubo. Porque todo parecía indicar, en su juventud, que si algo les sonreía a los hermanos Falcó, sobre todo a Fernando, eran las mujeres. Fernando, considerado el rey de la noche madrileña de los años sesenta y setenta, salía con las mujeres más espectaculares de la época. Sus romances se multiplicaban, y a cada nombre sucedía otro tan famoso o más que el anterior: la ex emperatriz Soraya, la actriz Odile Rodin, viuda de Porfirio Rubirosa, la modelo Claudia Rivelli, hermana de Ornella Muti, Nadiuska o la bailarina La Contrahecha, que de eso no tenía absolutamente nada.

Su hermano Carlos, aunque menos jaranero, no se quedó atrás. En la universidad belga de Lovaina el noble español tuvo sonados éxitos femeninos y le dio tiempo, mientras hacía su carrera de ingeniero agrónomo, a dejar tras de sí una estela de conquistador, iniciada en el corazón de la joven rusa que fue su primer gran amor.

Carlos Falcó se casó con Jeanine Girod en 1963. Tuvo dos hijos, Manolo y Alejandro, pero ambos no fueron suficientes para consolidar el matrimonio. Aún se recuerda entre la nobleza la tempestuosa pasión que arrastró a la impulsiva Jeanine a los brazos de otro galán de moda en el Madrid de entonces, José Enrique Varela, hijo del famoso general y hermano de Casilda, que es la esposa del guitarrista Paco de Lucía.

José Enrique Varela, apuesto y simpático, era un gran personaje en todas las fiestas. Lo era menos en los escándalos económicos que vincularon a la empresa Sociedad Anónima de Tuercas, de la que es consejero aún hoy, con oscuras operaciones de suministros irregulares a las Fuerzas Armadas españolas. Vamos, que no era oro todo lo que relucía.

La relación de la Girod con Varela no duró demasiado. Dio

Los duques de Feria, Rafael de Medina y Nati Abascal, con sus hijos, antes de la ruptura de su matrimonio.

paso a otro personaje que comenzaba a pisar y a dar pisotones en el panorama nacional: Ramón Mendoza. Ahora Mendoza es muchas cosas, sobre todo presidente del Real Madrid, pero entonces no era tanto y hasta le llamaban espía ruso, cosa que además le encantaba. Jeanine fue su compañera durante quince años, después de los cuales resultó ser ella la abandonada. Fue en un barco donde Ramón Mendoza cayó en los exquisitos brazos de una muy aristocrática consorte, Nati Abascal, ex duquesa de Feria y ex mujer de Rafael de Medina. Parecía que Jeanine iba a perder su guerra y a su Mendoza, y de hecho fue derrotada en los primeros asaltos contra nuestra elegante nacional: Nati. La que fuera cotizada modelo, amiga americana de Woody Allen —trabajó con él en la película *Bananas*— de Andy Warhol y de todos los *in* yanquis, la mujer que mejor se viste, mejor anda, mejor lleva las joyas y hasta la nariz al decir de los que se dedican a decir estas cosas, parecía llevar todas las de ganar. Pero eso era no conocer a nuestra Jeanine.

Lo primero que hizo fue ponerle la maleta en la puerta a Ramón. Este, al principio, feliz. Vivía en el hotel Miguel Angel y se lo pasaba en grande con la duquesa, frecuentando incluso en pleno agosto de 1988, cuando todos le buscaban por Marbella, las terrazas más de moda de la Castellana de Madrid. Pero luego empezó a llegar la nostalgia, quizá el arrepentimiento, y volvió a verse con su rubia compañera de tantos años. A Nati le había alquilado un piso, por el que pagaba nada menos que 400.000 pesetas al mes. Pero con Jeanine se encontró un día en Azca y hubo un bello beso de reconciliación que, curiosamente, fue captado por las cámaras de un fotógrafo de *Tribuna.* ¡Ni que alguien le hubiera avisado para la ocasión!

De ahí a la vuelta al redil del canoso mandatario madridista no hubo más que un paso. Y en el redil parece, y tal vez sólo parece, que sigue Mendoza. Habrá que preguntárselo, entre otras, a Nati Abascal, que también sigue, según dicen, siendo el no va más de la elegancia y la mejor guinda posible de todas las fiestas.

Volvamos ahora, después de tantas historias adyacentes, a Carlos Falcó, el primer abandonado por Jeanine Girod. Pero era un abandonado que hacía temblar el corazón de la mujer más rica del mundo: Cristina Onassis, nada menos.

La hija del magnate griego, de tan desgraciado destino final, se enamoró perdidamente del joven aristócrata español. Vino a España, lo siguió por toda La Mancha y lo requirió de amores.

Portada de *Semana.* Cristina Onassis, la multimillonaria de desdichada fortuna y peor sino, requirió de amores a Carlos Falcó, pero el caballero español le dijo que no.

Carlos, hidalgo y señor, no cedió a la tentación de la impresionante fortuna.

A lo que sí cedió Carlos Falcó fue a la sonrisa, entre dulce y afilada, de la filipina Isabel Preysler. Se casó con ella ante el estupor del «todo Madrid», pues la novia formal de Carlos era Sandra Gamazo, hija de Pimpinella Hohenlohe y de Claudio Gamazo y sobrina del conde de Gamazo. Y es que el «todo Madrid» desconocía los encuentros de Carlos Falcó con la Preysler en la calle del Marqués de Pico de Velasco, y siguió sin saberlo hasta mucho tiempo después de la sorprendente boda. Las nupcias, celebradas en 1980, cambiaron la vida del marqués de Griñón, que había sido un conquistador, sí, pero discreto. Su chalé de El Viso se convirtió en el Lourdes de la prensa del corazón. La popularidad de su mujer le arrastró en su vorágine y el nacimiento de su hija Tamara Falcó Preysler no hizo sino aumentar la presión de los chicos del papel *couché* sobre la pareja.

Mientras, su hermano Fernando, de quien se decía que «se fotografía con todas pero no se casa con ninguna», dio el aldabonazo al contraer matrimonio con una jovencita veinte años menor que él llamada Marta Chávarri, de la familia de los Romanones. Martita, que entonces aún tenía el pelo castaño y la falda por la rodilla, se impuso en el corazón de Fernando desplazando a su última conquista, la que era su novia seria, Mónica Prado Colón de Carvajal, hija del secuestrado por ETA Diego Prado y ahora casada con el abogado Rodrigo Uría.

Marta Chávarri tenía apenas veinte años y entonces era todo un modelo de discreción y recato. Tanto es así que, cuando la ruptura de su cuñado Carlos Falcó con Isabel Preysler, no dudó en criticar públicamente a la filipina y colocarse ella el cartel de fiel y amante esposa a la que jamás se le pasaría por la cabeza caer en semejantes deslices.

En realidad, Marta Chávarri mantuvo desde el primer momento una sorda competencia con Isabel Preysler por la notoriedad, de la que gozaba la filipina y que a ella le atraía igual que la luz a las mariposas. El pulso Chávarri-Preysler, que empezó nada más comenzar su relación familiar, sigue durando hasta el día de hoy, con sus caminos cruzándose y recruzándose. Porque el nuevo esposo de Isabel, Miguel Boyer fue contratado por Alberto Cortina, entonces amante de Marta, pero cuando ésta se convirtió en señora de Cortina éste tenía ya perdido su imperio a manos de las legítimas propietarias: las Koplowitz.

Fuera por sus ansias de fama, fuera por el aburrimiento de la vida convencional de casada o fuera por lo que fuese, el caso es que Marta luchó denodadamente por encontrar su propio espacio en las portadas de las revistas. Su evolución mental fue seguida de un destacable cambio físico: el pelo se le fue aclarando en la misma medida en que se acortaban sus faldas. El hijo que había tenido con el marqués de Cubas, Alvaro, no sirvió tampoco en esta ocasión para detener el imparable proceso que iba a acabar proporcionando la foto más famosa de España, publicada por la revista *Interviú.*

La elección como *Lady* España en 1988 la puso totalmente en candelero. Después, como diría un castizo, pasó lo que tenía que pasar. Un poderosísimo financiero, que también había saltado a la fama vestido con gabardina y que parecía que iba a comerse el mundo, entró en su vida: la inundó con rosas, la cubrió de lujosas pieles y le ofreció el mundo. Fernando de Cubas era todo un señor, pero no era tan rico. Y Marta eligió el poder y la dudosa gloria de ser carne de portada. Sus encuentros furtivos con Cortina se sucedieron. El cántaro fue tanto a la fuente que acabó rompiéndose. La primera vez su acompañante pudo, a golpe de talonario, conseguir juntar los trozos y romper las fotografías, pero la segunda ya fue imposible, y desde las peluquerías a los consejos de administración de los bancos no se habló de ninguna otra cosa.

Los dos hermanos Falcó estaban de nuevo unidos por la desdicha matrimonial. Quedaron, igual que siempre, como caballeros. Además, no tardaron en encontrar consuelo, Carlos Falcó, tras unos primeros devaneos con la anticuaria francesa Christine Reiff, ahora casada con el embajador italiano Antonio Ciarrapico, inició una discreta pero sólida relación con Fátima de la Cierva, y ya andaba durante el verano arreglando un castillo manchego para convertirlo en su hogar. Fernando, por su parte, se ha vinculado a Olivia Herbosh. Ambos están, de nuevo, en capilla de esponsales.

Pero, ¿quiénes son en el mundo de la nobleza estos dos hermanos que tanto dan que hablar? Pues dos hijos de los duques de Montellano, una de las ramas de la muy importante familia Falcó, estirpe de rancio abolengo proveniente del reino de Valencia. Poderosísimos en tierras y riquezas, los Falcó acumulan en total la friolera de cuarenta y un títulos, más trece grandezas de España. Emparentados con los Alba, los Alvarez de Toledo y los

Fernández de Córdoba, son una de las familias más importantes de la aristocracia española.

Los hermanos Carlos y Fernando pertenecen a una de las ramas venidas económicamente a menos: los Montellano. Sus blasones siguen intactos, pero, aunque les quedan algunas fincas, tienen que ir a trabajar todos los días si quieren salir adelante. El famoso palacio de los Montellano, donde los dos hermanos crecieron y entre cuyos muros convivieron con el entonces príncipe Juan Carlos, ni siquiera existe ya. Queda, eso no se borra, el recuerdo de aquellos años en que los Montellano, monárquicos de convicción profunda y muy ligados a don Juan de Borbón, fueron un importante apoyo tanto para el jefe de la Casa Real española como para su hijo, haciendo en no pocas ocasiones de mediadores entre don Juan y el general Franco.

El palacio, como si fuera un símbolo del decaimiento económico de la familia, fue derribado, aunque don Manuel, padre de Carlos y Fernando, intentara venderlo al Ayuntamiento para evitarlo. En el solar, situado en el paseo de la Castellana de Madrid, se alza hoy la sede de la compañía de seguros La Unión y el Fénix. En aquel viejo palacio de los Montellano, donde vivieron los hermanos Falcó hasta 1967, se respiró siempre un ambiente monárquico, pero más tolerante y liberal que el que se respiraba en la calle y en los círculos aristocráticos. Desde luego más liberal que el colegio capuchinos de Lecaroz, donde ambos ingresaron muy niños en los años cuarenta junto con su hermano mayor Felipe, y que se caracterizaba por su férrea disciplina. Los hermanos Falcó sólo salían del internado en verano, cuando la familia se trasladaba a Estoril, cerca de los exiliados Borbones. Allí, tanto Fernando como Carlos fueron compañeros de juegos del actual rey de España. Incluso Fernando fue después su colega de estudios, compartiendo clases y profesores, en la finca Las Jarillas, durante el curso 1948-49. Al año siguiente se separaron, pues don Juan, en clara desavenencia con Franco, retuvo aquel año a don Juan Carlos a su lado. Cuando el príncipe se reintegró a las clases un año después, Fernando Falcó ya no formaba parte del grupo. Sin embargo, de aquellos años ha quedado una buena relación amistosa, y don Juan Carlos siempre ha tratado con gran aprecio a ambos hermanos.

Hemos citado en cierto momento al hermano mayor de los Falcó, y es hora de que entremos en lo que también ha sido una desgraciada constante en la vida de la familia: los accidentes mortales de algunos de sus miembros.

El duque de Montellano, Manuel Falcó Escandón, fue un apasionado de aquellos locos cacharros de la época que se llamaban coches. El era el alma del Real Automóvil Club de España, que había fundado su abuelo y del que, siguiendo la tradición, es ahora presidente su hijo Fernando, marqués de Cubas. El primogénito de la familia, Felipe, oficial de la Armada, hombre de espíritu aventurero y muy apuesto según dicen, compartía la afición paterna por la velocidad, y ello le costó la vida un fatídico 28 de abril de 1962, a nueve kilómetros de Albacete. Cuando participaba en un *rally* internacional Madrid-Biarritz, el teniente de navío Felipe Falcó, marqués de Pons y heredero de los Montellano, que conducía un Triumph, chocó contra un Dauphine y luego contra un Seat-600. Su hermano Carlos, que le acompañaba en calidad de copiloto, salió ileso. No así los ocupantes de los otros vehículos, que perdieron también la vida.

El entierro del joven marqués, que sólo contaba treinta y tres años, fue una sentida manifestación de duelo a la que asistió la plana mayor de la aristocracia española e incluso tres ex ministros, entre ellos Alberto Martín Artajo. Ello no resolvió, sin embargo, algunas historias familiares.

Felipe Falcó se había casado, sin mucho entusiasmo por parte de sus padres, con la joven Rocío Medina Liniers, matrimonio que fue apadrinado, aunque a través de representación, por los condes de Barcelona. La anciana madre de los Falcó, Hilda Fernández de Córdoba, marquesa de Mirabel, aún vive y manifiesta una energía increíble a sus más de ochenta años, siendo frecuente verla empuñando su escopeta de caza en ojeos y monterías. Esta mujer pasa por ser uno de los caracteres más vivos y fuertes de toda la aristocracia española. «Un trueno de señora; desde luego ha heredado la sangre guerrera de los Fernández de Córdoba, vaya que sí», dicen los que la conocen con un deje no exento de simpatía. Ella y su joven suegra no parecieron congeniar demasiado. Sin embargo, el título de los Montellano fue a parar, por línea directa, a la hija mayor de Rocío y Felipe, Carla Falcó Medina, hoy duquesa de Montellano y casada con Jaime Matosian. La otra hija del breve matrimonio, que lleva por nombre Hilda, como la abuela, es condesa de Villanueva de las Achas y está casada con Alvaro Armada y Barcaiztegui, conde de Güemes y uno de los miembros de la familia de militares cuyo vástago más conocido es el general Alfonso Armada Comín, marqués de Santa Cruz de Ribadulla, protagonista destacado del

Carlos Falcó entra a la recepción del rey a la Grandeza de España dando escolta a su madre, la duquesa viuda de Montellano. El rey, en su juventud, pasó temporadas en el palacio de los Montellano en Madrid. (Foto: *Tribuna*/Carlos Alvarez.)

golpe de Estado del 23-F que antes fue preceptor del rey y su hombre de confianza.

Pero las desgracias familiares no iban a acabar ni con la trágica muerte del mayor de los hijos ni con las desdichas amorosas de los hijos menores. A ellas se iba a sumar el desgraciado fin que tuvo la única hija de doña Hilda Fernández de Córdoba, Rocío Falcó, condesa de Berantevilla, lo que supuso un duro golpe para su ya anciana madre. Rocío, casada con un prohombre extremeño del anterior régimen, Alfonso Díaz Bustamente y Quijano, ex alcalde de Cáceres, veinte años mayor que ella y con ocho hijos de su anterior matrimonio, se convirtió en noticia cuando los socialistas, que gobiernan en mayoría absoluta en Extremadura, intentaron expropiar una de sus fincas en la región. La finca «Valero», una de las más extensas de Extremadura, con 3.700 hectáreas, situada en Torrejón el Rubio (Cáceres), fue considerada no rentable por la Junta, que argumentó que sólo se utilizaba para la caza y procedió a enajenarla por un período de doce años. Rocío Falcó, asesorada por el abogado Ramón Hermosilla, se lanzó entonces a un largo pleito que, tristemente para ella, no pudo ver ganado, pues el Tribunal Supremo falló a su favor el mismo día que se celebró su entierro en Madrid.

Rocío Falcó, reconocida por los que la trataron como una persona de gran corazón, fundadora y animadora de la obra benéfica de la aristocracia conocida como «el rastrillo», donde las damas nobles se ponen delantal y hacen caridad cristiana, tuvo su día fatídico en la fecha del 20 de febrero de 1990. Aquella mañana se desplazó a un supermercado de la calle Serrano de Madrid. Tras efectuar sus compras que transportaba en un carrito, se dirigió hacia el aparcamiento del inmueble. Al salir del ascensor perdió el equilibrio, tal vez por el excesivo peso que acarreaba, y cayó por una escalera, fracturándose el cráneo y muriendo poco después a consecuencia de las heridas. Una vez más, el sepelio sirvió para poner de manifiesto el gran prestigio social de la familia y sus estrechos lazos con la gran nobleza. En el entierro estuvieron presentes la hermana del rey, Pilar de Borbón, los duques de Alba, el marqués de Mondéjar, el ex presidente Leopoldo Calvo Sotelo, el financiero Juan Abelló y una nutridísima representación de la aristocracia española.

Los tropiezos sentimentales y los trágicos accidentes no han sido los únicos problemas de la familia de los Montellano. Los negocios también les han dado no pocos disgustos. Fernando, abogado de carrera, no puede decirse que haya tenido una ejecutoria brillante. Tras una pequeña etapa en que parecieron irle bien las cosas, durante su vinculación con el empresario José María Ruiz Mateos y cuando fue vicepresidente del Banco de Extremadura y presidente de las bodegas René Barbier, no ha tenido mucho éxito y se ha refugiado en lo que parece una herencia familiar, la presidencia del RACE (ocupada antes por su padre y por su abuelo materno, el duque de Arión), aunque se está encontrando en los últimos tiempos con una creciente oposición que le acusa de cobrar por un cargo que es más honorario que otra cosa.

Carlos ha sido mucho más emprendedor que su hermano; aunque también ha conocido vaivenes su fortuna. Ingeniero agrónomo, se ha decidido a poner en explotación sus tierras, y la verdad es que ha demostrado coraje y se ha sabido crecer ante las adversidades. En su tiempo no dudó en enfrentarse al sindicato vertical franquista al iniciar plantaciones de tabaco que chocaban contra el monopolio estatal. También plantó unas polémicas vides francesas, tipo *sauvignon,* introducidas poco menos que de contrabando, que fueron origen de su actual negocio de vinos. Incluso se quiso meter en política, pero salió escaldado, al presentarse en 1977 para senador en las primeras elecciones democráticas con el partido de Manuel Fraga, Alianza Popular. Su candidatura fue derrotada, y el intento le acarreó fuertes pérdidas económicas.

Fue por entonces cuando puso en marcha uno de sus negocios más famosos, el Safari el Rincón, a sesenta kilómetros de Madrid, que no se sabe si le da muchos beneficios, pero desde luego sí le ha proporcionado varios disgustos. Sobre todo el que le supuso ser señalado como introductor de la epidemia de peste equina que trajo en jaque a las autoridades sanitarias, las cuales culparon a cuatro cebras traídas de Africa de ser las portadoras iniciales de la enfermedad. Otros hechos relacionados con el Safari, si exceptuamos algún accidente, han tenido más de risible que de peligroso, como por ejemplo cuando se difundió por los ambientes de caza la famosa historia de la foto de un importante empresario vinculado al mundo sanitario, el cual había acudido al Safari con dos negros contratados para la ocasión y vestidos con taparrabos y, tras fusilar a un pobre león enfermo y viejo, se había hecho fotografías con el trofeo. Por otra parte, en el año 1991, en la finca «El Quexigal», cerca del Safari, se celebró también una extraña cacería a la que asistió la ex cuñada de Carlos

Falcó, Marta Chávarri, en compañía de Alberto Cortina, José María Cuevas y algunos prohombres. Los participantes masacraron una piara de jabalíes que habían sido cebados sistemáticamente con pienso para que cada día acudieran al sitio donde se les dio muerte. Tras su hazaña, los supuestos cazadores se marcharon a su casa tan ufanos.

Pero nadie puede negarle a Carlos Falcó, tropiezos aparte, perseverancia y tenacidad. A pesar de haberse encontrado tiempos atrás en graves problemas financieros, incluso con anuncios bancarios de embargos de sus fincas y con una multa del Ministerio de Agricultura por regar ilegalmente sus viñas, al final las cosas parecen pintarle cada vez mejor. El grupo Esabe ha entrado en el Rincón y sus vinos han empezado a ser conocidos, premiados y vendidos tanto en España como en Estados Unidos y Gran Bretaña.

En todo momento, Carlos Falcó ha tenido a su lado un buen valedor y un gran amigo, su primo materno Gonzalo Fernández de Córdoba y Larios, duque de Arión. En Gonzalo ha encontrado Carlos refugio en sus horas bajas, y el castillo del duque, en Malpica de Tajo, siempre ha estado abierto para él. Allí, dicen, se refugió Carlos en pleno escándalo de su mujer, Isabel Preysler. Lo cierto es que Gonzalo Fernández de Córdoba siempre se ha llevado muy bien con su primo carnal —la madre de Carlos, doña Hilda y el padre de Gonzalo eran hermanos— y le ha ayudado en los malos momentos. Gonzalo Fernández de Córdoba es, además de un gran apellido, un potentado y uno de los nobles más ricos de España. A la sombra de su famoso castillo posee extensas tierras que ha sabido convertir en regadío. Actualmente tiene 1.400 hectáreas en esta situación, lo que le ha llevado a ser nuestro máximo exportador de tomates a Estados Unidos. Junto a los negocios de su agropecuaria está su participación en la gran empresa de licores Larios, que saca su nombre de su segundo apellido, y tiene también acciones en la petrolera Mobil Oil.

El duque de Arión es, además, uno de los mejores amigos del rey de España, con el que comparte desde muy joven la afición por la navegación a vela, que han practicado juntos en reiteradas ocasiones, incluso olímpicas, y que le lleva todos los veranos junto al monarca a Palma de Mallorca.

Pero don Gonzalo, aunque sin el relieve fotográfico de sus primos, también ha dado lo suyo que hablar en lo que se refiere a su vida sentimental. Casado en primeras nupcias con Beatriz de

El duque de Arión comparte una vieja amistad con el rey don Juan Carlos, acrecentada por su mutua pasión por la vela. Ambos compitieron juntos en una Olimpiada. (Foto: *Tribuna*/Catalán.)

Hohenlohe, tuvo tres hijos de esa unión: Marina, Joaquín y Fernando. La separación afectiva y efectiva de los duques llegó a ser un hecho conocido por todos, pero el *status quo* se mantuvo de común acuerdo hasta que, con motivo de la boda de Marina, todo el tinglado de la farsa se vino abajo con estrépito.

El duque de Arión ha tenido fama de coleccionar éxitos entre las mujeres. En aquel verano de 1988 mantenía una relación estable con Giovanna Pagliatti, una bella italiana que, lógicamente, no acudió a la fastuosa boda del castillo de Malpica. Era un acto social familiar y no era su sitio. Lo que menos se esperaba la discreta italiana dedicada a negocios de moda era lo que iba a suceder aquel día caluroso de verano en el castillo de Malpica, y fue, nada más y nada menos, que don Gonzalo se fugó por la noche a Londres con una de las invitadas a la boda: María Reyes, esposa entonces de Rafael Cavero, quien es hermano del ex ministro de UCD Iñigo Cavero, familia también perteneciente a la aristocracia. El escándalo fue mayúsculo, pero nada hizo vacilar la inflamada pasión de don Gonzalo. Siguió, tras su aventura londinense, que se tapó como se pudo aunque no hubo otra comidilla entre las casas nobles, frecuentando la amistad y el amor de María Reyes hasta que, finalmente, tras los divorcios obtenidos por ambas partes, contrajeron matrimonio civil en 1991. O sea, que la boda de la hija trajo consigo un nuevo amor para el padre.

La boda de Marina es recordada por muchas otras cosas. Primero por lo fastuosa y distinguida que resultó. Se comparó hasta la saciedad con la del hijo de la duquesa de Alba, y las preferencias se inclinaron del lado de los Arión. Se destacaron el maravilloso marco del castillo sobre el Tajo, la decoración en la que no faltó ni una medieval iluminación con criados portando hachones encendidos, la presencia de toda la alta aristocracia del país y, de postre, la llegada del príncipe heredero, don Felipe. El príncipe que es amigo, como lo son sus padres, tanto de los hijos de Arión, Joaquín y Fernando, como de Manolo, el hijo del marqués de Griñón, estuvo en la ceremonia y aguantó hasta altísimas horas de la madrugada para cantarles las mañanitas a los novios. O sea, el colmo de la felicidad para los Fernández de Córdoba y un cierto resquemor para los Alba, que «sólo» tuvieron a la infanta Margarita, la hermana del rey, en su ceremonia.

Por cierto que en aquella boda, Manolo Falcó, el hijo del de Griñón, estuvo acompañado de una joven de las llamadas de buena familia, Blanca Suelves, entonces su novia y hoy ennoviada con el jugador de baloncesto Antonio Martín. Blanca es hermana de la que fuera mujer de Francis Franco, María Suelves, de la que no habrá más remedio que hablar dentro de nada.

El emparente que implicó la boda de Marina le ha traído no hace mucho al duque de Arión algún quebradero de cabeza. Marina se casó con Jaime de Soto y López Doriga, perteneciente a una familia de financieros en la que destaca también su hermano Fernando de Soto, adjunto a la presidencia del Banco Popular. Jaime es un hombre de dilatada trayectoria bancaria. Además de consejero de Zardoya Otis y Dimetal, ha sido, y de ahí le vino luego el disgusto a don Gonzalo, presidente de Ibercorp, el banco de la gente guapa cuya dirección compartió con el ex síndico de la bolsa Manuel de la Concha y cuya historia acabó como el rosario de la aurora manchando a Mariano Rubio, Carmen Posadas, Miguel Boyer, Isabel Preysler y a tantos otros relacionados con las operaciones en las que el tráfico de influencias, la información privilegiada, las «trampillas» a la Comisión de Valores y algunas otras menudencias de guante blanco, como fugas de dinero hacia Luxemburgo y Panamá, provocaron la quiebra del banco y un escándalo de padre y muy señor mío que aún no ha terminado.

La verdad es que ya en el mismo día de la boda, Gonzalo Arión se podía haber percatado de que no todo iban a ser rosas. El novio le había regalado a la novia una preciosa finca a la que había llevado incluso caballos de montar: «El Cijaral». Pues bien, en aquellas mismas fechas, precisamente en el emplazamiento de dicha finca, el Gobierno aprobó la construcción del polémico campo de tiro de Anchuras. Jaime de Soto logró poco después una ventajosa compensación, pues le permutaron su finca por otra mucho mejor y con una mayor extensión —casi tres veces más— en Cabañeros. Jaime de Soto salió ganando, pero como no se conformaba con hectáreas y venados se metió en camisas de muchas varas en lo de Ibercorp y ha salido más que trasquilado. Aunque los que se han quedado sin lana hayan sido otros accionistas.

Pero bueno, dineros hay en la familia, para eso y algo más. Aunque los Arión no son los únicos primos ricos de los Falcó. La rama fuerte de la gran familia es la de los Fernán-Núñez, que poseen el mismo apellido y antepasado común, Manuel Falcó y D'adda. El actual duque de Fernán-Núñez, Manuel Falcó y Anchorena, que ostenta además otros dieciocho importantes títulos nobiliarios, es el más poderoso de la dinastía y uno de los mayores terratenientes de España. Su hermana Mercedes está casada con otro Fernando de Soto, marqués de Arienzo, pero éste pertenece a la familia Colón de Carvajal, o sea, otro emparente linajudo. Ambos forman asimismo una de las parejas importantes y con poder social y económico en el panorama español. Los hijos de esta pareja son Fernando, casado con Inés Escrivá de Romaní, y Mercedes, esposa del duque de Bourmonville, Alvaro de Silva y Mora.

Otro poderoso miembro de la familia es el conde de Elda, Enrique Falcó Carrión, casado con una de las mujeres más espectaculares de la nobleza española, Fernanda Méndez-Núñez y Gómez-Acebo, presidenta de la Asociación de Lucha contra el Cáncer y figura obligada de los más variados eventos aristocrático-benéficos. El poderoso conde, aunque perdió su puesto en el consejo de la Caja de Ahorros de Madrid, no anda, para nada, descalzo. Ahora preside la compañía de seguros La Previsora Hispalense. Su madre, Emilia Carrión, pasa por ser el carácter más endiabladamente fuerte de toda la aristocracia española, superando incluso a la duquesa viuda de Montellano, Hilda Fernández de Córdoba.

A los Falcó les dio, como a muchísimos otros nobles, por emprender la carrera de las armas o por emparentar con militares. Así, Livia Falcó, también de los Fernán-Núñez y marquesa de Villatorca, estuvo casada con el teniente general Pablo Martín Alonso, ministro franquista del Ejército. Su hijo Pablo es también miembro de las Fuerzas Armadas.

Entre los primos de los Falcó también figuran los Alba, aunque más lejanos. En efecto, una hermana del abuelo de Carlos y Fernando, María del Rosario Falcó y Osorio, se casó con el duque de Alba, Carlos Fitz-James Stuart, padre de la actual duquesa Cayetana, aportando al matrimonio precisamente el título de condesa de Siruela que ahora lleva uno de los retoños de Cayetana, Jacobo, el intelectual, editor y artista de la familia, que está casado con una joven de parecidas inquietudes, María Eugenia Fernández de Castro y Fernández-Shaw.

Un apellido regresa al final en esta historia de los Falcó, esta vez por una causa trágica, el de las hermanas Girod. Pilar Morenes y Falcó, también de la rama de los Fernán-Núñez, hija de la marquesa de Nules, había estado casada con Rodolfo Bay Alfajeme, el hijo de Rudy Bai, que fue propietario de la ahora quebrada compañía Spantax. Rodolfo Bay, piloto, vividor y aventurero, rompió este primer matrimonio para casarse con la hermana de Jeanine, Marta. El día 4 de mayo de 1992, el coche, un Porsche, en el que viajaban se estrelló en el kilómetro 12 de la carretera entre Palma de Mallorca y Alcudia. Ambos ocupantes murieron en el acto. La tragedia, pues, volvía a cebarse en alguien relacionado con la familia Falcó.

En fin, ésta es en breves trazos, aunque a la fuerza a veces enrevesados, la saga de los Falcó hasta nuestros días. Pero no hay por qué apurarse, seguro que no tardarán en seguir haciendo famosa a la familia. Esperemos que sea para bien. Por si algo no ha quedado claro en tan embrollados parentescos, incluimos el preciso árbol genealógico que uno de los mejores especialistas españoles, Fernando Alós, elaboró de la familia.

LOS ROMANONES Y SUS PROBLEMAS CON LA LEY

Agustín Figueroa y Gamboa siempre quiso mucho a su abuelo, el conde de Romanones. Cuando llovía en Guadalajara y él se encontraba un poco más que alegre con sus amigos en el bar Jovi, tenía la costumbre de saltarse la verja que resguarda la estatua del estadista liberal y arropar el bronce con su gabardina. «Tápate abuelo, no te vayas a resfriar», le decía. El hijo del fallecido marqués de Santo Floro no pudo estar, sin embargo, al quite con su famosa gabardina para echarla sobre las piernas de su sobrina, Marta Chávarri, y haber evitado ciertas fotos que tuvieron al apellido Figueroa en danza y a la familia del famoso conde revuelta.

Marta Chávarri es biznieta del conde de Romanones, nieta del marqués de Santo Floro y sobrina de Natalia Figueroa, la esposa del cantante Raphael, quien, como se verá más adelante, ahora disputa ante los tribunales el título del marquesado al otro tío de Marta, Agustín.

El último marqués de Santo Floro, fallecido en 1988, era todo un personaje, tanto en su Sigüenza de origen como en la noche de Madrid. Era el hijo pequeño del primer conde de Romanones, y como él gozaba de una demostrada inteligencia. Cultísimo y aficionado a las artes, chocaba bastante con los aristócratas de su tiempo. Se casó primero con otra aristócrata, una Clavijo, pero el matrimonio fue anulado. Después contrajo nuevos esponsales con María de Gamboa, hija de una de las más

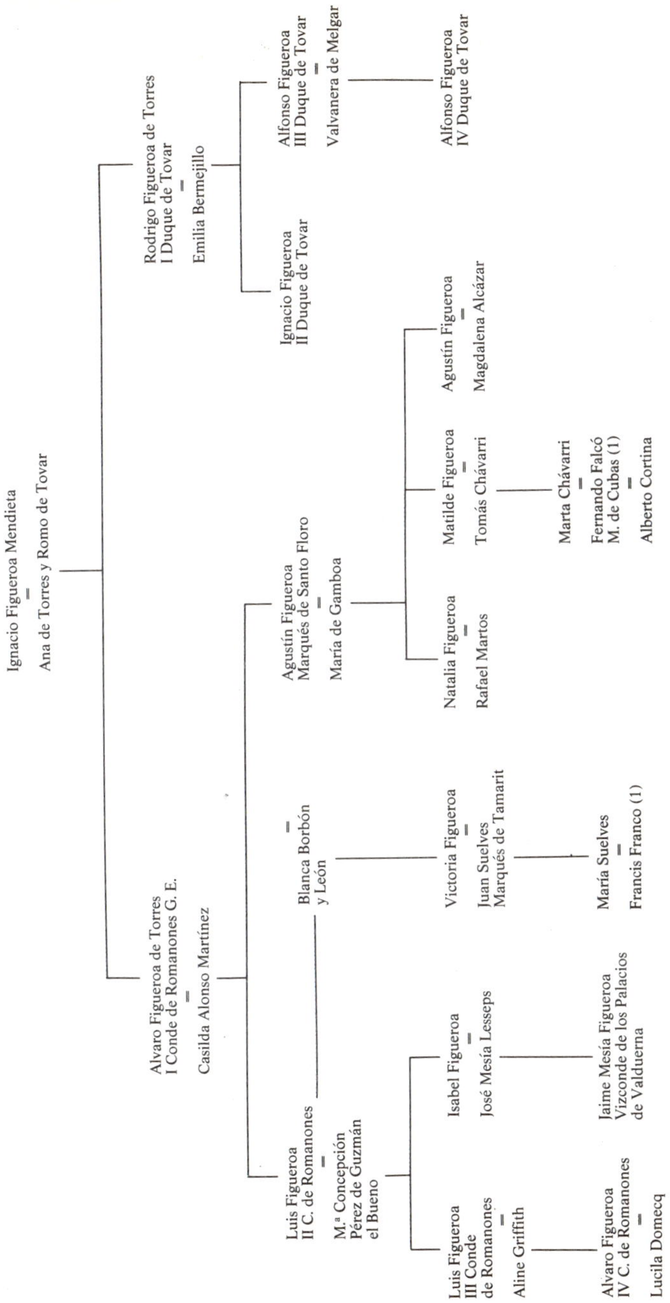

(1) Matrimonios anulados o separados.

La saga de los Figueroa.

rancias familias de Sigüenza, en cuya catedral se entierra tradicionalmente a sus miembros. María de Gamboa se llamaba en realidad María Lapolla de Gamboa. El apellido Lapolla, de rancio abolengo castellano, tenía demasiado fácil el chiste, y la familia decidió eliminarlo. Para más inri, la familia vivía en una calle seguntina conocida popularmente por su pendiente como «Rompeculos», lo que ya hacía brotar la risa, dados algunos chismes de la época sobre el señor marqués. A las habladurías sobre sus aficiones, el marqués de Santo Floro unía una no menos popular fama de gran tacaño. «Los hijos siempre andaban a la cuarta pregunta, y sacarle un duro al marqués era una misión imposible», cuenta un amigo de la familia. El marqués, con todo, es recordado hasta por sus detractores «como un señor, un hombre muy ilustrado y adelantado a su tiempo». Fue íntimo amigo de Luis Escobar, marqués de las Marismas, quien como él encaja en el tipo de aristócrata más dado a las letras y a las aventuras galantes que a las guerras.

El matrimonio Figueroa-Gamboa tuvo tres hijos: Natalia, Agustín y Matilde. Esta última se casó jovencísima, a los diecinueve años, con el diplomático Tomás Chávarri, actual jefe de protocolo de La Moncloa, y uno de sus cinco descendientes es la más que famosa Marta, la belleza rubia que hizo temblar toda la estructura económica del país y el imperio de los «Albertos». Matilde Figueroa «era una mujer alegre, muy simpática y esencialmente buena, quizá demasiado buena», relata una contemporánea seguntina compañera de sus años jóvenes. Falleció a temprana edad de cáncer y Marta cuidó de sus hermanos pequeños. «Por eso, haga lo que haga Marta, sus hermanos la apoyarán siempre, porque sobre todo para los más pequeños fue una auténtica madre», sigue relatando la amiga de su madre. Nadie, además, podrá reprocharle ni un ápice de falta de entereza, incluso en los momentos más difíciles, como cuando su hermano Alvaro, de veintiocho años, encontró la muerte en un accidente de moto a finales de 1991. Marta, una vez más, fue todo un ejemplo y refugio sólido para su familia.

Marta también se casó muy joven, con Fernando Falcó, el marqués de Cubas, que le sacaba veinte años de edad y pasaba por tener una gran experiencia en aventuras. Sin embargo, en la última no fue el marqués el protagonista, sino su mujer Marta, quien prefirió las flores que a diario le mandaba el banquero Alberto Cortina a los títulos del hijo de los Montellano. Marta Chávarri tiene un hijo de su matrimonio con Fernando Falcó, Alvaro, de cinco años, encomendado por el juez a la custodia del padre. El niño podría jugar con el nuevo hermanastro de Marta, pues su padre, Tomás Chávarri, ha tenido un nuevo hijo, que ya cuenta con parecida edad, fruto de su segundo matrimonio con una azafata sudvietnamita de la compañía aérea Saudia a la que el diplomático conoció durante su estancia como embajador en Arabia Saudita.

La tía de Marta, hija mayor de los Santo Floro, es Natalia Figueroa, que heredó los gustos intelectuales de su padre y siempre fue su favorita. Sólo con ella era capaz de «estirarse» un poco el tacaño marqués. Cuando tuvo dieciocho años le compró «uno de aquellos coches de tres ruedas, un Siata, que era como un huevo transparente. El regalo fue muy celebrado por toda la pandilla de amigos, tanto que llegaron a meterse dentro catorce, y coche y pasajeros terminaron en la piscina», cuenta uno de los que participaron en el bautizo del cochecito. Aunque otros dicen que exagera, y que no fueron tantos ni acabaron en el agua.

Los Santo Floro tienen un hermoso palacete en Madrid, pero Agustín se pasa la vida en la finca de «Monte Encinar», en los Santos de la Humosa, dedicado a su gran pasión: la caza, aunque de joven fue un buen jinete y los caballos siguen teniendo un lugar destacado en sus tierras. Al deporte cinegético se dedica también en Africa, donde va con frecuencia de safari. «Está en Africa y no volverá en veinte días», suele contestar su mujer Magdalena Alcázar a quienes preguntan por él. Las ausencias de Agustín Figueroa de Los Santos son sentidas, sobre todo, en el bar Las Cepas, de cuyo dueño es íntimo.

Sus hijos han heredado el carácter alegre de la familia. Animan los *pubs* de la vecina Alcalá de Henares, sobre todo Migas, un bar de «pijines» según una muchacha que lo frecuenta. La noche acaba a veces en la finca y las subidas con motos han acabado más de una vez en un trastazo por las muchas curvas y el no poco alcohol. «La casa es un desmadre», continúa la muchacha, «pero los Figueroa son simpatiquísimos, no se las dan de nada y te enteras de sus títulos porque alguien, nunca ellos, te lo acaba diciendo».

El título y la herencia de los Santo Floro, donde la finca es lo más valioso, es el gran motivo de disputa entre los dos tíos de Marta Chávarri. Natalia, como hija mayor y amparándose en los derechos constitucionales, reclama el marquesado. Agustín se refugia en el derecho nobiliario tradicional. Natalia Figueroa es también la más adinerada y goza de una saneadísima fortuna junto a su marido, Raphael, aunque no ha estado exenta de hechos desagradabilísimos como el del asalto a su chalé de Las Lomas, donde pasó por una dramática experiencia en la que no faltaron las violencias físicas contra su persona. Ahora Natalia quiere para ella y sus descendientes el título de los Santo Floro. En el litigio parece que también entran las tierras que quedan del largo y ahora muy desbaratado patrimonio que acumuló el conde de Romanones.

Natalia Figueroa, Raphael y algunos de sus hijos el día de la polémica jura de bandera en el buque escuela de la Marina *Juan Sebastián Elcano*. El marino, capitán de la nave, es un hermano de Cary Lapique. La jura, en Miami, trajo cola. Natalia aspira al título de marquesa de Santo Floro, que disputa a su hermano. (Foto: *Tribuna*/Carlos Alvarez.)

El primer conde de Romanones, Alvaro Figueroa de Torres, nacido en 1863 y muerto en 1950, fue ministro de casi todo y tres veces presidente del consejo de gobierno. Su familia tenía ya una cierta fortuna, que acrecentó con su matrimonio con la marquesa de Villamejor, una de las mayores propietarias de Guadalajara. De esta provincia hizo el conde su bastión y feudo, siendo considerado como el máximo exponente del caciquismo rural que dominó la política española en su época.

El conde fue amigo personal de Alfonso XIII y su carrera política, iniciada con algún duelo incruento, fue fulgurante. Su primer cargo de importancia fue la alcaldía de Madrid en 1894, a los treinta y un años, que luego ocupó en otras dos ocasiones. Llegó a la presidencia del gobierno por vez primera en 1912 y lo volvió a presidir en 1915 y en 1918, y durante los entreactos ocupó las carteras de Instrucción Pública, de Fomento y de Justicia. Apartado del poder durante la dictadura de Primo de Rivera, pero mantenido por Alfonso XIII como pieza de recambio, aún ocupó una cartera en los días previos a la república en el gobierno de concentración de Juan Bautista Aznar, siendo una de las personalidades que aconsejaron a Alfonso XIII la renuncia al trono. Todavía logró un puesto de diputado en las cortes republicanas, pero ya no tuvo ningún peso real en la política española.

El conde de Romanones fue y aún es una fuente inagotable de anécdotas. La más famosa de todas ellas, puesta como ejemplo de demagogia, fue la acaecida en un pueblo alcarreño.

—Si me votáis os pondré un puente —arengó a los lugareños.

—Pero señor conde, si no tenemos río —le contestaron.

—Pues se trae un río —replicó sin inmutarse.

Su cachaza era proverbial. Apedreado en una de sus visitas a la ciudad de Guadalajara y sabiendo lo que le esperaba en el Congreso, se llenó los bolsillos de guijarros para regalarlos como recuerdo a todo diputado que le preguntara por el incidente. El viejo bar del Congreso de los Diputados, escenario en las primeras legislaturas democráticas de todas las conversaciones y no pocos pactos, hasta su reconversión en sala de lectura, era conocido entre los parlamentarios como «La venta del Cojo» por haber sido creación del conde, que desde los seis años, cuando se rompió una pierna, cojeaba ostensiblemente. Su frase más famosa es la que pronunció cuando un compañero le señaló unos trabajadores dormidos en tono de reproche; el conde dijo entonces: «Déjelos, mejor que no se despierten.»

Aparte de ser presidente y ministro, Romanones se dedicó a ampliar su ya saneado patrimonio. En 1937 tenía, según el Instituto de la Reforma Agraria republicano, 15.132 hectáreas de terreno y era el décimo mayor terrateniente de España. Las fórmulas de obtención de esas tierras le granjearon muchas críticas y acusaciones, basadas casi siempre en el aprovechamiento del poder casi omnímodo que ejercía en la provincia de Guadalajara. El procedimiento más curioso de obtención de tierras fue el de la finca de Miralcampo. Según cuenta la leyenda, el conde de Romanones autorizó, por espacio de sólo cinco horas y en el más absoluto de los secretos, el derecho al divorcio mediante un decreto del que sólo se aprovechó un multimillonario inglés, dueño de una gran empresa de ferrocarriles. Este se separó de su mujer, Concha, y consiguió la custodia de los hijos, tras lo cual el decreto fue revocado inmediatamente. Doña Concha acabó sus días en la pequeña localidad de Malaguilla viviendo con un agricultor, el inglés quedó libre de cadenas matrimoniales y al conde le regalaron 1.500 fanegas de vega, o sea 500 hectáreas, en las cercanías del Henares. La finca fue vendida hace mucho por sus herederos, y hoy forma parte del polígono de Miralcampo, por donde se expande la industria del corredor Madrid-Guadalajara. Otra parte de ese terreno pertenece ahora al que fuera famoso jugador de baloncesto Emiliano. Además, la empresa Mahou ha comprado en la zona cerca de 100 hectáreas para su nueva fábrica por más de dos mil millones de pesetas.

El enorme patrimonio del conde de Romanones ha ido sufriendo particiones como consecuencia de las herencias y sobre todo por las ventas. Los hijos y nietos han vendido muchas de sus posesiones. Los vecinos de los pueblos de Málaga del Fresno, Malaguilla, Azuqueca, Romanones, Torrejón, San Fernando y Coslada son hoy los propietarios. Sin embargo, aunque no les quede mucha tierra, los descendientes del conde siguen dando de qué hablar y se han visto envueltos en los más variados escándalos. Luis Figueroa y Pérez de Guzmán, tercer conde de Romanones, se casó con Aline Griffith, una norteamericana que llegó a España en 1943 y que tuvo una intensa vida social y unos sonados amoríos con el torero Juan Belmonte. La boda, celebrada en 1947, casi fue de sangre, pues otro ex novio de la norteamericana, despechado, disparó contra el conde, por fortuna sin puntería.

En 1987, la condesa publicó un libro, *La espía vestía de rojo,* en el que afirmaba su condición de agente de los servicios secretos de los aliados durante la segunda guerra mundial. Elegante y muy introducida en el gran mundo, pudo ser una pieza clave del espionaje internacional, aunque Luis Escobar, conocedor de sus actividades, afirmaba que «No era una gran espía, era más bien del montón».

Al enviudar, la condesa volvió a Estados Unidos, donde ha residido la mayor parte del tiempo. Cuando viene a España su residencia es la finca de Pascualete, en Trujillo (Cáceres). Allí practica sus aficiones: montar a caballo y cazar con sus amigos de la alta sociedad, entre los que a veces ha estado Carmen Franco. Sobre Pascualete escribió otro libro que gustó muy poco a los habitantes de la zona, los cuales se quejaron de ser tratados con menosprecio y de que sus costumbres se exageraran hasta el ridículo. El libro de la espía tampoco gustó a la familia, con la que no se lleva nada bien. Es conocida como «la yanqui» y la acusan de ser «altiva y pesetera». Ciertamente la condesa parece tener gusto por el dinero, pues por las conferencias que da en Estados Unidos sobre temas internacionales cobra entre 3.000 y 5.000 dólares.

El título de conde de Romanones ha pasado, tras la muerte de Luis Figueroa en 1988, a su hijo Alvaro, mientras que el pequeño, de nombre Luis, ha heredado el condado de Quintanilla. Alvaro, el actual Romanones, está casado con una hija de los Domecq, Lucila. La rama mayor de los Romanones, condesas espías aparte, permanece dedicada a los negocios y alejada en lo posible de escándalos. Aparte de las fincas, el actual conde, junto a su madre Aline y su tía Casilda, es propietario de Azuquime, S. A., empresa dedicada a la adquisición, parcelación y venta de terrenos, a la promoción y a la construcción. En la empresa también figura como secretario su pariente Francisco de Ussía y Gavaldá. Luis, el hermano pequeño, es consejero de Minera y Metalúrgica de Peñarroya España, S. A.

Los negocios del primo hermano de Alvaro Figueroa, Jaime Messía Figueroa, no figuran en los registros mercantiles, pero sí en los archivos policiales. Jaime o Santiago, pues es conocido por los dos nombres, es hermano del duque de Tamames y del marqués de la Bañeza, José Luis y Fernando Messía Figueroa, respectivamente. El, por su parte, es vizconde de los Palacios de Valduerna y desciende de Romanones por parte de madre y del creador del canal de Suez, Ferdinand de Lesseps, su tío abuelo, por parte de padre.

Jaime Messía Figueroa, famoso por su implicación en el «caso Nani», confesó en Río de Janeiro al periodista de *Interviú* José Luis del Campo que «sólo hay una persona en el mundo que sepa dónde está el Nani, y soy yo. Y no está en mi finca». El aristócrata se refería al cadáver del delincuente que él mismo asegura haber ayudado a hacer desaparecer por amistad con los policías Francisco Javier Fernández Alvarez y Victoriano Gutiérrez

Lobo, condenados por este asunto. La policía buscó sin éxito el cuerpo del Nani en la finca de «Campo Alto», en Cerromuriano (Córdoba), propiedad de su familia y en la que vive habitualmente su hermano Fernando, así como en los pantanos circundantes.

A Jaime Messía se le supone uno de los cerebros del caso de la «mafia policial», pues era él quien servía de contacto entre los delincuentes que daban el golpe, los policías que los detenían y se quedaban con el botín y los joyeros-peristas que lo compraban. Pero éste no fue su único tropiezo con la justicia. Su carrera delictiva, tras algunas pequeñas estafas y falsificaciones, comenzó con una detención en 1977, cuando fue acusado del montaje de un horno de fundición de oro robado en el caso «Valdaliso». Siguió con una nueva detención en 1979 por el secuestro del joyero Recaredo González Pazo, que lo llevó a la prisión de Carabanchel. Se le supone también implicado en los atracos de los bancos de Bilbao y Banesto de Madrid en el año 1981, e incluso en los círculos aristocráticos se le señala como cabeza no visible del asalto al chalé de su prima Natalia Figueroa.

En la cárcel de Carabanchel protagonizó dos huelgas de hambre, la segunda de las cuales lo llevó a las puertas de la muerte e hizo que no pudiera estar presente en el juicio por el secuestro del joyero. Consiguió la libertad provisional y huyó a Sudamérica, donde se encuentra en la actualidad.

En aquel continente podrá tal vez coincidir con un conocido familiar, el duque de Tovar, Alfonso Figueroa y Melgar, también fugado de la justicia española, quien, como veremos, ha sido procesado por realizar falsificaciones de partidas de nacimiento para conseguir títulos nobiliarios sin derecho. El duque de Tovar, de ideología ultraderechista, había sido condenado anteriormente por haber insultado al rey en un mitin de Fuerza Nueva celebrado en Guadalajara en 1979.

En Chile tuvo problemas con la ley por sus frustrados negocios inmobiliarios otro personaje relacionado con los Figueroa, Francis Franco, el nietísimo del general. Entonces estaba emparentado con los Romanones por su matrimonio con la hija de los marqueses de Tamarit, María Suelves, nieta de la segunda esposa del segundo conde de Romanones, Luis Figueroa. Francis se hizo novio de María Suelves una tarde de aburrimiento y cine en Madrid, en compañía de Jimmy Giménez-Arnau. En la familia Martínez Bordiú se consideraba a María «muy mona pero un poco

Francis Franco, señor de Meirás, saluda al rey en la recepción a la Grandeza de España. El rey estuvo gélido con el vástago de los Villaverde. (Foto: *Tribuna/* Carlos Alvarez.)

tonta», y a Francis se lo pareció también hasta aquel día, si hay que creer a su ex cuñado Jimmy. El noviazgo perduró, y acabó en matrimonio. Pero al final la pareja se deshizo. María se cansó de los devaneos de Francis con la modelo sudamericana Luz Marina y rodó por la arena de la playa abrazada a Miguel Muñoz Calero ante las cámaras fotográficas. El abrazo y el idilio no duraron mucho. María, con algún kilo más, dejó de salir con este último en enero de 1992.

Unido también a la saga romanonista está uno de los protagonistas del crimen más famoso de la década, el asesinato de los marqueses de Urquijo. Las madres del duque de Tovar y de Mauricio López-Roberts y Melgar, también aristócrata y marqués de la Torrehermosa, son primas hermanas. Mauricio López-Roberts era íntimo amigo de Rafi Escobedo, gran experto en armas y buen cazador, por lo que muchos ojos se clavaron en él. López-Roberts está procesado como encubridor del crimen. Afirma haber actuado únicamente por su amistad con Escobedo, la cual se deterioró finalmente mucho, hasta el punto de acusarle de no haberse atrevido a decir toda la verdad en el proceso.

No es éste el único contacto de los Romanones con los Escobedo. Los hay incluso más directos. El conde de Romanones tuvo cinco hijos, y además de los títulos de Romanones y de Santo Floro, la familia posee los de Yebes y Villabragima. Precisamente una hija de esta última rama se casó con el famoso portero vasco del Valencia, Iñaki Eizaguirre. Además de portero internacional era toda una planta de señor que enamoró a la aristócrata. Una de sus hijas, Mercedes Eizaguirre Figueroa, está casada con el hermano de Rafi Escobedo, Miguel.

Los Villabragima siguen la tradición familiar. También suelen arropar el busto del abuelo, presente en todas las casas, cuando no le invitan a fumar o, lo que es más normal, a beber. Alvaro Eizaguirre Figueroa, para no perder el punto golfo, se casó con una señorita del famoso Alazán, «encanto y belleza», que dicen los anuncios del popular cabaret. Era casi quince años mayor que ella, y el matrimonio acabó de mala manera. Peor acabó su hermano, Willy, que murió atropellado por un 600 en la puerta de la discoteca Vanity. Según sus amigos y sus enemigos, los Villabragima son todo un carácter. «Cada uno de ellos tiene el suyo, pero desde luego, carácter tienen», dice Fernando Falcó, marqués de Cubas, que los ha podido conocer de cerca por su matrimonio con Marta Chávarri. Ricos como Natalia Figueroa los menos, todavía con algunas tierras pero en decadencia o arruinados como el duque de Tovar, los más, y muchos otros que trabajan para ganarse el sustento, como Tristán, dueño del restaurante Tristana de Madrid, hay decenas de Figueroas. Los caracteres más fuertes dicen que son los de las mujeres, entre las que destacan Miriam, una Villabragima que siempre ha campado a sus anchas tanto en su finca de Oropesa como en Madrid, y Quico, que fue novia, antes que Carmen Franco, del marqués de Villaverde. Esta última explota lo que no ha vendido de sus fincas en Mejorada del Campo. Fumaba Celtas sin filtro hasta que se retiraron del mercado, no le pierde el paso al torero Agustín Calatayud, que desde hace años vive con ella, y tiene duras reyertas con los alcaldes de izquierdas de la zona.

EL RIZO JEREZANO DE LOS VILLAVERDE

El rizo jerezano de los Martínez-Bordiú, que tanto éxito les ha dado con las mujeres, es, si hacemos caso a sus títulos, árabe de pura cepa. El antepasado del que se dicen sucesores era un príncipe moro de Mallorca que, cuando fue conquistada la isla por Jaime I, se convirtió al cristianismo, se hizo bautizar y vivió en tierras catalanas haciéndose llamar Jaime de Gotor.

Pocholo, el mayor de los hijos de los actuales barones de Gotor, tuvo también a su manera un pequeño principado con reminiscencias orientales, la discoteca Pachá, en la que, como él decía, «no es que fuera mucho, es que vivía allí». El era el rey, en invierno en Pachá Madrid y en verano en Pachá Ibiza, en una de las islas de sus presuntos antepasados.

Ahora, además, *Pocholo* está a un paso de protagonizar una sonada boda con la hija de Adolfo Suárez, Sonsoles. Así, la hija del artífice de la transición, el hombre que desmanteló el régimen franquista, entronca con un sobrino de la hija única del dictador, Carmen Franco.

Las hermanas de José María *Pocholo,* Cuca y Clotilde, están que no caben en sí de gozo y declaran al unísono: «Sonsoles es una maravilla, deliciosa, magnífica persona, encantadora, seria y trabajadora. Creo que mi hermano ha tenido una suerte increíble.» El ex presidente, el duque de Suárez, ha dado ya el beneplácito para que Sonsoles, periodista y con veintitrés años, una su destino al de su adorado, del que no le importa su pasado, des-

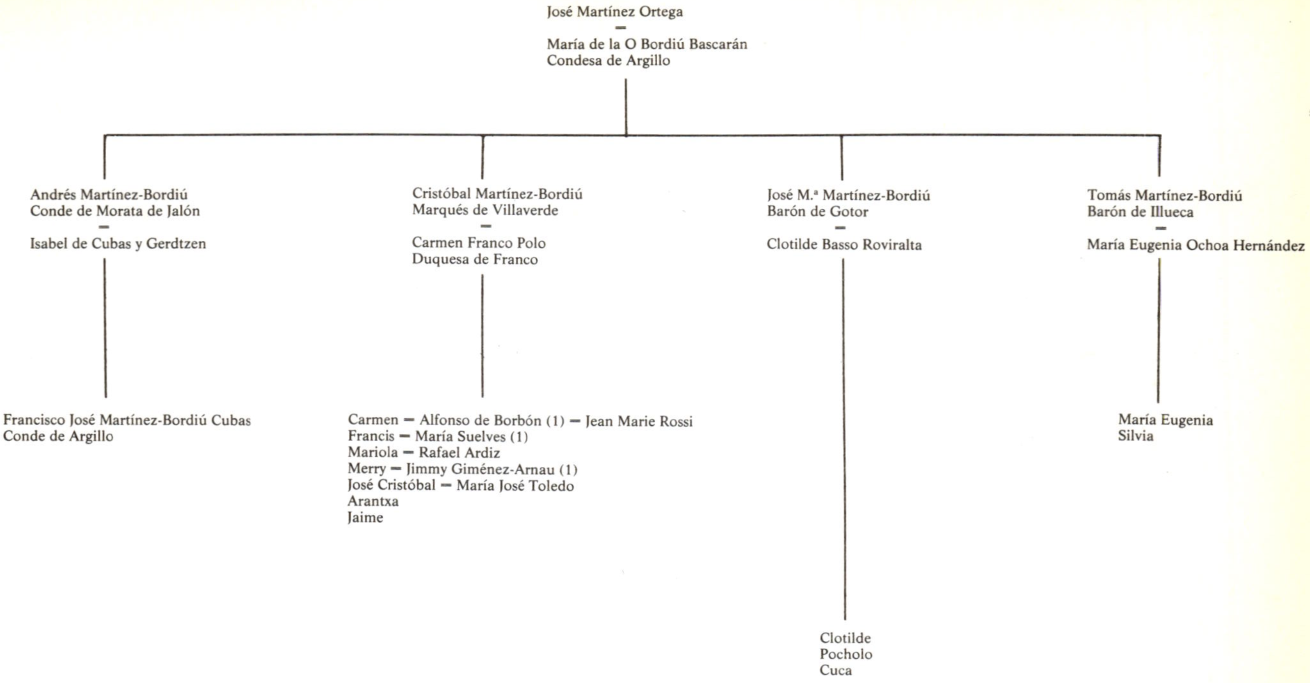

(1) Matrimonios anulados o separados.

La saga de los Martínez-Bordiú.

crito gráficamente por un amigo suyo así: «Es un juerguista nato y un mujeriego. Eso lo sabe todo el mundo.»

Pero es que *Pocholo* Martínez-Bordiú sigue la tradición familiar de tener una mano inmejorable con las mujeres. «Se las lleva de calle», decían los ojeadores de Pachá con envidia. Claro, que él lo tiene todo, pues además del nombre, que aquí vale mucho, luce buena planta y no le falla el «toque». Un toque que se ha vuelto imprescindible en algunas noches de la joven *jet.* Es blanco y a su alrededor florecen las reuniones en los lavabos, tanto de señoritas como de caballeros, hasta convertirlos en el lugar más concurrido y prometedor de la velada.

Y ese toque fue el que le costó al final la cárcel a *Pocholo.* Resultó que la policía madrileña se empezó a poner cada vez más seria con aquello de la «nieve» nocturna y comenzó a cerrar discotecas. Cayó la primera, Archy, y los que vieron las barbas de los vecinos cortar no quisieron poner las suyas a remojar, sino que tomaron medidas. José *Pocholo* fue uno de los afectados, aunque su hermana Cuca lo explicara de diferente manera: «Tenía un trato con el dueño y cuando terminó dejó la barra.»

Sin barra que regentar en Pachá, *Pocholo* se marchó a Uruguay, a las playas de Punta del Este, y abrió de nuevo chiringuito y corazón a nuevas conquistas. Pero allí, el 17 de enero de 1991, con quien se encontró fue con los policías de la Brigada de Narcóticos y Drogas Peligrosas. Estos lo sorprendieron cuando intentaba entrar por la ventana, «porque había perdido las llaves», según su declaración, en su vivienda de la Barra de Maldonado. Dentro de la casa la policía detuvo a cuatro mujeres que se encontraban con él, entre ellas Verónica Show, una joven de la alta sociedad uruguaya, y se incautó de varias dosis de hachís y un kilo de cocaína. En Uruguay pasó una temporada en la cárcel hasta que los buenos oficios y la influencia de la familia lograron finalmente sacarlo de prisión y que pudiera regresar a España. Aquí, con Sonsoles Suárez, dicen que intenta encontrar mejores caminos.

Pocholo había dejado claro que no iba a ser su primo Francis el único que tuviera problemas con la justicia iberoamericana. Solidaridad familiar se llama eso.

Por su ahora abandonado Pachá iba mucho también su otro primo, Jaime, el hijo pequeño de los marqueses de Villaverde. «Jaime es la alegría de la noche», cuenta una de sus amigas. «Hace lo que sea por divertir a la gente y divertirse. Es un *vivala-*

El fallecido duque de Cádiz, Alfonso de Borbón. (Foto: *Tribuna*/Villar.)

virgen, lo mismo que toda su pandilla.» La pandilla eran Alfonso de Hohenlohe, hijo del conocido marbellí, hasta que se casó, Simoneta Gómez-Acebo, hija de los duques de Badajoz y sobrina del rey, León Torán, Leandro Navarro y los hermanos Ungría: Miriam, que fue durante años la novia de Jaime, y ahora siguen siendo bastante amigos, y Alfonso, que es el novio de la pequeña de los Martínez-Bordiú, la más recatada de todos, Arantxa. «A Jaime le gustan las copas y algo más que las copas, pero bueno, eso es hoy lo normal. A veces se pasa un poco, como nos pasamos todos. No es ningún vicioso.» La amiga del más joven de los nietos de Franco afirma también: «Es igual que su padre, y por eso mismo se llevan a matar, aunque Jaime aguanta, porque al fin y al cabo vive en su casa y tiene que tragar.»

Jaime y Arantxa tienen a veces un nuevo compañero en su casa. Es su sobrino Luis Alfonso, no mucho menor que ellos, que es hijo de su hermana Carmen y del fallecido duque de Cádiz. A propósito, si la abogada de Carmen Rossi se hubiera enterado de algunas cosas quizá no habría sido tan contundente al defender esta elección para la residencia de Luis Alfonso en contra de las pretensiones del hermano del desgraciado duque, Gonzalo de Borbón. «Aquí tiene unos compañeros casi de su edad, sanos, que estudian y hacen deporte y no vuelven a casa borrachos todas las noches», decía la abogada Concha Sierra, que no se calló tampoco lo que no puede decir Carmen Rossi sobre la abuela de Luis Alfonso, Enmanuela Dampierre. Esta pretendía la custodia de Luis Alfonso, apoyada por su hijo Gonzalo y basándose en que Carmen Rossi había abandonado a sus dos hijos. La réplica fue simple: Enmanuela abandonó también a su marido, sordomudo, y su hijo Gonzalo es el espectáculo de la noche madrileña con sus pretensiones y sus matrimonios de pocos meses.

Fue un cruce de reproches que ya no debe de impresionar demasiado a Luis Alfonso, que recién cumplidos sus dieciocho años está habituado al sufrimiento como pocos: el divorcio de sus padres, la muerte de su hermano mayor en el accidente en el que pudieron morir también él mismo y su padre, que iba al volante, y finalmente la tragedia de éste en la pista de esquí de Colorado, donde perdió la vida.

No es de extrañar que sea un muchacho serio, más aficionado a los deportes de invierno —le gusta el hockey sobre hielo— que a las juergas nocturnas. En una cosa tiene razón la abogada, son excelentes deportistas. *Pocholo* es toda una fortaleza física, y si no que se lo pregunten a cierto fotógrafo que intentó captar uno de sus más sonados ligues en Archy: la italiana Geanina Facio, ex novia de Julio Iglesias, que posee una gran fortuna familiar y que unas veces es modelo y otras pretende ser actriz. En ocasiones el ser tan impulsivo le cuesta a *Pocholo* algunos disgustos, como el de agosto de 1991 en el espigón del puerto de Ibiza, cuando conducía una moto de trial y se tragó una cadena que cerraba el muro; afortunadamente todo acabó en un soberbio estacazo, pero sin roturas. Jaime no se queda atrás, y es capaz de hacerse corriendo, como hizo el pasado verano, la distancia entre el hipódromo de la Zarzuela y Madrid, después de toda una noche de juerga.

Los Martínez-Bordiú, con el toque de antes o el de ahora, pero siempre con el rizo de distinción, siguen sabiendo cómo estar al lado de mujeres hermosas, y su esplendor, al revés que el de otras muchas familias, está relacionado con ellas, no con un pasado lejano y medieval, en el que figura un marqués de Villaverde condenado y embargado en 1736 por usura, sino con una fecha mucho más reciente, la del año 1950, cuando se celebró la boda de Cristóbal Martínez-Bordiú con la hija única de Franco, que iba a traer la fortuna y la fama.

El origen del apellido Martínez-Bordiú proviene de la unión de los apellidos del matrimonio entre José Martínez Ortega y María de la O Bordiú Bascarán, que era la aristócrata de la que provienen todos los títulos de la familia, al menos los que están más claros: Arguillo, Morata de Jalón y Villaverde. Los apellidos de ambos se unieron porque les sonaba bien para sus descendientes. La finca familiar se encuentra en Arroyovil (Jaén), y de ella se encarga sobre todo Andrés, el hijo mayor. El pequeño, Tomás, barón de Illueca, es el buenazo de la familia y tiene en la finca una espléndida yeguada. Cristóbal, que viajaba a Madrid desde Jaén en el camión de aceitunas con el frac debajo del brazo hizo, con su buena planta y sus requiebros, la fortuna de todos. Cuando conoció a Carmen Franco Polo ya había tenido algunas novias distinguidas, una Romanones, Quico, y una Fontalba, Loli Cabas.

«El *tontódromo*», recuerda un coronel de aviación compañero de aquellos años, «estaba compuesto por un bar que se llamaba El Aguilucho, la cafetería Roma y la *boîte* Larre, en la calle Prim. De allí no salíamos. Yo era un tenientillo recién graduado y Cristóbal llegaba en una moto verde, una Gucci, con un jersey bastante usado y verde también, pero era un águila y se ligó a

Carmencita. Carmencita era entonces una chica de "lo que mi mamá me diga", y aunque Franco al Villaverde no le podía ni ver, él se cameló a doña Carmen y ahí empezó su suerte. De la Gucci pasó al Seiscientos, que entonces era un lujazo, y además le dieron la concesión de Vespa. Así que le empezamos a llamar el marqués de *Villavespa.* En las salas de banderas de los cuarteles nunca se le tragó. Yo he visto, en Albacete, a un mando del ejército hacerle el desprecio de no ayudarle a ponerse el abrigo tras haberme ayudado ostensiblemente a ponérmelo a mí, que era un teniente».

Las palabras del coronel concuerdan con el contundente juicio del más prestigioso militar de entonces, el teniente general Agustín Muñoz Grandes, quien confesó al también general y primo de Franco, Francisco Franco Salgado-Araujo: «No han tenido suerte con la boda de su única hija. Antes reinaba allí la austeridad, y hoy eso ha desaparecido de modo alarmante.» El secretario y primo hermano de Franco le contestó que esa opinión la tenían también muchos otros generales.

La aristocracia también dio de lado al marqués. Los monárquicos lo consideraron un vendido, y sólo los de menos raigambre, los nobles de segunda, mantuvieron relaciones con él. Además, los padres de Cristóbal, siendo éste ya medio novio de Carmencita, suscribieron el llamado manifiesto monárquico de Lausanne de don Juan de Borbón. Les costó un tractor que tenían subvencionado para su finca, y su hijo, como único gesto de rebelión, por una tarde se hizo antifranquista. Sin embargo, los monárquicos le siguieron mirando al bies.

En cambio, las faldas se le siguieron dando bien al marqués, aunque después de casarse tuvo que andarse con cuidado, sobre todo mientras su suegro se mantuvo en plenitud de facultades. Sus relaciones no fueron nunca con personajes populares, si se exceptúan ciertos supuestos romances con algunas folclóricas, entre los que destacó el que se le atribuyó con Paquita Rico; en cambio, enfermeras, secretarias y chicas jóvenes, cuanto más anónimas mejor, fueron siempre su pasión. Su refugio para los furtivos encuentros fue sobre todo el chalé del pantano de Entrepeñas, en Guadalajara. Este chalé tiene una larga historia, en la que no falta un gobernador civil, Carlos Montoliú, barón de Albi, quien, atento a los caprichos de Cristóbal, llegó a romperse una pierna cuando hacía paracaidismo acuático tras una motora, deporte que también le costó una fractura al marqués. Fue en ese chalé de Entrepeñas donde se conocieron María del Mar, *Merry,* y Jimmy Giménez-Arnau, y a ese mismo chalé se refería el médico de Franco, Vicente Gil cuando, al ser preguntado por el paradero de Cristóbal Martínez-Bordiú al producirse el primer ataque de tromboflebitis del general, en 1974, exclamó: «Estará en el pantano con alguna golfa.»

El marqués sigue hoy, a sus casi setenta años, con sus devaneos. El último fue con Katia Guerrero, una íntima amiga de María Suelves, que era entonces mujer de su hijo Francis. Katia es una lánguida joven con la que mantuvo durante cinco años un noviazgo que salió a la luz a principios del año 1988. Ella, poseedora de una inmensa fortuna y divorciada tras un brevísimo matrimonio con una cazador de dotes, se refugió en su relación con el marqués, al que acompañaba en cenas íntimas o en partidos de golf. Cristóbal Martínez-Bordiú solía acudir, todavía, en un viejo Seat 600, para despistar. Y es que el marqués ha mantenido una gran fidelidad a sus aficiones, entre las que destaca su pasión por las rancheras y por el cantante Jorge Negrete, de cuyos discos tiene la colección completa.

La carrera profesional del marqués tras su boda fue meteórica. Como médico llegó a ser el jefe de cardiología de La Paz y fue quien hizo el primer trasplante de corazón en España. El paciente murió. Entonces el chiste era la única forma permitida de crítica: «Franco los mataba en la guerra, el yerno los mata en La Paz», decía uno de aquellos tiempos. Los negocios fueron también florecientes y el patrimonio aumentó rotundamente. Tras la muerte del dictador, los chistes sobre su capacitación profesional y su dedicación pasaron a mayores. Finalmente, el marqués fue sancionado y apartado del servicio por la desatención a sus funciones, y cesado como director de la escuela de enfermedades del tórax y de su cargo en el hospital Ramón y Cajal, por «bajo rendimiento en el servicio». La muerte de un paciente, Eugenio Calleja, que necesitaba una urgente operación quirúrgica que no pudo llevarse a cabo, fue el detonante. La baja se produjo en 1986.

La marquesa de Villaverde, ahora también duquesa de Franco, ha soportado estoicamente todos los devaneos y las salidas de tono de su marido. A ella lo que le gusta es el juego, hasta el punto de que llegó a tener una ambulancia a la puerta del casino de Biarritz para seguir jugando cuando estaba embarazada de su hija Arantxa, ya que su avanzado estado de gestación podía dar lugar a cualquier imprevisto. Su fiel pareja es Margarita Orfila, su mejor amiga y auténtica sombra.

Carmen es la verdadera dirigente de la familia. La *carmenocracia,* que decía su hijo Francis. La duquesa lo tiene tan claro que, en lugar de preocuparse de los asuntos de su marido se procura asesoramiento sobre los negocios de sus cuñados, Andrés Martínez-Bordiú, conde de Morata de Jalón, y José María, barón de Gotor. Precisamente este último tiene también un chalé en los pantanos alcarreños, junto al de los Villaverde.

Aunque ahora se hable del ocaso de la familia, lo cierto es que eso no se corresponde con la realidad de sus finanzas. Ello a pesar de que a Francis lo buscan en Chile por su presunta implicación en una estafa inmobiliaria y sus negocios, como el chiringuito de Marbella o su intento de realizar rodajes pornográficos en el Canto del Pico de Torrelodones, hayan sido una historia de picaresca tacañería pero nunca de cómo hacer fortuna.

El carácter de Francis coincide plenamente con el de los Franco: mirados para el dinero pero poco dados a las operaciones en las que de verdad se consiguen las fortunas. La imagen de su abuela Carmen Polo y sus regateos con los joyeros, o la de su madre y la detención en Barajas por intentar pasar medallas y joyas de contrabando, por lo que fue multada con 6.800.000 pesetas que luego quedó en nada, han contribuido a ello. Y sin embargo, los Martínez-Bordiú se aprovecharon de inmediato de su privilegiado parentesco, empezando por el padre, el conde de Arguillo, al que Franco le negó el tractor por el citado asunto del manifiesto monárquico, durante el noviazgo. Se resarció de inmediato tras la boda, fundando el Banco de Madrid. Fue el primer negocio.

Los Martínez-Bordiú, que cuando veraneaban de niños en La Granja iban con los puños y los codos gastados y andaban sin un real, nadan hoy en la abundancia. Han amasado una inmensa fortuna. Los cuatro hermanos y su tío, Juan Antonio Sanchis Sancho, casado con Enriqueta Bordiú, quien actuó como cerebro y administrador general, han hecho muchos millones. Lo que sucede es que callan y prefieren dar una imagen de decadencia ante el acoso a que fueron sometidos después de la muerte de Franco. Han vendido mucho, sobre todo tierras y edificios, pero han vendido muy bien y ese dinero no se ha quedado quieto. «De venidos a menos nada, lo que son es listos y se lo hacen», afirma un financiero español.

La sola fortuna de los Villaverde es inestimable. Sólo pueden computarse con cierta precisión los bienes inmuebles, las sucesivas fincas, unas vendidas y otras todavía en propiedad, como las de Arroyomolinos, Valdefuentes o el Canto del Pico. Estos bienes suponen en total unos 2.300 millones de pesetas. Pero luego están sus acciones en toda una larguísima red de empresas, cuyo valor calculan unos en 20.000 millones y otros hacen ascender a 50.000. «Yo creo que la familia Martínez-Bordiú al completo no baja de los 100.000 millones, es una de las más ricas de España», dice el joven economista primogénito de una importante familia aristocrática que ha tenido relaciones con los Bordiú. A los negocios con los Banús, Coca, Meliá o Marsans se unieron la empresa Waimer, de importación y exportación con la URSS, la clínica Incosol, Sanitas o las más de 20.000 hectáreas que se dice poseen en Filipinas. Las famosas joyas de la familia no son en este importantísimo volumen de negocio nada más que una anécdota.

Los miembros de la familia Martínez-Bordiú, empezando por el marqués, al que, eso sí, le irrita sobremanera perder al tenis, son buenos deportistas, sobre todo tratándose de la caza. Entonces no se paran ante nada, ni siquiera ante la ley, como es el caso de Francis Franco, detenido por furtivo cuando la sombra protectora de su abuelo se iba diluyendo. A Francis le gustaba la caza desde muy pequeño. Se inició con una escopeta de perdigones con la que traía mártires a los gorriones de El Pardo, sobre todo por la noche, ayudado de una linterna y de alguna de sus hermanas, sobre todo Merry. Después pasó a mayores y El Pardo fue su coto particular. Francis surtió de carne de caza, gamo, venado y jabalí a los restaurantes de las cercanías, iniciándose así en sus no muy claros negocios. La familia Martínez-Bordiú ha visitado también Africa en expediciones cinegéticas. Los cazadores profesionales que les han acompañado, como el portugués José Simões, no dudan de que la mayoría de ellos tenían un pulso firme, pero que sobre todo Francis tenía el instinto, las piernas fuertes para caminar y la paciencia de un auténtico cazador para acertar y conseguir las piezas.

La caza les ha dado también algún disgusto, además de la detención de Francis por cazar furtivamente en Cazorla. En cierta ocasión, Manuel Fraga hizo blanco no sobre pieza alguna, sino sobre Carmen Franco. Afortunadamente la perdigonada dio en el lugar más carnoso de la anatomía humana. El accidente quedó en silencio, lo mismo que el de la escopeta que, al reventar, hirió en una mano a Franco, hasta que un buen día el ex ministro José Solís lo contó y confirmó el rumor.

La boda también sirvió para ampliar las pretensiones aristocráticas de la familia, y hubo títulos para todos los hermanos. El marqués y su hermano mayor heredaron los suyos en 1951, meses después de dicha boda. Andrés se quedó con el condado de Morata de Jalón y con el de Arguillo, que en 1983 cedió a su hijo Francisco José. Para José María y Tomás se desempolvó el famoso enlace con el príncipe moro mallorquín, y en 1956 se les otorgó las baronías de Gotor e Illueca. El ansia aristocrática y el poder que tenían eran tales que a otro noble que también poseía un título de Villaverde se le sugirió algún añadido para no confundir.

Los títulos, e incluso la esperanza de llegar a tener una hija reina, favorecieron la boda de la hija mayor, Carmen, con Alfonso de Borbón. Franco les otorgó a ambos el ducado de Cádiz en 1972 con tratamiento de alteza real y hereditario para sus hijos. Un real decreto de 1987 rectificó, haciendo que el título pasara a ser vitalicio, de manera que revirtió a la Casa Real tras la muerte de Alfonso de Borbón.

Carmen había tenido un intenso noviazgo de juventud con Jaime de Rivera, un agraciado joven, buen jinete de saltos, economista y de la buena sociedad madrileña, aunque sin títulos, por lo que nunca fue bien visto por la familia. Además se le descubrió alguna veleidad mientras salía con Carmen, a la que dejaba en casa a las diez para seguir divirtiéndose con otra novia. El marqués se llevó a Carmen de viaje a Brasil y ella logró olvidarlo, o al menos eso hizo creer. Pero el jinete siguió durante años en el corazón de la nietísima, a la que ya casada vio alguna vez, aunque se pusiera peluca para disimular.

Para Carmen llegó la hora de la boda, el ducado y los niños. Pero la nietísima comenzó a aburrirse y además se hizo amiga de Isabel Preysler, su vecina, que también se aburría ya con Julio Iglesias. Un viaje a Nueva York, donde la vida y la diversión aparecieron con todo el color, hizo cambiar a Carmencita. Cuando apareció Rossi, galante, divertido y experimentado, no importó la edad ni el qué dirán. Cayó en sus brazos en un crucero por aguas filipinas, en el yate de María Gabriela de Saboya. Carmen dejó atónitos a todos y los Franco se encontraron con un divorcio. Ahora puede dar otra sorpresa más. Sus relaciones con el joyero se han enfriado y la situación puede repetirse, aunque esta vez el crucero sea en aguas Baleares.

Carmen Rossi y la madre del duque de Cádiz, Enmanuela Dampierre, autotitulada duquesa de Segovia. Dos mujeres enfrentadas. (Foto: Europa Press.)

Pero será ya el cuarto divorcio de una Martínez-Bordiú, porque Merry, la *hippy* de la familia, ya ha proporcionado el segundo, y por partida doble, y Francis el tercero. El matrimonio de Merry con Jimmy Giménez-Arnau, después de tener una hija, Leticia, acabó en separación. Merry prefirió una vida errante y se fue a Canarias con un americano, Greg Tamler, con quien vivió en los Estados Unidos desde 1986 hasta hace unos dos años, cuando también se divorció de él. Francis siguió dando de qué hablar. Varió el orden de sus apellidos, pero no su comportamiento. Acabó la carrera de medicina pero nunca ejerció: «Cómo voy a hacerlo llamándome Francisco Franco.» Sus negocios dieron para ir tirando y se casó con la hija de los marqueses de Tamarit, María Suelves, de la que ya hemos hablado. Ahora, Francis tiene dos hijos y ha heredado de su abuela el título de señor de Meirás.

Los únicos matrimonios que han resistido han sido el de su hermana Mariola y el de su hermano José Cristóbal. María de la O Martínez-Bordiú tuvo que luchar con su familia para casarse con Rafael Ardid. Este era hijo de un coronel republicano, lo cual no era una buena recomendación, pero Mariola, la niña feúcha que tras una operación bucal se convirtió en una belleza, se impuso y su matrimonio, apartado de los avatares y escándalos de la familia en la urbanización Monte-Príncipe, siempre ha dado muestras de gran solidez. Tienen dos hijos, Borja y Jaime. Mariola se dejó utilizar siempre muy poco para las relaciones sociales. En 1968, en pleno auge de los chalés de los pantanos, fue reina de las fiestas de Guadalajara. Le regalaron un valioso collar y a cambio el ayuntamiento obtuvo para la ciudad los presupuestos por los que suspiraba desde hacía años. Era la manera que había entonces de hacer política.

José Cristóbal Martínez-Bordiú siguió la carrera de las armas. Admiraba mucho a su abuelo y tenía en principio muy claro lo de ser militar. Se graduó de teniente y un buen día descubrió que aquella vida no le satisfacía lo más mínimo, de manera que provocó un buen sobresalto familiar al renunciar a su carrera.

Siempre ha sido discreto. Se casó con una modelo, María José Toledo, tan discreta como él, y ambos pasan mucho tiempo en Nueva York. Los sobrinos del marqués han dado también mucho de qué hablar, sobre todo los Gotor. A las andanzas de *Pocholo* hay que unir las de su hermana Clotilde Martínez-Bordiú Basso. Amante de la diversión y las salidas nocturnas, ha estado metida en más de una aventura, de las cuales las más sonadas fueron sus salidas con Alberto Cortina, antes de que éste fijara los ojos en Marta Chávarri, precisamente una de las mejores amigas de Clotilde.

La otra hermana, Cuca —Esperanza— de veintitrés años, ha elegido el diseño y parece tomárselo en serio. Estudió en París y completó su aprendizaje en Nueva York, donde comprobó que el apellido allí importaba muy poco. Ahora se ha establecido en España, vive sola en un apartamento y confiesa llevarse muy bien con sus padres, pero está dispuesta a ganarse la vida como diseñadora. Sin embargo, a una tienda propiedad suya le ha puesto al lado del nombre la coronita de la baronería. Y los aristócratas de viejo cuño, siempre que pasan, se ríen. Y ahora todavía más, cuando ha tenido problemas económicos, discusiones con el novio-socio y amenazas de embargo.

CAPÍTULO IV

LA BANDA DE LOS FALSIFICADORES

HAMBRE DE TITULOS

Un duque, y por tanto un grande de España, no estuvo en la recepción real a la grandeza. Nadie, sin embargo, lo hechó en falta. Si acaso, la policía. Pues si el duque de Tovar, Alfonso de Figueroa y Melgar, cuyo apellido le delata como un descendiente de la familia del conde de Romanones, se hubiera atrevido a asomarse por el palacio de Oriente tal vez algún inspector le hubiera echado el guante y se lo hubiera llevado detenido.

La razón no sería en esta ocasión las veleidades ultraderechistas de don Alfonso, quien una vez estuvo en el banquillo por insultos a las instituciones y al propio rey don Juan Carlos. Aquello queda lejos, concretamente en 1977, durante un acto de Fuerza Nueva celebrado en Guadalajara. Entonces, el duque y el abogado Valerio Bermejo, ambos de encendido verbo, no contaron con el juez de aquella ciudad, hoy presidente de la Audiencia Provincial de Madrid, Clemente Auger, quien los procesó. No, en esta ocasión el duque de Tovar hubiera sido detenido por algo mucho más relacionado con su aristocrático origen. Exactamente por su presunta, es una manera de decir, implicación en la falsificación de títulos nobiliarios. Su participación en la trama hizo que fuera procesado, pero mientras que a su presunto, es otra manera de decir, cómplice, Fernando González Doria, el asunto le costó pasar una temporada en la cárcel, en prisión preventiva, el duque de Tovar puso pies en polvorosa y hoy anda por esos mundos de América del Sur, prófugo de la justicia española.

Los porqués de su precipitada salida se detallan con precisión, aunque con el característico lenguaje administrativo, en el auto de procesamiento dictado por el magistrado juez titular del Juzgado de Instrucción número 14 de Madrid, como continuación del Sumario 70 de 1985 [1].

Un hombre a quien la nobleza española debe sin duda muchas cosas es Iñigo Cavero, ministro, entre otras cosas, de Justicia con el gobierno de UCD. El fue el autor del Real Decreto 602, de 21 de marzo de 1980, que sentó las bases actuales del proceso de posible rehabilitación de un título nobiliario. Iñigo Cavero, noble de cuna, barón de Carondelet y conde del Castillo de Aisa, que puede presumir de tener entre sus antepasados al mismísimo Palafox, pensó que era hora de poner orden en lo referente al uso de títulos. Y puso manos a la obra, dando a luz al citado decreto.

Para lograr la rehabilitación de un título vacante lo primero que ha de suceder es que dicho título haya existido y como tal esté registrado en los archivos del Ministerio de Justicia. Luego es esencial demostrar que se tiene derecho por parentesco a él, y que se tiene más derecho que otros posibles herederos que lo reclamaran. En síntesis, el proceso de rehabilitación es el siguiente. Se presenta la solicitud y el árbol genealógico que entronque al peticionario con el concesionario y último poseedor. Se publica

---

[1] El documento oficial dice así: «Auto de procesamiento. Antecedentes. I) Las diligencias se incoaron en virtud de querella formulada por el ministerio fiscal y dirigida contra Fernando González Doria y Durán de Quiroga y otras tres personas más, en principio, y ampliada después contra Alfonso de Figueroa y Melgar (duque de Tovar). II) De lo actuado hasta ahora aparece que desde el año 1981 los querellados han gestionado ante el Ministerio de Justicia, en Madrid, los expedientes de rehabilitación de títulos nobiliarios que a continuación se indicaran. Y con la finalidad de respaldar documentalmente los árboles genealógicos y así apoyar la prosperabilidad de dichas rehabilitaciones integraron en la documentación relativa a las mismas certificaciones canónicas (a primera vista auténticas) que ellos confeccionaron previamente y cuyos datos (relativos a nacimientos, matrimonios y defunciones de quienes se decía eran antepasados de los solicitantes), no coinciden con los de los datos de los correspondientes archivos parroquiales y cuyas firmas, presuntamente correspondientes a las de los párrocos encargados de los archivos respectivos, no pertenecen tampoco a tales encargados.»

en el *BOE* y se pone en marcha el expediente. Se abre un plazo para permitir las reclamaciones de cualquier persona que crea tener mayor derecho. Se establece otro plazo de un año para documentar mediante partidas de bautismo, nacimiento, matrimonio, defunción u otros documentos los parentescos señalados en el árbol. Se añaden los méritos personales que sean suficientes para merecer la concesión. Finalizado el plazo comienzan las consultas: Diputación de la Grandeza de España y Consejo de Estado, y luego el Ministerio de Justicia toma la resolución y pasa a Su Majestad el Rey la carta de rehabilitación para que la firme [2].

Parecían controles suficientes, pero nadie contó con el ansia de adquirir nobleza que se iba apoderando cada vez más de una sociedad española que empezaba a despuntar económicamente y a la que ya no le importaba hacer alarde de sus lujos, riquezas y, por qué no, de títulos y linajes.

El hambre de títulos está, sin duda, en el origen de lo que ha sido el mayor escándalo vivido por nuestra aristocracia. Un escándalo que no ha finalizado todavía y que para bochorno colectivo de muchos nobles ha hecho que el propio rey don Juan Carlos haya firmado cartas de rehabilitación de títulos a individuos que habían falsificado las pruebas de sus árboles genealógicos.

Porque si a usted se le acercan el marqués de Campo Alegre, el de Cañada Hermosa, el de Poveda de la Sierra, el de la Real Confianza, el de Torregrosa, el de Torres de Rada, el de Vivanco o el de Clarafuente, o bien le presentan a los condes de San Miguel de Carma, de Mola o de Valle de Mena, o le invitan a conocer a los vizcondes de Montalvo de Camero Viejo y de Villapalencina o a los barones de Hovorts y de Paradinas, usted no estará en presencia de nobles españoles, sino ante personas que ostentan títulos falsos, unos títulos que figuran en el sumario que con más vergonzante secreto ha pretendido ocultar buena parte de la nobleza española, aunque otros nobles hicieran lo posible por esclarecer los hechos y fueran los primeros en denunciar el escándalo: el marqués de Selva Nevada y el barón de Tormoye, quienes alertaron a la justicia con sus denuncias de las estafas que se estaban cometiendo.

En principio, los encausados fueron cinco, pues junto a los dos citados hay que añadir a Luis Vallterra, quien entonces era jefe del negociado del Ministerio de Justicia que se encargaba de

[2] Véase Apéndice.

los asuntos de títulos, y que finalmente no fue procesado; a José María Caro Aladrén, complicado también en la red como solicitante, y al famoso conde consorte de Cabra, que aunque no llegó a ser procesado por este sumario sí que tiene algunas querellas pendientes por cuestiones nobiliarias relacionadas con él.

Los títulos anteriormente reseñados, quince en total, son sólo algunos de los que aparecen en el Sumario 70/85, y son los que con mayor nitidez muestran las manipulaciones a que fueron sometidos. Sin embargo, superaron para su rehabilitación el visto bueno del Ministerio de Justicia, de la Diputación Permanente de la Grandeza de España y del Consejo de Estado, y hasta algunos fueron pasados a la firma del propio rey don Juan Carlos. Los títulos, en origen, son perfectamente respetables. Existieron en el pasado y fueron utilizados por sus legítimos poseedores. La causa de su actual falsedad no está en su pasado, sino en quienes pretendieron ser sus herederos, en quienes reclamaron tener derecho a ostentarlos en nuestra época.

En algunos de los casos, cuando se comprobaron los hechos se había ido tan lejos en su reconocimiento que algunos aparecían en la *Guía oficial de grandezas y títulos del reino,* como ya se ha indicado. Así ocurrió con los marquesados de Vivanco y Torregrosa, aunque en ambos casos se especifica «pendientes de expedir carta». En otros se había aún ido más allá: el rey había firmado ya la carta de expedición.

El marquesado de Vivanco está «concedido» a José María Horrillo y López del Rey, doctor en derecho, cordobés de cuarenta y ocho años, quien no dudó tampoco en inscribir su título en el *Anuario del gran mundo,* donde se detalla toda su actividad pasada: gobernador del Insurance Exchange of America de Miami, caballero de la Orden Constantiniana de San Jorge y, hasta hace ahora dos años, director internacional de la agencia de seguros El Ocaso. Lo que no se dice allí, pero sí en el auto de procesamiento, es que en su intento de obtención del título aportó una partida de bautismo, dos de matrimonio y una de defunción, supuestamente atribuidas a las iglesias de El Salvador de Sevilla y de San Ginés de Madrid, las cuales son más falsas que duros de madera.

Según su propia versión, José María Horrillo fue más víctima que otra cosa, pues le fue ofrecido un título y creyó de buena fe que tenía derecho a él. Ahora se queja amargamente de los perjuicios que el escándalo le ha ocasionado, incluso en su actividad profesional. A similares razones se acogen también en la actualidad la mayoría de las personas que solicitaron uno de estos títulos y se pusieron en contacto con el duque de Tovar. «Hay de todo» dice un noble madrileño que conoce bien a algunos de los protagonistas de esta historia. «Los hubo a quienes engañaron, aunque también ellos estaban con unas ganas locas de ser engañados, o sea que se les notaba a la legua el "síndrome de la titulitis", y hubo otros que conscientemente fueron al engaño, esto es, sabían perfectamente que no tenían derecho alguno y participaron en la farsa.»

En la misma situación que José María Horrillo se encuentra Isabel Serrano de Entrambasaguas, supuesta marquesa de Torregrosa, quien también figura en la citada *Guía,* tan sólo pendiente de expedir carta. Para acreditar su nobleza «se presentaron tres partidas de defunción, dos de matrimonio y una de bautismo, pertenecientes a las iglesias de San Pedro y San Pablo de San Fernando (Cádiz), de San Ginés (Madrid) y de la Purísima Concepción de Gerena (Sevilla), falsificadas en contenido, firma y sello», según consta en el sumario.

Y según consta en las páginas de las revistas del corazón, los flamantes marqueses, Isabel y su marido, el entonces diputado madrileño del PDP Vicente Blanco Gaspar, fueron anfitriones de numerosas fiestas donde sí se dieron cita nobles de verdad junto a personajes de la política, como el eurodiputado Eduardo Punset o el embajador alemán en España Guido Bruner, quien recientemente ha sido relevado de sus funciones tras haber soportado algunas acusaciones, tanto en la prensa española como en la de su país, de favorecer determinados negocios. Junto a ellos no faltaban en los ágapes los personajes clave de esta rocambolesca historia.

Allí estaba, el primero, la persona a quien en verdad debían la nobleza, el duque de Tovar. El descendiente de los Romanones no sólo «facilitó» a la familia Serrano de Entrambasaguas el marquesado de Torregrosa, sino que, según las investigaciones recogidas en el sumario, también fue el artífice de otro título, el marquesado de Guisa, rehabilitado con todos los honores para la madre de Isabel, María Luisa de Entrambasaguas. Un título, el de los Guisa, que ahora plantea serias dificultades jurídicas, pues ha pasado todos los requisitos y es legal, aunque haya grandes dudas de que sea legítimo. «Desde luego, quien más títulos ha dado en España desde que se restableció la monarquía no ha sido el rey

Juan Carlos, sino *Poto* Tovar», comentaba un marqués con grandeza de España en una sobremesa de la Gran Peña de la Gran Vía madrileña. A muchos de sus contertulios no les quedó más remedio que asentir con una mueca de sarcasmo.

Pero volvamos a la notoria afición por los títulos de la señora Entrambasaguas y de sus retoños, los Serrano de Entrambasaguas. Otros dos hermanos, además de la citada «marquesa» de Torregrosa, también se encuentran en la relación aportada en el auto de procesamiento. Así, María Luisa Serrano de Entrambasaguas solicitó el vizcondado de Montalvo de Camero Viejo, y Guillermo, el condado de San Miguel de Carma. Para la primera petición se falsificó documentación de las iglesias de San Ginés (una partida de defunción), de la Purísima Concepción de Sevilla (una de defunción y dos de matrimonio) y de la iglesia gaditana de San Pedro y San Pablo de San Fernando (una partida de defunción). Para el condado de Carma fueron falsificadas dos partidas de bautismo y tres de matrimonio de la iglesia de San Fernando.

Como vemos, el virus de la titulitis parece que tiene a veces razones genéticas, pero lo que no respeta son las fronteras. Para probarlo ahí está el ciudadano italiano Giovanni Marullo di Stagno, quien reclamó el marquesado de Clarafuente, con grandeza de España y todo. De los relacionados en el sumario es el que batió el récord de falsificaciones: nada más ni nada menos que cinco certificaciones de matrimonio y cinco de bautismo eran falsas. Así se logra hacer descender a uno del mismísimo Cid Campeador.

Para el italiano se eligieron la parroquia toledana de San Cipriano de la Cebolla y la madrileña de San Sebastián. Esta última fue objetivo predilecto de Tovar y González Doria, pues figura en muchas de las manipulaciones. A ella corresponden, por ejemplo, las «certificaciones» para documentar los derechos al título de marqués de Campo Alegre aducidos por José Antonio González del Río.

Fue uno de los marquesados incluidos en esta relación de quince títulos falsos, el de la Cañada Hermosa de San Bartolomé, solicitado por Alfonso Caro y de Zas el que desató a la postre todo el escándalo. El marquesado se intentaba rehabilitar para Alfonso, un niño de corta edad, por su padre, José María Caro Aladrén, personaje tan obsesionado por los títulos que incluso se ha hecho construir una imitación de castillo medieval en una

Alfonso de Figueroa y Melgar, duque de Tovar, en tiempos procesado por insultos al rey y ahora prófugo de la justicia española por falsificación de títulos nobiliarios. (Foto: Agencia EFE.)

finca que posee en la provincia de Toledo. Don José María deseaba tan ardientemente un título que, tras haber fracasado en sus intentos de conseguir alguno para él, probó con su heredero, a ver si tenía más suerte. Pero la tuvo peor. Su petición despertó las sospechas del marqués de Selva Nevada, quien había solicitado el mismo título para su primo hermano, Domingo de Santiago y Osma. Al de Selva Nevada, Juan Antonio Alcade y Osma, muy versado en estas cuestiones, no se le escapó que la pretensión de su opositor de descender de un supuesto Valentín Azúa Marín de Poveda, pretendido hijo del último marqués de dicho título, muerto en Chile en 1812, era pura ficción, y que los documentos de Caro Aladrén, elaborados por Fernando González Doria eran una auténtica filfa. El marqués pidió la intervención del ministro de Justicia y la apertura de diligencias, y de este modo el pastel de las falsificaciones comenzó a aparecer.

El *affaire* ha salpicado a miembros de conocidas familias españolas. Quizá el más sonoro sea el de los Gómez-Acebo. José Miguel Gómez-Acebo y Pombo, primo segundo del fallecido Luis Gómez Acebo, cuñado del rey, es muy conocido en la buena sociedad madrileña con el sombrenombre de Josemi. Su implicación sorprendió a hermanos y primos cuando apareció mezclado en el escándalo como solicitante del condado del Valle de Mena. En parecida situación se encontró Luis Gómez de Aranda y Serrano, quien solicitó el vizcondado de Villapalencina. Ahora ambos lamentan haberse dejado convencer para entrar de manera irregular en el club aristocrático. Un club del que forma parte la familia de otra implicada, María Almudena Jordán de Urríes, quien deseaba el condado de Mola, presentando también como en los casos anteriores, documentación falsa. También se hallan en la misma tesitura Juan Francisco Mari de Basterrechea, presunto marqués de la Real Confianza, José Fernando Gutiérrez de Calderón, que pretendía serlo de Torres de Rada, o Elier Echazara y Zapata, que intentó el baronesado de Paradinas.

Pero es que incluso los principales implicados en la trama no se privaron de intentar conseguir títulos para sí mismos o sus familiares. Alfonso de Figueroa, no conforme con su título de duque de Tovar, quiso conseguir el de barón de Hovorts, para lo cual no le dolieron prendas a la hora de falsificar una partida de defunción, dos de bautismo y otra más de matrimonio. Tampoco le importó al biznieto de un hermano del conde de Romanones pretender con parecidos métodos un título para su hermano Tristán, que se había quedado sin ninguno en el reparto familiar. Eligió para éste el marquesado de Poveda de la Sierra, una localidad de Guadalajara situada en el alto Tajo, quizá por la relación que mantuvo su antepasado con la provincia alcarreña. Pero esta vez le salió mal la operación.

Pero lo que no se les puede negar a *Poto* Tovar y a su amigo Fernando González Doria es una inigualable pericia como genealogistas. Este último es conocido como especialista en «genealogías difíciles», aunque sus habilidades no le sirvieran para lograr nobleza para sus familias cuando intentó conseguir los condados de Casa Vargas Machuca y de Villapineda.

LA GUERRA DEL CONDE CONSORTE

Aunque Alfonso y Fernando fueron los finalmente procesados, el personaje que más tinta ha hecho derramar y sobre el que más conversaciones y querellas se han cruzado entre los nobles españoles es el famoso conde consorte de Cabra, Francisco López Solé. Desde su entrada en la aristocracia del brazo de su mujer, pasando por la noche en que la policía, tras detener a González Doria, lo encontró en su casa a las cinco de la mañana en medio de un mar de papeles relacionados con las falsificaciones, hasta el mismo día de hoy, el conde consorte de Cabra ha vuelto y revuelto más que nadie en el mundillo de la nobleza.

El título le llegó por su matrimonio con Pilar Paloma Casanova y Barón, quien heredó el título de un tío suyo muerto durante la guerra civil. Desde entonces, además, ha conseguido para su mujer la rehabilitación de los títulos de duquesa de Baños, muy cuestionado por los expertos, y que aún se encuentra «pendiente de expedir carta», así como los condados de Avelino y Trivento y la baronesía de Calonge.

Pero el conde consorte aún quiere más. Vamos, que no quiere que quede un solo pariente sin título. Así que ha pedido también el marquesado de Sala para su hijo Francisco, el ducado de Villafranca para su hermana Cristina y el marquesado de Serrezuela para su padre, Francisco Agustín López Martín. Fue en esta última petición donde chocó con el barón de Tormoye, quien, al igual que el marqués de Selva Nevada en el caso de

Caro Aladrén, vio que en la pretensión de su oponente había algo más que extraño.

El conde consorte de Cabra, cuyas ansias de nobleza le han llevado a apuntarse a cuantas órdenes de caballería ha podido —es caballero de la Orden Constantiniana, del Santo Cáliz de Valencia, del Santo Sepulcro, caballero y escudero de Cuenca e hidalgo a Fuero de España—, se encontró con que en esta ocasión había pinchado en hueso, pues Román Ayza, barón de Tormoye, decidió ir hasta donde fuera, y donde fue es a los tribunales.

La batalla ahí sigue, pero ha dejado jugosas muestras de «vehemencia nobiliaria», como se aprecia en la conversación que incluimos a continuación, mantenida el 20 de marzo de 1985 entre el hijo del conde, Francisco López de Solé, y Román Ayza, y que fue transcrita y denunciada ante la policía. Comenzaba con esta contundente frase: «Soy Fran. O retiras la querella contra mi padre o te mato.»

Tras alguna réplica del barón, el vástago de los Cabra amenaza de nuevo: «Ya lo pagaréis todo tú y tu compinche Selva Nevada.»

Ayza: «Toda amenaza constituye figura de delito. A continuación la pondré en conocimiento de quien deba conocerla.»

Solé: «Yo te voy a poner una querella por decir que desciendo de un gitano de Osuna. Yo soy de una familia sevillana y no desciendo de gitanos. Te embargaré todo y no te quedará nada. Además, eres maricón, y tengo una persona que te conoce y que lo dirá.»

Ayza: «Pues no veas lo idénticamente que dice la gente de ti.»

Como puede verse, los Cabra están a la que salta en lo que se refiere a su deseo de embargar. Quizá por eso la condesa haya hecho reflejar en el *Anuario del gran mundo* que, en recuerdo de la ayuda de su antepasado en la lucha contra los moros, Isabel la Católica se comprometió a que todas las reinas de España le regalarían a la titular del condado de Cabra el vestido que usaran en el día de reyes. Puede que la citada conversación le sirva de recordatorio a doña Sofía por si se le ha olvidado el asunto. La reina, desde luego, no debe de estar muy preocupada por ello. Pero otros sí, como puede deducirse de la pasión y los improperios que salen por la boquita del vástago de los condes. Con ellos, sin duda, hay que andarse con ojo, porque van por ahí con dos o tres querellas bajo el brazo dispuestos a estampártelas en la cara en cuanto te descuides.

A raíz de la publicación en el semanario *Tribuna* de la relación de los quince títulos falsos que el juez había incluido en el auto de procesamiento me encontré con una querella criminal interpuesta por uno de los procesados: Fernando González Doria, quien reivindicaba honores supuestamente vulnerados y exigía la friolera de cincuenta millones para repararlos. Además, se apresuró a enviar una nota a *ABC* para que el periódico publicara que se había querellado por su honor herido. Por fortuna, el caso era de una evidencia arrolladora. El querellante estaba encausado y los hechos relatados se encontraban en un auto de procesamiento, así que el fiscal vino a decir que era más que lógico que se publicaran sin que nadie se subiera por las paredes. La juez dictaminó que no había motivo de procesamiento, y por fortuna hoy puedo escribir acerca de ello.

En el propio escrito del fiscal que vio la querella de González Doria se destacaba una frase que señalaba el hecho de que tan sólo se habían reflejado los casos utilizados para reforzar el auto de procesamiento, pero que en el sumario había muchos más. Es decir, que además de los quince citados, había muchos más implicados.

Antes hemos mencionado el marquesado de Guisa, conseguido también mediante los buenos oficios de González Doria para María Luisa de Entrambasaguas y que goza hoy de bendiciones legales, lo que no le impide estar sometido a la cuarentena de la sospecha y a su inclusión en el famoso sumario. Igual que con este título sucede con otro cuyo solo nombre provoca la escéptica sonrisa del Madrid aristocrático: el marquesado de Mozobamba del Pozo, también rehabilitado por nuestro experto genealogista e incluido en el sumario de las falsificaciones. Hoy, entre la nobleza de sangre, la sola mención del título, concedido a José Fernando Gutiérrez de Calderón, casado con la habitual de las revistas del corazón Fina Calderón, provoca simplemente la risa. Pero lo cierto es que Fina Calderón tiene, mientras la justicia no diga nada en contra, todo el derecho a utilizarlo. No así el marquesado de Torres de Rada, incluido asimismo en el sumario, y que también solicitó, pero que no pasó a la firma real «por los pelos».

En cualquier caso, lo cierto es que llevar un título implicado en el famoso sumario es casi todo menos un certificado de veracidad. Sobre todo si tenemos en cuenta ciertas frases que aparecen en la documentación aportada, las cuales incluyen observaciones de los implicados como éstas: «... hay que defuncionar a don Diego de Guzmán en Ecija», «... matar en el Puerto de Santa María o en Sevilla a don Francisco Javier de Irigoyen», «... habrá que matar en fecha aparente a Antonio de la Vera, puede morir con ochenta años». No son, aunque pudiera pensarse, incitaciones al asesinato, sino montajes genealógicos. Por otra parte, lo mismo «defuncionaban» que casaban, hacían nacer o lo que fuera. Así ocurrió, por ejemplo, en el caso del marquesado de Laurenzana que pretendía Alvaro Marañón Bertrán de Lis, hijo de Gregorio Marañón Moya; al ver que la historia familiar tenía algunas lagunas, el duque de Tovar se fue por el camino más rápido: «Hay que casar a José Pérez Marañón, de Liérganes, con Natalia Bayo de Legarcigui, de Bilbao, hacia 1823.» El sí que era un casamentero con recursos, y no la vieja Trotaconventos. Componía bodas hasta con efecto retroactivo.

Se preguntará el lector cuánto costaba todo eso. Pues depende. Fernando González Doria aseguraba en su exposición de motivos en la querella impuesta contra mí que por los árboles no cobraba más de doscientas mil pesetas. Otras fuentes afirman que el duque venía a cobrar, como mucho, un millón de pesetas en casos excepcionales. Sin embargo, para títulos «muy dudosos» se han llegado a barajar cantidades de varias decenas de millones de pesetas. Con todo, lo que parece comprobado es que en la red que fue investigada y desarticulada los precios estaban más bien a la baja. «Lo normal era unos centenares de miles de pesetas. El duque estaba siempre a la cuarta pregunta. Como mucho sacó en alguna ocasión algún milloncejo. Sus clientes no daban mucho más de sí. Otros que no estaban en esta operación sí que han sacado tajada de clientes con más posibles a los que, tras investigaciones muy costosas, les han conseguido algún título.»

La lista de los marcados por la sospecha es enorme. A los anteriores hay que añadir todos éstos: Torre Ginés, Castañeda de los Lamos, Avilés, Crespano, Espartinas, Cimonde, Casal de los Griegos, Robrero, Laguna de Términos, Negreiros, Bellestar, Casa Montejo, Haro, Morata de la Cerda, Cartagena, Peña Florida, Miralcázar y Villarica de Salcedo. Algunos de estos títulos, como se ha dicho, son ya perfectamente legales; otros sólo están a falta de expedir la carta; otros se hallan en proceso. Pero todos están bajo sospecha, y no una sospecha simple y maliciosa, pues ha llegado hasta los tribunales.

En toda esta trama hemos dejado para el final a un personaje cumbre: el propio rey. Pues éste era el último engañado, el que a veces estampó su firma. Siendo los títulos algo que depende únicamente de su voluntad, el asunto en cuestión ha molestado sobremanera a Su Majestad.

Si la justicia dictamina la falsedad de su obtención, no tiene por qué haber mayor problema. Pero, aunque ahora no se lleguen a retirar, lo que se afirma en los mentideros aristocráticos es que, en todo caso, el uso de estos títulos «sospechosos» se desautorizará sin duda para los descendientes de los actuales poseedores. En suma, que cuando llegue la hora de solicitar la sucesión, llegará tal vez la hora de acabar con el entuerto sin excesivo escándalo.

Capítulo V

LA GUERRA CIVIL DE LA ARISTOCRACIA

El día en que una sentencia otorgó el título de marqués de Santo Floro a Natalia Figueroa y por tanto su esposo, el cantante Raphael, dio un paso más hacia su ingreso como marqués consorte en el club aristocrático, a más de un grande de España le dio un aire. La controversia sobre el derecho de las mujeres a heredar títulos nobiliarios ha provocado frecuentes disgustos en la Diputación Permanente de la Grandeza de España y entre los defensores de la costumbre de marginar a las mujeres desde que el Tribunal Supremo, con la vista puesta en la Constitución, comenzó a tomar cartas en el asunto. La sentencia sobre el título de los Santo Floro era una más de las que han comenzado a llover sobre los litigios que hoy enfrentan a hombres y mujeres de la nobleza. Hermanas contra hermanos, sobrinas contra tíos y primas contra primos, la nobleza española se encuentra en estos momentos en pleno frenesí de peleas judiciales, hasta el punto de que no es descabellado hablar de una auténtica guerra fratricida entre los aristócratas de nuestro país. Una batalla cuyo inicio justifican muchas mujeres de la nobleza con las mismas palabras de Natalia Figueroa: «Algún día mi hijo mayor me podría echar en cara el no haberme preocupado por sus derechos.»

Las lides jurídicas han ido cayendo, por abrumadora mayoría, del lado de las mujeres, pero los varones siguen empeñados en la lucha. La razón última del conflicto es bien simple. Hasta la promulgación de la Constitución de 1978, el régimen de transmisión de títulos se había regido por el principio de primacía de los varones sobre sus hermanas. Pero el artículo 14 de la Constitución, la ley de leyes de nuestro ordenamiento jurídico, estableció de manera inequívoca que no podría haber discriminación por razón de sexo. A partir de ahí, las mujeres de la nobleza, subyugadas hasta entonces por la vieja tradición nobiliaria, comenzaron a reclamar sus derechos y, además, comenzaron a conseguirlos. Peldaño a peldaño, los pleitos fueron llegando hasta el Tribunal Supremo, y su dictamen cayó como un mazazo sobre los privilegios varoniles. El alto tribunal ha emitido más de media docena de sentencias en las que, de una manera u otra, afirma el principio de igualdad constitucional sobre cualquier otro de menor rango que pretenda oponérsele. O sea, que los tiempos en que se consideraba lógico que el condado pasara al chico porque él iba a ser quien habría de defenderlo a espadazos contra los moros habían quedado definitivamente atrás.

Así, el pasado 22 de marzo de 1991, la sala primera del Tribunal Supremo refutaba las prentensiones del marqués de Mondéjar, Nicolás Cotoner y Cotoner, jefe honorífico de la Casa de Su Majestad el Rey, en el pleito que mantenía con Carmen Sonsoles Melgar y Macías por el marquesado de Agropoli, que le fue concedido a esta última. La sentencia, redactada por el veterano magistrado Rafael Casares Córdoba, señalaba de manera contundente que la Constitución «veda inequívocamente cualquier preferencia por razón de sexo en formulación cuya claridad centelleante aleja toda sombra sobre el particular». Lo que significa, en lenguaje cotidiano, que no había vuelta de hoja. Además, el Tribunal Supremo, con cierto deje irritado en sus conclusiones, se pronunciaba contra quienes pretendían olvidar la legalidad vigente señalando que «la pretensión de que la naturaleza de la mujer la hace de peor condición que la del varón para ostentar el título reclamado por éste, cuyo mejor derecho se postula sin otra razón que la de la varonía, [...] entra a saco en la esfera de igualdad constitucionalmente salvaguardada».

La sentencia tiene los suficientes precedentes como para ser considerada «doctrina consolidada», según opinan la mayoría de los más prestigiosos juristas. Es la doctrina bautizada como «López Vilas», en honor del joven magistrado del Tribunal Supremo, ahora en excedencia, ponente de dos sentencias anteriores, de 20

Nicolás Cotoner, marqués de Mondéjar, muchos años jefe de la Casa de S.M. el Rey, en la borda de su barco, que fue uno de los yates *Fortuna* de Su Majestad. (Foto: Europa Press.)

y 27 de junio de 1987, en las que se afirmaba que «la preferencia del varón sobre la mujer ha de estimarse discriminatoria y en consecuencia abrogada por inconstitucionalidad sobrevenida». Posteriormente se añadieron a estas sentencias otras dos resoluciones del mismo organismo, de 28 de abril de 1989 y de 3 de enero de 1990, basadas en los mismos argumentos, cuyos ponentes fueron Alfonso Barcala y Trillo Figueroa y Gumersindo Burgos, quienes ratificaron el otorgamiento de los condados de Casa Lasquety y Valdeprados a las herederas femeninas, doña Dulce Jaraba Aznar y doña Carmen Arias Dávila, contra las pretensiones de diferentes parientes suyos de sexo masculino.

Estas sentencias del Supremo, que han ido acompañadas, por lo general, de otras de juzgados de menor rango, están alentando a centenares de mujeres de la nobleza a hacer valer sus derechos. La guerra, pues, ha estallado, ¡y con qué protagonistas! Las casas de más alcurnia y los apellidos más sonoros se encuentran con la terrible tesitura de que, en muchas ocasiones, el mayor de los hijos es mujer, y ahora ya no hay quien convenza a la niña de que deje al hermanito que se lleve el título más bonito de la casa.

ASALTOS JUDICIALES ENTRE FAMILIAS

En algunas familias, la sangre ya ha llegado al río, o sea, la pelea ya está en los tribunales, como es el caso, antes citado, de la nieta del conde de Romanones, Natalia Figueroa, y su disputa con su hermano Agustín. Este, que vivía tan tranquilo entre su finca de los Santos de la Humosa y sus safaris en Africa, se ha visto de pronto con sentencias negativas sobre su cabeza y con su marquesado más que en peligro. En otros casos las espadas se mantienen amenazantes pero sin dejarse caer sobre los contrarios, y en el resto de las familias afectadas sólo aparecen algunos nubarrones sobre el futuro. Pero que descargarán. Vaya si descargarán.

La primogénita del ducado de Medinaceli, Ana de Medina y Fernández de Córdoba, separada de su primer marido, Maximiliano Enmanuel Hohenlohe y ahora casada con Jaime Urdaiz, es quien tendría derecho en su día, de acuerdo con las citadas sentencias, al gran título de la familia. Pero no sólo a eso, sino a lo que éste conlleva; la Fundación Medinaceli y la famosa y fabulosa Casa de Pilatos sevillana. El hermano que le sigue en edad,

Luis, duque de Santiesteban, se prepara para defenderse, y su abogado, el ex ministro Jaime García Añoveros, lleva ya tiempo estudiando argumentos para sostener sus pretensiones. Los otros hermanos menores, Rafael, duque de Feria y ex marido de Nati Abascal, e Ignacio, duque de Segorbe, se aprestan a hacer causa común con su hermano, pero temen la decisión final de su hermana, que en privado no se recata de su intención de hacer valer sus derechos. «Como buena ciudadana reconozco el ordenamiento jurídico y no puedo hacer menos que acatarlo», declaró Ana de Medina a la periodista Paloma Barrientos en *Tiempo,* para luego precisar: «Que Dios conceda muchos años de vida a mi madre, y cuando tengan que ocurrir las condiciones sucesorias será el momento de ver cuál es el ordenamiento jurídico en ese momento. La situación que a mí se me plantea también podría haber sido a la inversa.»

Pero, lo quiera o no, la ilustre aristócrata sabe que si desea amparar sus derechos tendrá que pelear por ellos. Porque resulta que tanto la Diputación Permanente de la Grandeza de España, como el Consejo de Estado y la Sección de Títulos del Ministerio de Justicia hacen caso omiso a las sentencias del Supremo, y así, los dos primeros organismos informan siempre favorablemente al mejor derecho de los varones y el ministerio otorga a éstos las cartas sucesorias o las rehabilitaciones disputadas. A las mujeres, pues, sólo les queda entonces la vía, larga y costosa por cierto, de la reclamación judicial.

La postura de la Diputación de la Grandeza es absolutamente intransigente [1]. Tanto el anterior decano, el duque del Infantado, como el recientemente elegido, el duque de San Carlos, y la totalidad de su junta rectora se manifiestan como una piña en defensa de los derechos del varón. La Diputación, a través de varias circulares, ha reiterado y reafirmado en sucesivas ocasiones su criterio. Encargó, además, un dictamen al letrado García de Enterría para que apoyara sus tesis, que, en resumen, señalan que ése es el orden tradicional de la nobleza y que por tanto no debe modificarse. «¡Se trata tan sólo de señalar un orden!, y éste es el orden de la nobleza», no se cansaba de repetir como secretario de la institución aristocrática el marqués de Alhucemas, Manuel Sainz de Vicuña y García Prieto. «No es discriminatorio, pues si

[1] Véase Apéndice.

no, ¿por qué no el segundo en vez del primogénito? Eso también sería discriminatorio.»

Estos argumentos y otros similares están siendo vapuleados jurídicamente cada dos por tres. El Supremo lo ha dejado bien claro, y la respuesta a las alegaciones de la Diputación han sido contundentes. Marginar a la mujer en razón de su sexo en beneficio del varón es discriminación, y eso la Constitución, ley de mayor rango que ninguna, no puede tolerarlo. Sin embargo, la cuestión del primogénito tiene una «justificación objetiva y razonable» dado el carácter indivisible del título, «se asienta y fundamenta en un orden lógico, elemental y necesario para la seguridad jurídica y viene a ser un criterio preferencial que se asienta en la naturaleza de las cosas». Es decir, que el nacer el primero no es algo en que pueda interferirse, pero que por el hecho de ser hombre o mujer le castiguen a uno, eso es discriminación.

A pesar de los varapalos que recibe por doquier, la actual Diputación de la Grandeza no sólo no ha modificado los postulados de sus predecesores sino que los ha endurecido, y las primeras declaraciones del duque de San Carlos fueron aún más integristas que las de su antecesor. Sin embargo, los miembros de este organismo difícilmente podrán parar la ola que se les viene encima. Por ahora, su única esperanza es el Tribunal Constitucional, donde están acudiendo los que han perdido ya sus casos en el Supremo.

La última línea de defensa intentada por los llamados «integristas» se formula en el sentido de que la Corona española se mueve por un principio de sucesión que sí favorece al primer varón, y que al ser la nobleza reflejo de la realeza y donación de ésta, es lógico que siga sus mismas normas sucesorias. Pero también aquí han pinchado los varones en hueso. Se les ha contestado, y también en sentencia del Supremo, que España no sólo ha adoptado una Constitución, sino que el 16 de diciembre de 1983 el gobierno ratificó la Convención de Nueva York sobre eliminación de todas las formas de discriminación de la mujer. En aquella ocasión España, al igual que habían hecho algunas otras monarquías europeas, expuso la reserva de la sucesión de la Corona, pero de manera exclusiva para ese único supuesto. «La ratificación de la Convención por España no afectará a las disposiciones constitucionales en materia de sucesión de la Corona», dice el texto [2]. Con claridad se precisa «disposiciones constitucio-

[2] Véase Apéndice.

nales», y en la Constitución aparece el carácter único y exclusivo de la sucesión de la Corona en la preferencia del primer varón. Unica y exclusivamente. Así, los nobles integristas vieron cómo otro camino se les cerraba por ahí. Pero no cejaron. Sus presiones han continuado, sobre el propio rey y sobre el príncipe Felipe. De ambos han recibido respuestas contundentes.

Al rey lo abordaron con su problema durante una audiencia de la Pascua Militar hace algunos años. Don Juan Carlos fue conciso pero preciso en su respuesta: «Yo no puedo hacer nada. Vuestra oportunidad se perdió al ratificar la Convención de Nueva York, donde se hizo la reserva de la sucesión de la Corona y nada más.»

El príncipe Felipe, al que le plantearon el mismo asunto con ocasión de una audiencia que concedió al Consejo de la Grandeza, echó un jarro de agua aún más fría sobre sus aspiraciones manifestando su postura personal: «Yo estoy por la igualdad», les respondió.

Aún hay más. No faltan quienes ven crecientes síntomas de que ese «orden de suceder en la Corona» discriminatorio para las mujeres no vaya a durar mucho más allá de la coronación de Felipe de Borbón y Grecia. Lo cierto es que algunas Coronas de Europa, como la noruega, han dado ya pasos en este sentido, y aun cuando hoy existe un empate entre las realezas que priman a los varones y las que ya han desterrado cualquier residuo de la ley sálica, la tendencia dominante es a la igualdad.

Sin embargo, los que a sí mismos se llaman «nos, la clase», que sólo han admitido en el año 1991 la presencia de mujeres en su órgano rector y que hasta hace bien poco ni siquiera permitían que éstas hablaran en su asamblea, debiéndolo hacer el cónyuge en su nombre, se niegan a claudicar, a pesar de que las más grandes casas nobiliarias españolas estén en manos de mujeres.

Cuentan para ello con la incomprensible actitud del Consejo de Estado y de la Sección de Títulos del propio Ministerio de Justicia, como ya se ha indicado. El Consejo de Estado se ratificó en una resolución de 8 de marzo de 1991 en el criterio de preferencia del varón. Precisamente entonces su presidente era Tomás de la Quadra, ahora ministro de Justicia. Y es ese ministerio el que sigue otorgando los títulos a los varones haciendo caso omiso a toda la jurisprudencia. Resultado: que las demandas judiciales se cuentan ya por decenas y casi por centenares.

Esta guerra de sexos de la nobleza amenaza con hacer saltar

por los aires las relaciones fraternales de cerca de setecientas u ochocientas familias nobiliarias en las que la primogénita es una mujer. En la larga lista de familiares enfrentados ante los tribunales figuran ya, junto a Natalia y Agustín Figueroa, los pleitos de los hermanos María Teresa y Joaquín Gómez Sáenz de Messía por el condado de Humanes, Justa contra Pedro León y Arias Saavedra por el condado de Gomara, Beatriz contra Antonio Salvatella y Pardo Manuel de Villena por el vizcondado de Torre Almiranta y la baronía de Puebla de Benferri, María Luisa contra Alfonso Roca y Fernández-Miranda por el condado de Torremuzquiz, Pilar contra Alberto y Ricardo Alvarez Calderón por el marquesado de Casa Calderón, Belén contra Carlos Franco de Espes por el vizcondado de Espes, Cristina contra José Muñoz-Vargas y Sainz de Vicuña, actual conde de Bulnes, María Teresa contra Eduardo Paternina por el marquesado de Teran.

No importa siquiera que haya varios títulos para repartir. Así, María Dolores Granda Losada disputa nada más ni nada menos que cuatro títulos, el marquesado de Torres Cabrera, los condados de Campos de Orellana y de Campo-Espina y el vizcondado de Torrealbarrajena a sus hermanos Miguel, Enrique y Antonio. Otro caso similar es el de los hermanos Ignacia y Alfonso Ruiz de Arana, que andan a la greña por la friolera de cinco noblezas: los ducados de Baena y Sanlúcar la Mayor, el marquesado de Villamanrique, el condado de Sevillanueva y el vizcondado de Mamblas. Familia y títulos todos ellos considerados entre los de primera línea de la aristocracia española.

Cuando la pelea no es entre hermanos, el lío se monta por ejemplo entre tía y sobrino, como es el caso del ducado de Pinohermoso, en el que la chica, Margarita Pérez Seoane, va perdiendo, cosa rara, algún asalto judicial contra el chico, Carlos. Otros dos casos en que la posesión del título ha podido más que el amor familiar son los de Pilar Criado Becerril y Fernando Puchol de Montís, que se disputan el marquesado de La Bastida, y Ana María Fernández-Corugedo y José Ignacio González Llaguno, que pelean por el marquesado de Campo Ameno.

Otro puñado de títulos que también se encuentran en litigio por similares motivos son los marquesados de Acialcázar (María Dolores y Enrique Quintana), de Arenal (Antonio y José Luis González de Aguilar e Isabel Villanova), de Moctezuma (Gonzalo Chávarri, María del Carmen Eciazabarrena y Ana Belén Moyano), de Torres Cabrera (Miguel y María Dolores Granda Losada) y de Sama (María Fernanda y Carlos Javier de Sama y Genicio), así como el condado de Guijas Albas, ya con sentencia favorable para María Teresa Avila Manzanos frente a José Antonio Manzanos y de la Escosura.

Sin duda, la gran bronca está aún por llegar, y los abogados especializados en el asunto saben que ya tienen resuelto el futuro de sus bufetes por una larga temporada.

FAMOSAS CON TITULO A LA VISTA

La cuestión de fondo es que muchas mujeres de la nobleza no quieren llegar a situaciones traumáticas y prefieren alcanzar arreglos familiares, pero desde luego no están dispuestas a ceder sus derechos. Y no sólo por ellas. «La razón verdadera por la que estoy dispuesta a reclamar mis derechos no es tanto porque yo herede el título familiar», me contaba una de estas posibles herederas que espera resolver amistosamente con sus hermanos menores el problema, «sino por mis hijos. Si yo renuncio a mis derechos a quienes perjudico es a ellos y, claro, es algo que luego bien podrían reprocharme».

Este punto de vista encuentra su réplica en la valoración aportada por una pareja de la nobleza: «Eso están diciendo todas, ya ves, pero la verdad es que eso de los hijos es una excusa que queda muy bien. El título lo quieren para ellas, y es normal. Nada hay que reprochar, pero que no se anden con subterfugios. Lo que pasa es que los títulos visten ahora más que el visón.»

Por una o por otra razón, lo cierto es que estas reflexiones se las están haciendo muchas herederas en estos momentos. Por ejemplo, Carmen Rossi. La hija mayor de los marqueses de Villaverde es consciente de la dificultad de que su hijo Luis Alfonso retenga alguno de los títulos que podrían haberle llegado por su padre, pues el ducado de Cádiz no ha pasado a los descendientes de don Alfonso de Borbón Dampierre y los que intentó reclamar están fuera de su alcance legal. En consecuencia, Carmen tiene puesto el ojo en los títulos de su familia materna. El primero que podía haber disputado, el del señorío de Meirás, se fue para su hermano Francis heredado de su abuela, Carmen Polo. Es un título que lleva agregada grandeza de España, pero Carmen Rossi no pleiteó por él, aunque podía haberlo hecho. Sin embargo, quedan dos títulos más: el ducado de Franco de su madre, concedido por el rey don Juan Carlos, y el marquesado de Villaverde de su padre. A ambos, desde luego, puede aspirar con más que fundadas esperanzas. Sin embargo, es comentario general que los Martínez-Bordiú Franco han llegado a algún tipo de acuerdo familiar para repartirse los títulos. Francis, el favorito de la abuela Carmen, se quedaría así con el señorío, mientras que la nieta favorita del general obtendrá casi con toda seguridad el ducado de Franco, el de más rango de todos. De este modo, Luis Alfonso, una vez sus asesores familiares olviden la descabellada idea de la pretensión al trono francés y los jugueteos sobre sus derechos españoles, tendrá al menos un título que llevarse a la boca. Desde luego, más le valdrá encaminarse por esa senda y no por la de los delirios de su tío Gonzalo.

Una íntima amiga de Carmen Rossi, la sin par Isabel Preysler, también tiene alguna esperanza, aunque remota, de conseguir un título, ahora que ha perdido el que le correspondía como consorte del marqués de Griñón. El nuevo título que pretende es el del marquesado de Salinas, por el que anda pleiteando, aunque ya sin demasiadas cartas en la mano, su padre.

Algunos otros nombres y caras casi tan populares como el de las dos amigas citadas también pueden verse implicados en este tipo de conflictos. Nuestro más reciente duque, Adolfo Suárez, tiene el problema en casa. Su primogénito es una mujer, Miriam, que bien podrá en el futuro hacer valer sus mejores derechos con respecto a su hermano Adolfo, el mayor de los varones.

El problema podría afectar también a Cary Lapique, quien hereda el vizcondado de Villamiranda y el marquesado de Córdoba. Ella y su marido Carlos Goyanes tienen interés en los títulos de su padre, y Cary espera «no tener problemas con mi hermano Manolo por los títulos. A él le importan muy poco, y a mí no mucho, pero lo hago por mis hijas».

Quien, por ahora, no parece decidida a plantear batalla por sus títulos es cierto personaje que ocupó todas las portadas tras el siniestro asesinato de sus padres. Se trata de Miriam Urquijo, hija de los marqueses cuya muerte a manos —al menos eso se dio por bueno en el juicio— del entonces su marido, Rafi Escobedo, supuso una auténtica conmoción nacional. Los títulos fueron a parar a Juan, el hermano de Miriam. Entonces, con el recuerdo del crimen todavía muy vivo y sometida a todo tipo de sospechas, Miriam no quiso reclamar sus derechos, pero ahora quizá pueda pensar, también ella, en sus hijos y pedirle a Juan que le devuelva lo que tal vez, y según la Constitución, le pertenece.

No deja de ser gracioso, aunque me temo que no para los protagonistas, que en las casas de los más recalcitrantes defensores del orden tradicional se presente, asimismo, el problema con toda su crudeza. Es el caso del propio ex decano de la Diputación de la Grandeza, el duque del Infantado, Iñigo de Arteaga. Su título pasará en primer lugar a su hijo, Iñigo también de nombre, ya marqués de Santillana y piloto de nuestras líneas aéreas, pero la hija mayor de éste, y por tanto futura heredera de las titulaciones, es una mujer, Almudena, conocida por ser una persona de vida y comportamientos liberales, lo cual irrita sobremanera al anciano abuelo, que ya cuenta ochenta y cuatro años. En parecido caso se encuentra otro ilustre veterano de nuestra aristocracia, el marqués de Mondéjar, Nicolás Cotoner y Cotoner. El jefe honorífico de la Casa de Su Majestad el Rey se ha hecho famoso por acumular títulos y pleitear continuamente por ellos. Pues bien, defiende con ímpetu el marqués el mejor derecho de los varones para todas las sucesiones y rehabilitaciones, pero se da la circunstancia de que en su propia familia la primogénita es una mujer, Marta Cotoner, casada con Valeriano Barreiros; es posible que a ella, pensando en su descendencia, las razones de su padre, que quiere dejar los títulos a su hijo Iñigo, conde de Tendilla, no le convenzan demasiado en el futuro. Marta, condesa de La Coruña, ha prometido por ahora fidelidad a la antigua tradición, pero asegurando también que ello no vinculará a los derechos de sus hijos.

Y si antes hablábamos de una de las grandes casas nobiliarias, la de Medinaceli, donde la guerra puede estallar, cabe señalar que la primogénita de esta familia no estará sola en la batalla. Pueden secundarla muchas más aspirantes a grandes duquesas. Sin ir más lejos sus parientes los Osuna, que tienen como primogénita a Marina de Gracia de la Torre Téllez-Girón y Duque de Estrada. También está el caso del ducado de Lerma, que correspondería a Clara Fernández de Córdoba en perjuicio de su hermano menor Fernando; el de Villahermosa, que quedaría en manos de Pilar de Urdaiz; o el de Miranda, que sería para Luisa Fernanda de Silva y Mendaro en perjuicio de su hermano José Javier.

Otra heredera que podría poner sus derechos encima de la mesa contra sus hermanos si quiere que su retoño herede alguna merced nobiliaria es Simoneta Gómez-Acebo. La hija de los du-

Isabel Hoyos, marquesa de Isasi, ha optado como muchas otras aristócratas por trabajar como relaciones públicas en el mundo de la moda. (Foto: *Tribuna*/Vegas.)

ques de Badajoz sabe que este título volverá a la Casa Real a la muerte de su madre y que ella únicamente podrá heredar el vizcondado de las Torres, que perteneció a su padre. O sea, que ésa es su única esperanza.

Otro título, también de alguien cercano al rey, en este caso por amistad, que podría ser objeto de discordia es el del marqués de Isasi, Jaime de Carvajal y Urquijo. El activo empresario y aristócrata se encuentra también con que el mayor de sus hijos es una hembra, Ana, y por tanto su herencia nobiliaria bien pudiera dar lugar a litigio; por otro lado, el artículo 14 de la Constitución favorece a su mujer, Isabel Hoyos, en el derecho a heredar el ducado de Almodóvar del Río por ser la mayor entre sus hermanos.

Unido también a don Juan Carlos por una estrecha y larga amistad está uno de los grandes títulos españoles, el ducado de Arión de Gonzalo Fernández de Córdoba y Larios. La primogénita del duque de Arión es Marina, casada con Jaime de Soto, famoso en el mundo de las finanzas por su participación en el escándalo de Ibercorp que envolvió a Miguel Boyer, Manuel de la Concha y Mariano Rubio. En la famosa boda de Marina estuvo el príncipe, cantando para más señas hasta el amanecer con sus hermanos, muy amigos suyos entonces y ahora uno de ellos algo menos por causa de ciertas fotos en las que salían el príncipe y su no-novia, que a lo mejor lo sigue siendo. De los hermanos de Marina, Joaquín, el mayor, que ya lleva los negocios familiares de la Agropecuaria con su padre y espera el codiciado título de los Arión, quizá hubiera cantado menos de saber lo que puede esperarle: que su hermana reclame en su día el título y éste se le escape de las manos tan rápidamente como su padre se escapó del castillo el día de la famosa boda de Marina y Jaime.

Ahora sigamos con las posibles reclamaciones. En ellas entran por igual los títulos más rancios junto a los más nuevos e incluso los «franquistas». Por ejemplo, el título de «la transición» concedido a Fernández Miranda. El ducado lo ostenta ahora el político del Partido Popular Enrique Fernández Miranda, pero su hermana mayor, Pilar, tiene derecho a reclamarlo. Varios títulos concedidos por Franco presentan similares problemas o pueden presentarlos en cualquier momento. Así pudiera plantearse el caso a los descendientes del famoso general Emilio Mola. El condado lo ostenta Emilio, el hijo del general, pero podría ser reclamado por su hermana Consuelo. Los descendientes del defensor del Alcázar de Toledo están en la misma tesitura: el condado del

Alcázar de Toledo lo tiene Luis Moscardó, pero podría ser exigido por la mayor de todos los hermanos, María del Alcázar.

Pero es que ni siquiera faltan entre los afectados ilustres periodistas. El director del monárquico *ABC,* Luis María Ansón, puede convertirse en marqués consorte de Cassasola, ya que su esposa Beatriz de Balmaseda es la primogénita de su familia.

Aunque ella dice que no quiere meterse en problemas, podría montar uno bueno la mujer de otro periodista, Pedro J. Ramírez, director de *El Mundo.* Se trata de la famosa e inteligente diseñadora Agata Ruiz de la Prada, que tiene la posibilidad de reclamar sus derechos sobre el condado de Castelldosrius. Agata explica así su situación y sus nulas ganas de meterse en líos: «Mi madre es la segunda en la primogenitura, pero mi tío no tiene descendencia, con lo cual los títulos pasarían a mi madre y luego a mí como primogénita. Pero yo no tengo mucho interés en el asunto. Cuando un duque inglés, el de Westminster, le dijo a Coco Chanel si le gustaría ser la nueva duquesa, ésta le contestó: "No, lo siento, duquesas ha habido ochenta y Coco sólo hay una". A mí esto de los títulos me da un poco de risa, y en mi familia se podría montar una muy gorda. Yo soy algo así como la oveja negra, y para colmo el título, que tiene grandeza de España, debería pasar luego a mi hijo Tristán, que es ilegítimo. O sea, que se liaría una buena.»

Por último, otra periodista, la directora de *Mari Claire 16,* Ana Rosa Semprún, es la hija mayor de los condes de Castillejo y por tanto quien tiene más posibilidades de quedarse con el título.

Además de periodistas, hay incluso financieros de primerísima línea en esta particular guerra de sexos de la aristocracia. Y hay disgustos. Como el que tiene Juan Herrera, ex presidente de Petromed, poderoso financiero y hombre con silla en muchos consejos de administración, que posee el título de marqués de Viesca de la Sierra. Juan Herrera nunca ha ocultado que quiere el título para su hijo, que ya trabaja codo con codo con él en los negocios, pero tiene una hija mayor que bien pudiera amargarle sus propósitos. Un viejo conocido suyo del mundo de los negocios, el conde de Gamazo, también puede verse en las mismas. Su primogénita es Regina Gamazo, casada con un miembro de una de las familias históricas de Banesto, Jacobo Argüelles.

Los que hemos citado hasta aquí son sólo algunos nombres de la guerra que se prepara y cuyas primeras batallas están ya librándose. Las van ganando las mujeres, pero la guerra promete ser larga, enconada y desde luego costosa para unos y enriquecedora para otros, los asesores judiciales.

Por el momento y, si el Constitucional no se lo remedia —y no parece se lo pueda remediar—, los integristas están que se suben por las paredes, porque la lenta pero definitiva maquinaria judicial los está machacando. Los más avispados, aunque preferirían seguir como hasta ahora, empiezan a pensar en alguna salida más airosa. La última es la idea de que el título sea una potestad personal del que lo ostenta, de manera que pudiera dejarlo a quien le viniera en gana. Pero esto plantea también muchos problemas, porque un título es en gran medida una cuestión de sangre. Alguno, como el convencido integrista duque de Vistahermosa, tiene una visión más pesimista: «Pues no sé yo. Un título es en esencia una discriminación positiva. Si no la permiten por sexo, tampoco debe permitirse por edad. Así que tal vez la solución sería que los posibles herederos se lo jugaran a los chinos.»

Capítulo VI

DE LA SILLA DE MONTAR A LA DEL CONSEJO DEL BANCO

Las dos sillas que más parecen gustar a los aristócratas españoles son la de montar y la del consejo de administración de cualquier banco. Y es que, si tenemos que definir a los verdaderos poderes de las familias nobles de ayer y hoy, no hay más remedio que hablar de latifundios y de finanzas.

La nobleza tiene su origen en los feudos, en la propiedad de grandes extensiones de tierra concedidas por hechos de armas o por otros menos guerreros pero también fructíferos. Sin embargo, mientras que en otros países, como Francia o Inglaterra, por ejemplo, fue la burguesía la que se lanzó a la construcción de los imperios industriales y por ende financieros como nueva y pujante clase emergente en la Edad Moderna, en España no ocurrió así. Por el contrario, fue la nobleza terrateniente la que asaltó el naciente mundo de las finanzas. Mientras tanto la burguesía, más raquítica y mucho menos poderosa que en otros países europeos, al ver que no podía imponerse del todo como clase hegemónica, optó por unirse a sus rivales y casar a sus hijos con los de ellos, en busca los unos de dinero y los otros de prestigio social.

Por último, la Corona española se dedicó a lo largo de todo el siglo XIX a ennoblecer con títulos no sólo a políticos y militares, metidos en los continuos enfrentamientos civiles, sino también a los pocos capitanes de la industria y el comercio que aparecían en lontananza. Así, resultó que en España los bancos no los creaban los burgueses, sino los marqueses, y se acabó formando el entramado que después se ha calificado como el «capital financiero-terrateniente» y que ha dominado la reciente historia económica de España. Este entramado está representado por los bancos, por aquellas famosas siete hermanas... Y en los grandes bancos no han faltado nunca ni tampoco faltan ahora los títulos nobiliarios.

El propio Banco de San Fernando, que daría origen al Banco de España, tuvo en el famoso marqués de Salamanca a su máximo promotor. El marqués había sido el creador del antiguo Banco de Isabel II, el cual fue fusionado con el de San Fernando. En ambos está el origen de la banca española, de la que puede decirse, por tanto, que su *alma mater* fue el mencionado marqués.

Los banqueros extranjeros que exportaron su poder financiero a España montaron en estrecha alianza con los aristócratas autóctonos, tres sociedades de crédito que dominaron nuestro país a finales del siglo XIX. Estas sociedades fueron el Crédito Mobiliario, la Compañía General de Crédito y la Sociedad Española Mercantil. Pues bien, en el consejo de administración del Crédito Mobiliario se sentaron los duques de Alba, de Galliera y de Rivas, amén del marqués de Ferrari. Otro duque, el de Abrantes, fue el primer presidente de la Compañía General de Crédito, a quien sucedió después otro aristócrata, el marqués de Alcañiz. El vicepresidente de la Sociedad Española Mercantil fue el duque de Sevillano.

Pero no hace falta ir tan lejos: la tradición se ha mantenido. En los consejos de administración de los grandes bancos, en cargos de primera línea o en los círculos de poseedores de importantes paquetes de acciones sigue habiendo multitud de aristócratas. En los bancos, en las grandes compañías eléctricas tan ligadas a ellos, en empresas de máxima importancia, en fin, en muchos centros de poder económico sigue habiendo nobles. Así que aquello de que la nobleza ya no tiene poder alguno ya puede el lector ir poniéndolo en cuarentena. Por si no se lo cree, mire usted esta breve relación de algunos, sólo de algunos, de los más importantes consejos de administración de nuestro país y vea cómo van saliendo aristócratas por todas las esquinas.

Los bancos de Bilbao y Vizcaya, ahora fusionados, han tenido como presidentes hasta hace bien poco a toda una sucesión de

Alfonso Escámez, recientemente agraciado con el título de marqués de Aguilas, uno de los financieros más poderosos de España. (Foto: *Tribuna*/Villar.)

apellidos a los que acompañaba un título aristocrático. Y para que no se perdiera la costumbre de que los bancos tuvieran presidentes con título, el rey don Juan Carlos ha seguido también la tradición borbónica de ennoblecer a banqueros y ha hecho marqués de Aguilas a Alfonso Escámez, quien fuera máximo responsable del Central-Hispano.

No es don Alfonso, con su recién estrenado título de marqués, el único representante de la nobleza en su banco. En el consejo se sientan también Luis Coronel de Palma, vicepresidente del banco y de Unión Fenosa, la poderosa eléctrica, y presidente también de Finanzauto y de Cristalería Española, empresas ambas de primera línea en el panorama español. Le acompañan otros importantes hombres de negocios con título, como Luis de Ussía y Gavaldá, conde de los Gaitanes, presente también en los consejos de Iberduero, Fenosa, Sevillana de Electricidad y del Banco de Fomento; Juan Alfonso de Güell, conde de Güell, y Javier Gil de Biedma, conde de Sepúlveda. Al fusionarse con el Hispano Americano aún se les han unido algunos más, como Alvaro Fernández Villaverde, marqués del Viso. También estuvo en el consejo del Hispano Americano, aunque ahora ya no lo esté, el buen amigo del rey y experto financiero Jaime de Carvajal y Urquijo, marqués de Isasi, presidente de Ford España y de Plus Ultra y consejero de Telefónica y Ceselsa.

En el Bilbao Vizcaya tampoco se quedan atrás, aunque muchos han pasado a un segundo plano estos últimos dos años. Actualmente están en la máxima dirección del banco tres consejeros con título: Fernando de Ybarra y López-Doriga, marqués de Arriluce de Ybarra; Juan Manuel de Zubiría, conde de Zubiría, presidente de Sevillana de Electricidad y consejero de Hidroeléctrica y Aslam, y José Raimundo Besabé, marqués de Miralrío, presidente de BBV Leasing y de Induban.

Para entender ese entramado que dirige (porque los sigue dirigiendo) los destinos económicos del País Vasco, basta echar un vistazo a la biografía, por ejemplo, del marqués de Arriluce de Ybarra, licenciado por Deusto en Derecho en 1953, alcalde de Guecho en 1964, presidente de la diputación de Vizcaya en 1967, procurador en las Cortes franquistas; subsecretario de Planificación y Desarrollo en 1967 y ahora ligado a ese poder bancario-eléctrico-industrial que poseen todas estas familias de similares trayectorias, con hombres que comienzan casi siempre en ese nido de capitanes de empresa creado por los jesuitas en

Juan Herrera, marqués de Viesca de la Sierra, un poderoso hombre de negocios. La aristocracia no ha perdido, ni mucho menos, algunos de sus poderes. (Foto: *Tribuna*/Villar.)

Deusto. De Deusto al banco y del banco (que es ahora el BBV) al poder.

Como el marqués de Arriluce hay muchos que ahora no están en el consejo del fusionado BBV, pero que sí están en empresas donde el banco tiene mucho que decir; en cualquier caso, es más que posible que vuelvan a sentarse mañana en el sillón o que lo hagan sus hijos. Son los casos de Manuel María de Gortázar y Landecho, conde de Superunda y de Ignacio Alzola y de la Sota, marqués de Yurreta Gamboa, consejeros ambos de Iberduero. O de Gabriel Chávarri y Poveda, marqués de Triano, y Eduardo Rodríguez Legorburu, conde de Asmir.

En el Banesto, otro de los grandes bancos, ha habido siempre nobles y los sigue habiendo. En su consejo se sienta el poderoso Juan Herrera, marqués de Viesca de la Sierra, presidente de Petromed hasta su venta por el banco y consejero de Pedro Domecq y de la Sociedad Española del Oxígeno. También tiene título Ricardo Gómez-Acebo, marqués de Deleitosa, que une a su silla en este consejo las de la Compañía Internacional de Coches-Cama, la de Unión Fenosa, la de Alcoholera y la de Azucarera, entre otras.

Ni siquiera el Banco Popular se libra de los nobles. Y además tiene uno de tronío y enorme fortuna: el marqués de Motilla, Fernando Solís y Atienza, presidente además del Banco de Andalucía. El marqués de Motilla, vinculado al Opus, como los co-presidentes del banco, los hermanos Vals, ha emparentado además con la familia número uno en títulos de la aristocracia: su hija Matilde se casó con Carlos Fitz-James Stuart, duque de Huéscar y primogénito de la casa de Alba. Ahora, tanto Cayetana como su consuegro Fernando ya tienen nietecitos, y el padre de éstos, el duque de Huéscar, ya está en los consejos de administración de Alcatel y de las Azucareras de Sevilla y del Ebro.

Junto a Fernando Solís y Alfonso Escámez hay otros aristócratas que presiden entidades bancarias. Entre ellos se cuenta la condesa con el título de mayor voltaje de nuestra aristocracia: Carmela Arias y Díaz Rábago, condesa de Fenosa, esto es, condesa de las Fuerzas Eléctricas del Noroeste, S. A., que preside tanto la gran compañía eléctrica de donde viene su título como el Banco Pastor, que tiene bajo su dominio. Por último, otro banco, el Herrero, también tiene presidente con título: Ignacio Herrero y Garralda, marqués de Aledo. En el Guipuzcoano no llegan a tanto; se contentan con un consejero, Antonio Marfia Murúa, marqués de Murúa.

Entre la condesa de Fenosa y otra gran financiera, Isabel Castelo D'Ortega, marquesa viuda de Taurisano, se podría establecer una competición de riqueza. Sin duda ambas estarían entre las diez mujeres españolas más ricas. La marquesa viuda de Taurisano es propietaria absoluta de la aseguradora El Ocaso, que tiene su sede frente al palacio de otra mujer sinónimo de aristocracia y dinero: la duquesa de Alba. Isabel Castelo, desde su despacho en la calle Princesa, que mira al palacio de Liria y quizá consciente de su fuerza económica, suele decir: «Cayetana nos mirará desde arriba, pero el dinero está en la acera de enfrente.»

La marquesa viuda se hizo famosa en el Madrid aristocrático por una increíble fiesta que ofreció el día de Reyes de 1988. A los postres, servidos por criados guineanos, llegaron los clásicos roscones con las tradicionales sorpresas envueltas en su dulce pan. Cuando la primera de éstas salió de su escondrijo y el noble que la descubrió se percató de que era de oro macizo, se desataron los nervios, que casi se convirtieron en histeria cuando lo segundo en aparecer fue una perla. Aquello fue una Troya, con la discreción aristocrática tirada por la borda. Los invitados olvidaron etiquetas, cuchillos y tenedores, y a manos limpias desmigaron las masas en busca de las joyas escondidas. Isabel Castelo rio lo suyo aquella noche, según confiesa a sus íntimos.

La marquesa viuda, excelentemente conservada y de buen ver, casó a su hija primogénita, Isabel Elena de Mandalúniz, marquesa de Taurisano y heredera de su fortuna, nada más ni nada menos que con el descendiente del descubridor de América, Cristóbal Colón de Carvajal y Gorosabel, hijo del almirante asesinado por ETA. El bueno de Cristóbal Colón, duque de Veragua y poseedor de algún otro título más y de muy poco dinero, consiguió enriquecerse con la boda, pero, empujado por doña Isabel, se ha metido en pleitos con los hermanos. Con lo buena persona que dicen que siempre ha sido, lo más probable es que no haya encajado muy bien esos enfrentamientos paternales. Pero es que, a lo que parece, doña Isabel quiere para sus nietos más títulos que los que hay en la acera de enfrente, donde viven los Alba, y está dispuesta a hacer lo que sea por conseguirlos.

Por tanto, vemos que en el gran poder financiero hay nobles hasta en la sopa, y tampoco faltan en otros consejos de administración más insospechados. Desde luego no están ausentes en las grandes constructoras. Por ejemplo, las dos mujeres más ricas de España, las hermanas Koplowitz, dominan el imperio de Construcciones y Contratas y sus filiales. Entre las dos tienen cinco títulos, pero ninguna de las dos tiene tanto rango en cuestión aristocrática como Carlos de Borbón-Dos Sicilias, cuarto en la línea sucesoria a la Corona, que se consuela siendo consejero de Dragados y Construcciones y de Cepsa, entre otras empresas.

El marqués de Alhucemas, Manuel Sainz de Vicuña y García Prieto, hasta hace poco secretario de la Diputación de la Grandeza y ardoroso defensor de los derechos varoniles a los títulos, tiene también otras actividades, además de la arquitectura, a la que dedicó buena parte de su vida proyectando algunos importantes paradores de turismo. El marqués, cuya familia estuvo siempre vinculada a la dirección del Banesto, está ahora más en la cosa de las bebidas y la perfumería: es presidente de Coca-Cola España y de Gal, además de consejero de Avón, de Warner Española y de la Sociedad Ibérica de Cartera.

Y si Alhucemas se halla rodeado de buenos olores, en pasta de madera andarán envueltos Carlos Aresti, conde de Aresti, y Francisco Goicoerrotea, marqués de Valdeterrazo, consejeros ambos de Papelera Española. Y seguro que a todos les puede endulzar la vida, si quiere él, claro, José Miguel Gómez-Acebo y Pombo, marqués de Cortina y vicepresidente de Azucarera Española.

A algunos les fueron las cosas algo mejor antes, pero tampoco es que les vayan mal ahora, como en el caso de Valeriano Barreiros, que casó con la condesa de La Coruña, María Cotoner y Martos, hija del que fuera durante muchos años jefe de la Casa Real, el marqués de Mondéjar. Otro aristócrata con poder en las finanzas es el conde de Cabanes, que fue el alma creadora de la banca Garriga-Nogués, pues él se llama precisamente así: José Garriga Nogués. Luego, ya saben, se encargó de ella Javier de la Rosa y sus agujeros no dejaron de salir en los periódicos.

Y periódicos tenían o tienen algunos nobles de tronío. Ocupaba, por ejemplo, un cargo importante en la Editorial Católica, que editaba el diario *Ya,* José Ramón Fernández Bugallal, conde de Bugallal. Siguen teniendo periódicos en sus manos los Luca de Tena. Torcuato, el que ostenta el marquesado, es presidente del consejo de administración de *ABC,* y Guillermo, su hermano, fue director del diario. Otro noble propietario de un importante rotativo es el conde de Godó, Javier de Godó y Muntañola, accionista mayoritario de *La Vanguardia* y que es también uno de los máximos co-propietarios tanto de Antena 3 de radio como de su ho-

El duque de Alburquerque y su esposa. Don Alfonso de Ossorio tiene uno de los perfiles más inconfundibles de la nobleza y desde luego no pasaba desapercibido cuando era uno de los mejores jinetes del hipódromo. Corrió incluso el Grand National inglés. (Foto: *Tribuna*/Villar.)

mónima televisiva. Bueno, lo fue antes de que le dejaran sin ella Conde y Asensio. A buen precio todo, eso sí.

La propiedad de la cadena Antena 3 les dio también a los Godó la del *Ya,* con lo que, desde luego, no se puede quejar la aristocracia de falta de presencia en los medios de comunicación. Dos de los periódicos punteros del Estado, tan sólo sobrepasados por el diario *El País,* están en sus manos, y por si fuera poco se hicieron con una gran cadena de radio y una emisora privada de televisión.

En fin, para qué seguir, aunque como remate hay que decir que existen empresas donde casi hace falta tener título para sentarse en el consejo, como Finanzauto. Ya decíamos que su presidente era el marqués de Tejada, pero es que el vicepresidente es Juan Alfonso Martos, marqués de Iturbieta, mientras que todo un Beltrán de Ossorio y Díez de Rivera, duque de Alburquerque, y Miguel Ossorio y Díez de Rivera, conde de Corzana, son consejeros.

EL PODER DE LAS HECTAREAS

Sin embargo, empresas aparte, lo cierto es que el todavía gran poder de la nobleza sigue vinculado a la propiedad de la tierra. Andalucía, Extremadura y La Mancha son el emporio del latifundio, aunque en menor medida existan algunos en zonas de la meseta norte, sobre todo dentro de las provincias de Salamanca, Valladolid y Zamora. No obstante, el sur y Extremadura son, sin duda, el lugar de asentamiento de inmensos «feudos» que los reyes cedieron a los nobles y que se transmitieron de generación en generación e incluso se ampliaron, como sucedió cuando las tierras de la Iglesia fueron puestas a la venta en la llamada desamortización de Mendizábal.

Para entender la estructura de la propiedad de la tierra en España hay que irse muy atrás: a la Reconquista. Las tesis del historiador Claudio Sánchez Albornoz al respecto han sido ahora constatadas estadísticamente por Luis Ruiz Haya, catedrático en la materia, de la universidad de Madrid, quien dice:

«Mientras que la conquista catalano-aragonesa no expulsó a los musulmanes, sino que los dejó en las tierras trabajando para sus nuevos señores, dando hoy lugar a pequeñas pero magníficas explotaciones de regadío y alta rentabilidad, desde Cataluña a

Murcia, la reconquista castellano-leonesa sí expulsó a los mahometanos, y dividió a España en cuatro áreas muy delimitadas: al norte de la cuenca del Duero, los reyes repueblan los territorios ocupados con ciudadanos que acompañaban la invasión, dando lugar a pequeñas fincas de explotación privada individual. Entre el Duero y el Tajo se produce la repoblación concejil, entregando las tierras a los concejos, que las explotan en fincas medianas y pequeñas. Entre el Tajo y el Guadiana son las órdenes militares y religiosas las que se quedan con la tierra en grandes fincas poco explotadas. Y del Guadiana hasta el mar, los señores de la nobleza, que habían emprendido la guerra con los reyes, reciben grandes territorios que conforman los latifundios de Andalucía.»

Son las tierras de los Medinaceli, de los Alba, de los Osuna, de los Infantado, de los Fernán-Núñez y de toda una buena lista de grandes de España cuyas propiedades, incluso hoy, sobrepasan a veces las 20.000 hectáreas por título. Porque el hecho de que en los últimos tiempos se hable poco del latifundio no significa que haya desaparecido; al contrario, subsiste, y quizá lo único que sucede es que cambia de manos, pero el latifundio es la mayor realidad de toda la España que va desde el río Tajo hasta el estrecho de Gibraltar.

Lo que no deja de resultar curioso es que hoy sea absolutamente imposible conocer el número de hectáreas que tienen en su poder algunas de estas grandes familias. Los últimos datos oficiales son nada más ni nada menos que los del Instituto de la Reforma Agraria, de 1936. Encabezaba entonces la lista de grandes terratenientes el duque de Medinaceli, con más de 79.000 hectáreas. Le seguían el duque de Peñaranda, que ostentaba también el ducado de Osuna, con 51.000; el duque de Villahermosa con 47.000, y el duque de Alba con 34.000. El marqués de La Romana casi llegaba a las 30.000, el de Comillas tenía 23.000 y con más de 17.000 figuraban los duques de Arión, de Fernán-Núñez y del Infantado. El conde de Romanones ocupaba la décima plaza, con 15.000 hectáreas. Por encima de las 10.000 estaban los condes de Torres Arias, de Sástago, la marquesa de Mirabel y el duque de Lerma. Con extensiones comprendidas entre las 5.000 y las 10.000 hectáreas se situaban el marqués de Riscal, el duque de Alburquerque, el conce de Elda, el duque de Tamames, el marqués de Viana, el conde de Toreno, el marqués de Narros, el conde de Mora, el duque de Sotomayor, la duquesa de Plasencia, el conde del Real, el duque de Alcudia y el marqués de Arienzo.

Otros treinta y ocho nobles poseían también extensiones entre las 5.000 y las 1.000 hectáreas como mínimo.

Las expropiaciones realizadas por la II República sobre muchas de estas inmensas extensiones de terreno fueron efímeras: el gobierno de Franco devolvió en su integridad las tierras requisadas, e incluso hubo avispados nobles que aprovecharon la coyuntura para acrecentar su patrimonio. Hoy la nobleza ha conservado gran parte de sus tierras, aunque es bien cierto que se ha producido un proceso de ventas que sin duda ha mermado en algunos casos los patrimonios, algo a lo que también han contribuido los repartos por herencias. Sin embargo, los nobles siguen teniendo gran parte de la propiedad de la tierra española, aunque no es posible saber cuánta. No, señores, en plena democracia eso es un secreto. Eso dice al menos el Instituto de Estadística. Hacienda, por su parte, dice que tampoco es posible hacer pública esa información, ya que «son datos confidenciales de la declaración de la renta». Sólo queda la vía del catastro y rastrear una a una todas las provincias de España. Sin embargo, ni siquiera así es fácil, ya que en muchos casos las fincas han sido puestas a nombre de sociedades que encubren muy bien a las personas físicas y tituladas que hay detrás. Un día le pregunté por ello al ministro Solchaga. Se mostró interesado, pero tampoco supo proporcionarme datos globales. El ministro acabó por confesar: «Estamos informatizando el catastro y sabremos cuántas tierras tiene cada uno, aunque muchas aparecen bajo nombres de sociedades anónimas. A ver si así les sacamos alguna perra, que es difícil sacársela a los que más tienen.»

Lo cierto es que, hoy en día, las haciendas de la nobleza siguen siendo un secreto. Se comenta, por ejemplo, que ahora son los Alba los primeros, pero no les miente usted el problema. Ya lo dice la duquesa: «Recuerdo perfectamente mis posesiones y mis títulos, pero no quiero hablar más de ello.» De ello, o sea de las hectáreas, no han hablado jamás, ni ella ni su consorte y administrador Jesús Aguirre. Los Alba, eso sí, parecen haber mantenido en gran medida sus posesiones, a pesar de las expropiaciones llevadas a cabo por la Junta de Extremadura, que han afectado a las fincas de «Cabra Alta» y «Cabra Baja», con unas 4.000 hectáreas en total. Los Alba pleitearon y seguirán haciéndolo mientras puedan, y es que con nada se conforman. Por lo que se sabe, tienen hoy más de 4.000 hectáreas sólo en Córdoba, distribuidas en diecisiete fincas, de las cuales doce se hallan en el mu-

El duque de Arión, Gonzalo Fernández de Córdoba, con su hija Marina el día del matrimonio de ésta con Jaime Soto y Colón de Carvajal, uno de los directivos de Ibercorp. Una boda que trajo otra para el duque, pues allí se enamoró de su actual esposa, María Reyes. (Foto: Tao.)

nicipio de El Carpio, suyo en casi un ochenta por cien. En Sevilla, su patrimonio se calcula en unas 6.000 hectáreas, y asimismo poseen importantes propiedades en Cádiz. En Extremadura añaden otras 6.000 hectáreas, y tienen también algunas grandes fincas en Salamanca. Esto es lo que se sabe.

No obstante, faltaríamos a la verdad si dijéramos que los nobles siguen manteniendo sus grandes latifundios en su totalidad. No, lo cierto es que en los últimos cinco lustros han ido perdiendo muchas de sus propiedades, quizá porque no todos han sabido hacer lo que don Gonzalo Fernández de Córdoba, duque de Arión, con la ejemplar explotación agraria que ha desarrollado alrededor de su castillo.

En términos absolutos y aproximados, podría decirse que de las 400.000 hectáreas que poseían entre unas veinte casas nobiliarias españolas hace unos sesenta años les pueden quedar en estos momentos alrededor de 150.000, lo que sin duda no está nada mal, aunque representa una rebaja considerable.

Así que, mientras que familias como los Alba han mantenido gran parte de su patrimonio, dejando las 34.000 hectáreas censadas en 1932 en unas 25.000 en la actualidad, otro caso bien distinto ha sido el de otras familias, como los Medinaceli, Osuna, Medina-Sidonia y Romanones, que por repartos o ventas han mermado sus respectivas haciendas hasta casi reducirlas a la nada en algunos casos, como el de los Romanones.

Estas ventas se han incrementado de manera muy decidida en los últimos tiempos. Ha tenido que ver con ello el ardor por la tierra y por la caza que siempre les entra a los nuevos ricos, los cuales se identifican rápidamente con los viejos gustos. Y si hay alguien a quien le guste más que a un aristócrata el «fincón», el ojeo y la montería, ése, sin duda, es un nuevo financiero, un Alberto, un Conde o un fabricante de pasteles. Así, en estos últimos años se ha producido una auténtica batalla por irles comprando sus tierras a los nobles, sobre todo si se encuentran en zonas de caza, como los montes de Toledo o de Sierra Morena. La finca del conde es el ansia primera del empresario de máquinas tragaperras, tras enriquecerse con el chorro de duros que le metemos en el bolsillo cada día. Ya que al título no puede llegar, ni falsificándolo, por lo menos se queda con la finca.

Y como parece que Hacienda se reserva sus datos, han tenido que ser algunos periodistas los que, sorteando muchas dificultades, han arrojado luz y datos sobre estos patrimonios y estos cambios de propiedad de los latifundios españoles. Javier Ayuso, de *El País;* Gonzalo San Segundo y Charo Rueda, de *Cambio 16,* y Fernando Vicente, de *Tribuna,* han sido quizá quienes más han contribuido con sus investigaciones a desvelar muchos enigmas y a que hoy pueda saberse qué ha sido de las tierras y quiénes las tienen ahora.

Un buen ejemplo de los avatares que han reducido la extensión de las propiedades lo tenemos en los Fernández de Córdoba. La finca del castillo de Malpica, en Toledo, tenía 9.000 hectáreas. Expropiada por la II República, fue devuelta en 1939, pero los planes franquistas de colonización volvieron a expropiar parte de ella, 4.800 hectáreas, dejándola reducida a 4.200. El viejo duque de Arión dividió después la finca entre tres herederos: el actual duque de Arión, Gonzalo Fernández de Córdoba, el marqués de la Puente, Jaime Fernández de Córdoba y Mariategui, y el hijo de la marquesa de Mirabel y duquesa viuda de Montellano, Hilda Fernández de Córdoba, Carlos Falcó y Fernández de Córdoba, marqués de Griñón. Los tres primeros herederos han convertido las 1.400 hectáreas que les tocaron por barba en modernas explotaciones agrarias.

Los Medinaceli, campeones absolutos en el ranking de 1937, con 79.146 hectáreas, han sido quizá los que han sufrido un mayor y más impresionante descalabro. Suyas eran tres de las más grandes fincas españolas, las cuales, tras diversos avatares, han pasado hoy a ser propiedad pública: La Almoraima, Doñana y Cabañeros.

El viejo duque, Luis Fernández de Córdoba, estaba casado con una Fernández de Henestrosa, de la que tuvo dos hijas: María Victoria, Mimi, la actual duquesa, y Paz, a quien dio el título de duquesa de Lerma, casada con el marqués de Larios. A la muerte de su primera mujer, don Luis se casó con su cocinera, Concha Rey, lo que conmocionó a la sociedad nobiliaria, sobre todo a la sevillana. Con doña Concha tuvo una hija, Casilda Fernández de Córdoba y Rey, a quien dio el título de duquesa de Cardona y hoy es la reciente viuda de Antonio Guerrero Burgos, el fundador y presidente del Club Siglo XXI.

Pero no fue el reparto de títulos lo que más nos interesa, sino el de propiedades. Así, mientras María Victoria recibía los títulos más importantes, que hoy conserva o ha dejado ya a sus hijos, Ana, Luis, Rafael e Ignacio, y Paz el ducado de Lerma, no tuvieron tanta fortuna en el reparto de las propiedades económicas.

La actual duquesa recibió, eso sí, el patrimonio vinculado al apellido, como la famosa Casa de Pilatos, y su hermana Paz una finca cerca de Tarifa. Pero poco más. La parte del león en cuanto a tierras se refiere fue a parar a la hija de doña Concha, Casilda, duquesa de Cardona. Esas grandes fincas que fueron a parar a ella son las que han acabado pasando a otras manos en las últimas décadas.

Así, La Almoraima, en Cádiz, con sus 17.000 hectáreas, fue vendida por la duquesa de Cardona a José María Ruiz Mateos por 700 millones de pesetas y luego expropiada en 1983 junto con toda Rumasa. Hoy pertenece al Patrimonio del Estado. Las otras dos son hoy el sinónimo de naturaleza y ecología en España: Doñana es parque Nacional, y Cabañeros (o al menos su inmensa mayoría, 24.000 hectáreas, pues 8.000 siguen perteneciendo a su último propietario privado, el naviero Aznar) ha sido declarada parque Natural por la Junta de Comunidades de Castilla-La Mancha, que, eso sí, ha otorgado fincas en su interior a propietarios que lo eran de otras en Anchuras, como los hermanos Moro o Jaime Soto y su esposa Marina Arión. Otra finca, Los Ardosos, en Jaén, fue también vendida por la duquesa de Cardona al financiero Juan Mojardín. En resumidas cuentas, a los Medinaceli les quedan hoy unas 2.000 hectáreas, si es que llegan, cosa sin duda nada de despreciar, por cierto.

Otro caso significativo es el de Carmen Silva Fernández de Córdoba, que hubo de desprenderse de la casi totalidad de las 13.000 hectáreas de regadío que poseía en Bazagona (Cáceres), muy próxima a la finca de 5.000 hectáreas vendida por Joaquín Pareja Obregón, conde de Prado Castellano.

Según fuentes del Colegio de la Propiedad Inmobiliaria de Madrid, puede estimarse aproximadamente en unas 300.000 las hectáreas que en los últimos quince años han pasado de la nobleza a los nuevos potentados económicos. Sin embargo, unos y otros siguen viviendo por lo visto en las mismas zonas de siempre, porque, según se afirma, sólo en Extremadura más de 600.000 hectáreas tienen su propiedad domiciliada en el barrio de Salamanca, en Madrid.

¿Quiénes son los que han sustituido a los nobles? Pues los nuevos poderosos del dinero en nuestro país, quienes para implantar modernos sistemas agrícolas —los menos— o para crear grandes cotos de caza, aumentar su patrimonio y demostrar su triunfo social —los más— han comprado casi todo lo que se ha podido comprar. Son los Samuel Flores (de quien se dice que puede llevar sus vacas desde Albacete a Sevilla pisando siempre tierra suya), los Abelló, los Conde, los Aznar, los Cortina, los Alcocer, los Gil y Gil, los Lao, los Franco, los Soto, los Raventós y los Botín, que hoy dominan de verdad el poder económico en España.

LA BATALLA DE LA «COSTA DE LA PANA»

Para comprobar hasta qué punto es esto cierto basta con irse a la llamada «Costa de la Pana», a los montes de Toledo, donde está el corazón cinegético de España. Allí se encontraban las grandes fincas de caza de la aristocracia. Hoy, los nobles siguen teniendo algunas tierras en la zona, pero muchas se han vendido. Empezaremos por las ventas, pero antes de que los nobles comiencen a dar pena, añadiremos la lista de las fincas que aún poseen.

Alicia Koplowitz, dos veces marquesa, parece querer escapar de la mano de su entonces marido Alberto Cortina. Luego quien se escapó fue él. (Foto: *Tribuna*/Villar.)

La finca de «La Gargantilla», que era uno de los orgullos de los Gamazo, ahora ya no lo es. Los hijos del conde vendieron sus 2.000 hectáreas, más de un cuarto de las cuales pasaron a engrosar la propiedad de «El Avellanar», de Alberto Alcocer, en Horcajo de los Montes (Ciudad Real), considerada entre las más fabulosas en cuanto a caza mayor se refiere. Por cierto, que tanto esta finca como la de su primo y en tiempos también cuñado, Alberto Cortina, «Las Cuevas», en el término de Las Navas de Estena, podían haber seguido teniendo propietarios entre la nobleza titulada si ambos no se hubieran separado de las aristocráticas y riquísimas Koplowitz, o si éstas se hubieran quedado en el reparto con ambas fincas. Es posible que al menos en las cabezas de los herederos de ambas parejas vuelvan tierras y títulos a juntarse. Así, al menos, está pactado en las capitulaciones de las separaciones.

Por los mismos senderos de la venta a «plebeyos» fueron la finca de 1.900 hectáreas que el duque de Pinohermoso tenía en Retuerta del Bullaque (Ciudad Real), hoy en manos del constructor Juan Banús Ferrer; la de «Los Manantiales», del conde de Yebes, Eduardo Figueroa y Alonso Martínez, cuyas 2.500 hectáreas están ahora en manos del ganadero Laurentino Carrasco; y la conocidísima entre los monteros de «Las Aulagas», en Solana del Pino (Ciudad Real), en su día propiedad del vizconde de la Montesina, Pedro Ceballos-Zúñiga, y hoy comprada por Andrés Elosúa, el conocido aceitero. En Madrid está «Valquejigoso», de 1.000 hectáreas, antigua propiedad del conde de Caralt, José María de Caralt, que ha ido a parar al dueño de unos restaurantes bien castizos de la capital de España, ya que Félix Colomo, su comprador, es el propietario de las Cuevas de Luis Candelas y La Posada.

Los nombres que más resuenan en la «Costa de la Pana» son ahora el de Mario Conde y su finca «La Salceda», los de los hermanos Lao, propietarios de un imperio de tragaperras y de la finca «El Molinillo»; los de sus competidores en el negocio de las tragaperras, los Franco, que se marcharon a comprar el uno a Avila «La Dehesa del Moro», en Pedro Bernardo, y el otro a Cuenca «El Tochar»; el de Emilio Botín y su «Luciana»; el de Marcial Gómez Siqueiras, ex presidente de Sanitas, y su «Carrizal»; el de Manuel Moreno, dueño de pastelerías Mallorca, y su «Allozar», el de Ramón Hermosilla, abogado, y su «Navalrosal»; el de Juan Rubio, de Aceites Toledo, y su «Cerrón»; y sobre todos ellos, mal que a algunos les pese, el de Juan Abelló, con su finca de «Las Navas», en Los Yébenes, donde el financiero no ha reparado en gastos para repoblar animales, vegetales y hasta minerales, ni en cartuchos para dedicarse a su mayor pasión: cazar.

Pero, ¿significa esto que los pobres aristócratas lo han perdido todo y que ya no tienen venados a los que montear? De ninguna manera. No sólo en los montes de Toledo, sino en los de toda España, algunos de los mejores cotos de caza, algunas de las fincas más ansiadas siguen en sus linajudas manos. Quien no se lo crea, que repase la significativa, aunque incompletísima lista, pues faltan centenares de nombres de terratenientes con títulos y fabulosas propiedades, que incluimos a continuación.

En los montes de Toledo, Abelló y su antaño socio y amigo Mario Conde (aunque la mujer de Juan Abelló, una Gamazo, Ana, se refiera a veces a él llamándole empleado, que lo fue de su marido en los laboratorios) tienen como vecinos nada más ni nada menos que al duque de Calabria, Carlos de Borbón-Dos Sicilias, propietario de la «Toledana I». Su vecina «Toledana II», pertenece a otro noble muy conocido en medios cinegéticos: el marqués de Laula, Iñigo Moreno de Arteaga, casado con María Teresa de Borbón y Borbón. Un marqués muy cazador en España y en todo el mundo, pues ha ido a buscar trofeos hasta la meseta de Altai, en Mongolia, a por un carnero salvaje, o al desierto nubio persiguiendo al arrui... Tal es su pasión, que por ella se metieron él y su hijo Rodrigo en un buen lío en Burgos, en la reserva nacional de la sierra de la Demanda, término de Neila, por cazar un corzo cuando no tenían los permisos oportunos en regla. Aquello fue un escándalo, y máxime cuando el marqués acusado de furtivismo era presidente de la Junta de Homologación de Trofeos de Caza, dependiente del Icona, y vicepresidente y delegado en España del CIC (Consejo Internacional de la Caza y Conservación), que agrupa a sesenta países.

El traspiés le costó una multa, la dimisión de sus cargos cinegéticos y la privación de licencia de caza durante cuatro años. Extraño error, porque sitios donde cazar desde luego no le faltan: suyas son, además de «Toledana II», «La Quebrada», en la sierra extremeña de Guadalupe, o «La Salenca», en los Pirineos de Lérida.

Pero no salgamos de Ciudad Real y Toledo, que sigue habiendo nobles de los que hablar. «La Garganta», en Almodóvar del Campo, es propiedad del duque de Baviera; «El Alamín», en

Santa Cruz de Retamar, es del marqués de Comillas; «El Castañar», en Mazarambroz, pertenece al conde de Mayalde; «Robledohermoso» y «Las Parrillas» en Hontanar, son de la riquísima marquesa de Taurisano, propietaria de Seguros el Ocaso; «Robledo de Montalbán», en San Pablo de los Montes, es una propiedad de la condesa de Yebes, descendiente del conde de Romanones; «La Dehesa del Cristo», en Oropesa, pertenece al conde de Gamazo; «Ventosilla» sigue estando en manos del famoso conde de Teba. Si nos acercamos a la vecina Gredos nos encontramos de inmediato con la finca de «Navaluenguilla», del marqués de Villanueva de Valduenza, don Alonso Alvarez de Toledo y Cabeza de Vaca, amigo de Laula y cuyo abuelo fue montero mayor de Alfonso XIII.

Algo muy similar a lo hasta ahora retratado ocurre en las tierras de caza extremeñas y es moneda de uso común en las serranías andaluzas, sea la Morena, la de Córdoba o cualquier otra donde haya trofeos y cuernas.

Y es que cómo no les va a gustar a los nobles la caza si el propio rey es quien tiene los mayores trofeos en ciervo y en macho montés. El ciervo lo mató en la finca de Samuel Flores, el ganadero, llamada «El Palomar», y el macho montés lo abatió en «Las Batuecas». Como siempre, hay malas lenguas que dicen que se los tenían preparados, pero fueron, sin duda, dos reales trofeos para un real rey.

La montería les gusta a los aristócratas de siempre, a los del dinero de ahora, y hasta al presidente del Gobierno socialista, Felipe González, que aunque lo oculte, se va de vez en cuando a los «Quintos de Mora», en los Montes de Toledo, o al «Lentisquillo» y al «Lugar Nuevo», en Sierra Morena, y se hace sus tiritos. Lo negaba siempre hasta que un día se fracturó un dedo arrastrando un venado. Desde entonces, lo sigue negando, pero menos, y los guardias de las fincas dicen que Felipe desde luego cazar caza, a no ser que ellos no vean, o que la persona a quien acompañan sea su doble.

Capítulo VII

MARQUESES DE VINOS Y MARQUESAS DE *BOUTIQUES*

El terrateniente aristócrata suele relacionarse con la estampa del montero. Sin embargo, hay otras imágenes igualmente significativas: la cría del toro y del caballo y la no menos noble y cada vez más productiva de los vinos. De hecho, muchos de los caldos españoles de prestigio llevan con orgullo el nombre de un marqués.

Los caballos y los toros han significado casi una seña de identidad para los aristócratas agrarios. No es por ello de extrañar que el presidente de la Federación Hípica sea el marqués de Artasona, Alfredo de Goyeneche y Moreno, y que los vástagos de las más ilustres casas realcen con sus nobles apellidos la lista de nuestros jinetes olímpicos, como es el caso del hijo de la duquesa de Alba, Cayetano Martínez de Irujo, tan conocido por sus triunfos en la competición como por sus noviazgos, ya que hasta se le adjudicó uno con la infanta Elena.

Sin embargo, como en todo, los nobles se han ido quedando también aquí en minoría, y son los hijos de los grandes financieros quienes disponen ahora de medios y los mejores purasangre para las competiciones. A pesar de todo esto, el día en que en la Feria de Abril de Sevilla o en la romería del Rocío no haya un aristócrata sobre un coche tirado por un espléndido tronco de mulas (como hace la duquesa de Alba si no hay peste equina de por medio) o a lomos de un cartujano, entonces sí que la aristocracia habrá entrado en su definitivo declive.

En el hipódromo, aunque no con la solera que tienen las aristocráticas carreras inglesas, donde *lores* y *ladies* compiten en sombreros de copa y pamelas, también es fácil encontrar a la aristocracia. Marita Villalonga fue la gran figura de los propietarios de cuadras, y nadie puede olvidar al duque de Alburquerque, Beltrán Alfonso Ossorio y Díez de Rivera, con el inconfundible perfil de jinete que lucía en sus años más jóvenes en el famoso Gran National inglés.

Otro noble, de una familia que une las tres aficiones, es decir, vinos, caballos y toros, es Juan Pedro Domecq, conde del Asalto, presidente de la Unión de Criadores de Toros de Lidia. Su apellido rememora con justeza ese Jerez de caballos cartujanos, ganaderías bravas y caldos dorados. Por eso se dice por allí: «En Jerez, o eres Domecq, o eres caballo.»

Bromas o veras aparte, lo cierto es que Juan Pedro sirve, o podría servir de ejemplo, a muchos aristócratas. En su día, el conde del Asalto se quedó con el encaste de Veragua, otro nombre con reminiscencias de nobles y descubridores, ya que es un título de los descendientes de Cristóbal Colón. Su familia posee también las reses bravas Jandillas, Torrestrella, Marqués de Domecq y el Torero. Juan Pedro Domecq sigue la costumbre familiar de llamarse Pedro, Juan Pedro o Alvaro, lo que convierte a la familia en un auténtico galimatías. Si hubiera que elegir ahora un patriarca habría tal vez que señalarlo en Alvaro Domecq y Díez, que fue alcalde de la ciudad y es el consejero de Pedro Domecq, S. A. Sus hermanos se llaman Pedro y Juan Pedro Domecq y Díez. Este último, casado con una hermana del marqués de la Motilla y presidente del Banco de Andalucía, Matilde Solís y Atienza, tuvo como heredero a Juan Pedro Domecq y Solís, de quien hemos hablado unas líneas más arriba, conde del Asalto por su matrimonio con María Teresa Morenés, que es también baronesa de las Cuatro Torres.

Son muchos los Domecq que añaden tras su nombre el consabido «propietario, agricultor y ganadero», tanto en la rama citada de los Domecq y Díez como en la de los Domecq de la Riva (José, Pedro) o la de los Domecq y Beltrán de Lis (Alvaro y José).

Si en Jerez sale siempre un Domecq al fondo, en el origen de las ganaderías de toros siempre hay un noble, aunque su realidad actual sea por demás plebeya. La mayoría ha seguido el camino de los encastes del conde de Santa Coloma, uno de los más codiciados, y más aún desde que al «cateto de Galapagar» le dieran tan buen resultado sus toros, que levantan expectación en todas las plazas: los «vitorinos» son sinónimo de peligro, pero también de emoción en el ruedo. Hoy, la ganadería del conde de Santa Coloma ni siquiera existe, pcro ahí ha quedado, al menos, el nombre. Algo parecido les ha pasado a los famosos Parladé. Algún toro más sale todavía con divisa noble en el nombre, como los del conde de la Corte.

También a algunos vinos sólo les ha quedado el nombre del marqués en la etiqueta, una vez que las viñas y las bodegas han pasado a sangres menos azules, pero otros muchos siguen estando en poder de las familias de toda la vida. Los Domecq son en este caso, de nuevo, paradigmáticos. Las propiedades de Pedro Domecq, S. A., se extienden ya no sólo por Jerez, sino por el Puerto de Santa María y Sanlúcar de Barrameda, e incluso han salido de Andalucía, extendiéndose por La Rioja y el Penedés catalán. Han llegado a cruzar el océano, y se elaboran caldos con su firma en Argentina, Brasil, Colombia, Venezuela y México.

Sin salir del «marco de Jerez», una de las zonas más importantes de nuestra cada vez más floreciente vitivinicultura, además de los Domecq son muchos los nobles metidos en el empeño de competir en todo el mundo con sus caldos. El marqués de Bonanza, Mauricio González Gordon, consejero delegado de González-Byass, es uno de ellos. Su bisabuelo dio a luz el conocidísimo Tío Pepe, y él sigue yendo cada día a sus bodegas, aunque ahora tenga que habérselas de vez en cuando con los trabajadores y sus reivindicaciones. Gajes del oficio. Podrá comentarlo, desde luego, con otro noble también propietario de bodegas: el conde de Osborne, Tomás Osborne.

Así que en España, y que me perdonen, porque no hay la más leve intención ofensiva sino todo lo contrario, los nombres de algunos marqueses lo que despiertan es el recuerdo del buen vino en el paladar.

Decenas de caldos españoles llevan sus títulos. Unos, como Alfonso Escrivá de Romaní, marqués de Monistrol y conde de Sástago, dos veces grande de España, o como Juan Peláez Fabra, marqués de Alella y de Aguilar de Vilahur, pertenecen al consejo de administración de sus bodegas. Aunque ahora a Juan Peláez, más que por los vinos, se le conoce por sus confidencias al periodista Jesús Cacho en el asunto de Ibercorp. Otros, como el marqués de Cáceres, Juan Noguera Merle, no tienen demasiado que ver en la propiedad, pero sí se ocupan de su promoción y distribución.

El padre del actual marqués de Cáceres, una de las etiquetas de mayor prestigio entre nuestros riojas, era valenciano y de ideas republicanas, que le costaron el exilio. Negoció con su paisano Juan Forner el nombre del vino que hoy, más de veinte años después, se pasea por el mundo. El hijo se dedica al negocio del vino, que compagina con el de las naranjas, pero ha cambiado de ideología: «Un rey nos dio el título, y el rey Juan Carlos me ha autorizado a que lo siga llevando. Lo normal es que yo me sienta vinculado a la Corona, si no, debería dejar de ser marqués», declara.

La marquesa de Riscal, Belén Hurtado de Amézaga y Armada, es accionista de una sociedad controlada por los Gandarias, unos industriales vascos a cuyo abuelo conoció el de la marquesa cuando ambos estaban en la cárcel condenados a muerte. Se salvaron e hicieron algo juntos: lanzar un gran vino en una tierra que siempre había sido tierra de buenos vinos.

Y es que hay que ver lo bien que sienta un nombre de marqués a un vino, lo que viste y la carta de presentación que supone. Quizá sea por eso de que los buenos vinos ganan con los años y los títulos se hacen más honorables cuanto más tiempo pasa. Que se lo pregunten si no a nuestro ya conocidísimo y emprendedor marqués de Griñón, Carlos Falcó, quien, empeñado en su proyecto vitivinícola, no duda en utilizar su historia familiar e incluso la relación con el rey de España en la propaganda de sus caldos, comercializados por Vinexco. En la publicidad de esta empresa se afirma que el marqués cultiva las vides en su finca «Casadevacas», propiedad de la familia desde que fue conquistada a los moros en el siglo XII. Más recientemente, el padre del señor Falcó ayudó a negociar la educación del rey don Juan Carlos en España durante el régimen del general Franco. De hecho, parte de los estudios del actual rey fueron conducidos en el hogar de los Falcó en Madrid. El rey ha acudido a algunas cacerías en «Casadevacas»; el texto de promoción publicitaria dice: *Marqués de Griñón, la historia detrás de los vinos.*

Luciano Murrieta García Ortiz, marqués de Murrieta, fundó las bodegas riojanas que llevan su nombre allá por el año de 1840. Luego, en colaboración con el duque de la Victoria, compró en 1870 la finca «Ygay» y construyó la segunda y actual bodega. En 1983, sus herederos la vendieron, pero, para gozo aristocrático, no cayó en otras manos sino en las del conde de Creixell, Vicente Cebrián Sagarriga, que no sólo no se ha detenido en el glorioso pasado, sino que ha impulsado la ampliación del negocio. Lo mismo hace otro activo marqués, el de Vargas, Pelayo de la Mata, que no contento con el Viña Salceda ya tiene listo para sacar al mercado un nuevo caldo riojano con su título nobiliario como nombre.

Carlos Falcó, marqués de Griñón, es un hombre emprendedor que ha superado todas las dificultades hasta colocar sus vinos en el mercado internacional. (Foto: *Tribuna*/Antonio Catalán.)

Sin embargo, no sólo en La Rioja, en el «marco de Jerez» o en la Mancha hay aristócratas detrás de los vinos. En la verde Galicia también es fácil encontrar su pista detrás de las marcas de los mejores caldos. Tras el Fefiñanes hay un edificio del siglo XVI y un hidalgo, Miguel Gil Pajares, padre del actual propietario, Juan Gil Armada, y en el *pazo* de Barrantes volvemos a encontrar al conde de Creixell, Vicente Cebrián, descendiente de aquel don Dalmau que en las Navas de Tolosa arrebató el pendón de batalla a los almorávides. Dueño y señor de una de esas características haciendas solariegas de Galicia presididas por un *pazo,* dirige allí una bodega que, si bien es de pequeña cabida, consigue inmejorables sabores. Ocho hectáreas de viñedo dan para 57.000 kilos de uva, que es lo que recogió, en 1991, y para un vino blanco afrutado y suave.

Todos los nobles anteriores están, bien como actuales propietarios, como co-propietarios, como gestores o como simples empleados, vinculados de forma personal a las marcas que llevan sus nombres. Otros simplemente han alquilado su título para el bautizo del caldo. Es el caso del marqués de Villamagna, un grande de España, bohemio y sin mucho dinero, que le saca así unos cuartos a sus mercedes nobiliarias. En otros casos el vino perteneció en su día al noble que lo bautizó con su nombre y hoy, aun habiendo pasado a otras manos, sigue conservando su impronta: es el caso, por ejemplo, del Duque de Alba, el Conde de Caralt, el Conde de los Andes, etc.

MARQUESAS DE *BOUTIQUES*

Si a los vinos le viene bien un apellido de marqués, las casas comerciales han descubierto que nombrar como relaciones públicas a una aristócrata es cosa que da mucho fuste, sobre todo si se trata de perfumes, joyas, moda y otras delicadezas de las que valen caras y proporcionan eso tan difuso que se llama «estilo». Ahora, abre uno una revista y allí están las nobles poniendo la cara, aunque en el fondo lo que hacen es ganarse los duros a base de representar. Y es que, dados los tiempos que corren, hay que trabajar, pero no se van a poner a hacerlo en asuntos de poco «estilo», claro, así que se han percatado de que las relaciones públicas, que es algo tan poco definido como «la clase», les van como anillo al dedo. Por su parte, las empresas han pensado que sí, que eso está muy bien.

Por lo visto sale mucho mejor con las señoras, pues los de Fiat Ibérica se trajeron a Alessandro Lequio y les salió, como vimos, fatal. En cambio, a los otros con las aristócratas les va de perlas. Por ese mundillo anda con elegante firmeza Beatriz de Orleans, vinculada a la casa Christian Dior, a la cual representa a las mil maravillas y en todos los sitios. A Beatriz, de soltera Pasquier de Flancieau, le viene el título por su matrimonio con el hijo del conde de París, Miguel de Orleans y, aunque muchos no se lo creen, es un título legítimo, concedido y autorizado con todas las de la ley por la República Francesa. La patria de la revolución burguesa sólo consiente dos casas nobles: la del conde de París y la del mariscal Murat. Son cosas del compromiso republicano-monárquico francés, siempre con permiso de los integristas, que quieren a nuestro Luis Alfonso de Borbón para el trono.

Beatriz es paradigmática, pero otras muchas mujeres, con o sin título pero con entronque aristocrático, están en su misma onda: Cary Lapique promociona joyas, Tessa de Baviera anda con sus modas y Marisa Yoldi, conocida como Marisa Borbón por su matrimonio con Carlos Alfonso de Borbón y Escasany, promociona a Loewe.

Entre las parientes del rey, Elena de Borbón es relaciones públicas de Versace, y Giovanna Marone tiene una empresa con su socia María Teresa Sánchez Merlo que lleva las firmas L'Oreal, Cacharel, Bulgari y Vugaró, entre otras. La sobrina de don Juan Carlos, Simoneta Gómez-Acebo, es relaciones públicas de la joyería Cartier.

La famosa Carmen Rossi, tras sus inicios como cronista de moda para Antena 3 TV, en unos programas donde se vio que Dios no la había llamado por la senda de la comunicación, trabaja también para Versace. Melinda Rúspoli, marquesa de Boadilla del Monte, es la directora de relaciones exteriores de Chanel en España.

María Isabel Alvarez de Toledo, duquesa de Medina-Sidonia, una de las «grandes» por antonomasia pero la más atípica, rebelde y de izquierdas de las duquesas. Una gran historiadora. (Foto: *Tribuna*/Sánchez.)

La última en meterse en el mundillo ha sido la marquesa de Isasi, Isabel Hoyos y Martínez de Irujo, quien ha sido nombrada relaciones públicas de la firma italiana Giorgio Armani. La mujer de Jaime de Carvajal y de Urquijo se declara encantada con su trabajo. Tanto como su hija Vicki con el de periodista. Sin embargo, dejando «trapos», joyas y perfumes aparte, para quedar bien, lo que se dice bien, y de culta, lo mejor es tener una galería de arte como la de Pilar Garralda, duquesa de Grimaldi. O aún mejor, ya en plan intelectual, cosa que entre los nobles se da muy poco, montar una editorial, como lo hizo el conde de Siruela, Jacobo Martínez de Irujo, el hijo de la duquesa de Alba. Una editorial cuidada y con prestigio que dice bien a las claras que lo de Jacobo no era un capricho. El conde de Siruela ha hecho un gran favor a las letras mundiales y a la cultura española. La editorial tuvo más fortuna que el gimnasio que montó su encantadora consorte María Eugenia Fernández de Castro Fernández-Shaw, apellido también de cultas reminiscencias. El gimnasio estaba muy en la onda de la moda *jet* y de lo que no es *jet* del culto al cuerpo, pero no debió de ir muy bien y María Eugenia optó por cerrarlo.

Quizá nuestra grande de España más leída sea la duquesa de Medina-Sidonia, Isabel Alvarez de Toledo, quien fue encarcelada y exiliada por Franco por defender a los pescadores y criticar al Gobierno en el caso de la bomba de Palomares. Conocida como «la duquesa roja», Isabel es nuestra aristócrata más atípica, y no duda en decir que «poseer título es lo mismo que tener los ojos azules», es decir, que no se hace nada por conseguirlo. Sin embargo, ella ha hecho una cosa que, en principio, como muchas de las que hace la historiadora —pues eso es, y de las buenas, nuestra duquesa—, escandalizó a sus siempre prestos a escandalizarse compañeros de grandeza de España: alquilar habitaciones de su palacio de Medina-Sidonia para seguir manteniéndolo. Entonces fue muy criticada en todos los cenáculos, pero hoy son muchos los que han pensado que es una solución para no tener que desprenderse de los históricos edificios y poder mantenerlos. Así, los Medinaceli alquilan la Casa de Pilatos para fiestas de alto copete, y el conde de Lebrija, Eduardo de León y Manjón, su palacio del siglo XVI. También en Sevilla, los marqueses de Salinas decidieron este año alquilar a la empresa Alcatel parte de su palacio a cambio de que les costeen la restauración del edificio. Incluso, y a pesar de los enérgicos desmentidos de Jesús Aguirre, «alguien» se atrevió a ofrecer el palacio de las Dueñas de los Alba a la firma Dior. Sin permiso de la duquesa, ¡claro!

RELIGION, POLITICA Y DIPLOMACIA

La «duquesa roja» ha sido siempre pionera. Pero en el otro extremo, también pionero, se podría poner a otro noble, aunque muy pocos sepan que tenía título. Y ese sí que debe de tener poder, sobre todo desde que lo beatificaron el pasado 15 de mayo. Me refiero, claro, a José María Escrivá de Balaguer y Albás, el fundador del Opus Dei. No sé si está reñido o no con la humildad que supuestamente debe acompañar a la santidad, pero lo cierto es que monseñor rehabilitó el título de marqués de Peralta en el año 1972, el cual finalmente pasó a su hermano Santiago, que lo ostenta en la actualidad. El título del beato del Opus proviene de una rama de su familia, los Blanc, un linaje que vino de Francia y se estableció en Aragón. Según cuenta en su libro el sobrino de Escrivá, Carlos Albás, en 1845, los Blanc vivían ya en Barbastro. El título de marqués de Peralta —de origen carlista, ratificado luego por los borbones— lo llevaba Bernardino Blanc. Sus hermanos eran José María, obispo de Avila; Luis, un anarquista revolucionario; Pabla, monja superiora de las Adoratrices de Barbastro; Felipe, abogado y consejero del ferrocarril Madrid-Zaragoza; Dolores, casada con Juan Albás, y Florencia, casada con Pascual Albás. Estos últimos serían los abuelos del fundador del Opus Dei.

Cuando José María Escrivá solicitó la rehabilitación del título el 24 de enero de 1968, al mismo tiempo que su hermano Santiago solicitaba el de barón de San Felipe, que le fue denegado, sabía perfectamente que en la línea sucesoria había muchos Blanc con «mejor derecho» al mismo, por lo cual buscó la forma de que sus primos no lo reclamaran. Así, escribió dos cartas a José María Blanc Iruretagoyena, preguntándole si iba o no a oponerse a sus pretensiones. Al no recibir respuesta, envió a Alvaro de Portillo, entonces su hombre de confianza y ahora actual prelado del Opus, a hablar con su primo. Este —según relata Carlos Albás— contestó con socarronería: «Dile a mi primo que a mí no me interesan esas cosas mundanas. Lo puede solicitar tranquilamente. Ya sabe que yo no estoy para esas banalidades. Tengo mi vista puesta en el cielo.»

Una vez concedido el título, el escándalo fue bastante sonado, incluso en el interior de la Obra. La fórmula entonces encontrada para salir del atolladero fue decir que el título se había rehabilitado por «piedad filial»; o sea, que Escrivá no lo quería para él sino para su hermano. Parece, sin embargo, que don José María se lo pensó y repensó, consultó y reconsultó hasta que se convenció de que el marquesado no era afín a la humildad que pregonaba.

Carlos Albás, quien no está muy de acuerdo con la santidad de su tío y menos aún con el cómo y con la velocidad de vértigo con que se le ha otorgado la beatificación, señala que esto del título más bien parece un acto de soberbia, y que en la familia no saben muy bien de dónde proviene. «Cuando mi tío sacó el título de marqués de Peralta fue algo que ninguno de nosotros entendió. Nunca supimos si venía de la rama Balaguer o de la de Albás, pero nosotros nunca nos hemos considerado aristócratas. Mi abuelo era fabricante de chocolate, mi bisabuelo criaba ganado y mis antepasados anteriores eran campesinos.»

Sin embargo, diga lo que diga el sobrino, para la legalidad española, el fundador del Opus Dei fue marqués, y para la iglesia española es beato. Y además, poderoso, ya que el Opus Dei es hoy la organización eclesiástica con mayor poder económico y financiero. Banqueros como Luis Valls, presidente del Popular, y políticos como Federico Trillo o Isabel Tocino se enorgullecen de pertenecer a la Obra, a la que también pertenecieron todos los famosos «Lópeces», los ministros franquistas autores del plan de estabilización de los sesenta. El Opus manda mucho, y no son tampoco escasos los aristócratas que se encuentran metidos en su particular entramado: sin ir más lejos, el marqués de la Motilla, presidente del banco de Andalucía y consuegro de la duquesa de Alba.

Pero para muchos, poder significa también política. Parece claro que la nobleza ya no es hoy como lo fuera antaño una fuerza política decisiva. Ni siquiera existe un partido monárquico en España, quizá porque a muy pocos se les pase por la cabeza pensar en traer la república. Mucho menos de recibo sería un partido aristocrático. Sin embargo, ha seguido habiendo nombres de nobles en la política, y los sigue habiendo en un ejercicio que fue implícito a muchos de ellos: la diplomacia. La tradición diplomática de la nobleza española ha sido una constante, y aunque hoy los grandes de España ya no tienen, por el mero hecho de serlo, pasaporte diplomático, eso no significa que no exista todavía un amplio grupo de hijos de la nobleza que sí lo poseen.

Quizá el diplomático de mayor rango en la actualidad sea el conde de Casamiranda, Carlos Miranda, embajador de España ante la OTAN y casado con Odete Suárez de Puga, la secretaria particular de Carmen Romero, esposa de Felipe González. Sin embargo, en el escalafón nobiliario sólo es conde, mientras que el secretario general de cooperación con la Unesco, Ramiro Pérez-Maura, es todo un duque, el de Maura. Entre los embajadores en activo hay también algún apellido ilustre de la aristocracia, como el del conde de Sierra Gorda, Joaquín Martínez Correcher, embajador de España en Suiza.

En definitiva, un buen número de aristócratas diplomáticos, cerca de una veintena, ejercen actualmente, y otros muchos lo han hecho en épocas recientes. Uno de nuestros diplomáticos históricos fue Juan Luis Pan de Soraluce, que era conde de San Román. Desempeñó el puesto de embajador en Suiza y Austria y fue presidente del Consejo Superior de Asuntos Exteriores, organismo del que era vicepresidente otro noble: Santiago de Churruca y Plaza, conde de Campo Rey. Su hermano, Pedro de Churruca y Plaza, marqués de Aycirema es también diplomático de carrera, además de estar emparentado con José María de Areilza. El duque de la Torre, Leopoldo Martínez de Campos Muñoz, Jaime de Forondona, marqués del Vado y Jaime Aguirre de Cárcer, conde de Andino, son otros nobles que han dedicado también parte de su vida a estos menesteres.

Ya que en la escuela diplomática son muchos los vástagos nobles que estudian, no es raro que los haya también en la dirección, como lo estuvo en calidad de director adjunto Santiago de Mora-Figueroa y Williams, marqués de Tamarón y de Saavedra. Pedro Temboury de la Muela, conde de Labajos, se especializó en Africa y ha sido embajador en Burkina Faso, Níger y más recientemente en Costa de Marfil. Y del calor de los trópicos a la fría Finlandia, donde fue embajador Fernando Sartorius y Alvarez de las Asturias Bohorques, conde de San Luis y vizconde de Priego, hermano del conocidísimo dirigente de Izquierda Unida, Nicolás Sartorius. Cuando este último llegó al parlamento español hace ya algunos años, resultó que su ilustre apellido no cabía en el ordenador. Algunos se sorprendieron y no tardó en hacerse *vox populi* que pertenecía a una de las familias más aristocráticas del país. Sartorius, quien sostiene que el hecho de su vida del que más orgulloso se siente es el de haber contribuido a fundar Comisiones Obreras, suele sonreír ante las preguntas sobre su nobleza de origen y responde siempre con un educado «yo no ejerzo ni he ejercido nunca de ello». Sin embargo, no le importa posar ante el cuadro de su ilustre antepasado, el conde de San Luis, que preside uno de los corredores del edificio de la Carrera de San Jerónimo, en recuerdo de que un día presidió nuestras Cortes, además de ser visitante de alguna sala más íntima del palacio de Isabel II.

No es Nicolás Sartorius el único miembro de familia aristocrática en el Congreso. Incluso hubo, tan sólo hace unos años, dos ministros que tenían títulos en la familia: José Barrionuevo y Joaquín Almunia. El primero es hijo del vizconde de Barrionuevo, un título carlista rehabilitado el 7 de enero de 1983, o sea, con los socialistas en el poder. El vizconde resultó persona de armas tomar, y fue famoso un altercado suyo en el metro madrileño, con muchas voces y algún empujón. De su hijo el ministro se sabe que también tuvo alguna veleidad juvenil no precisamente socialista sino carlista, pero luego se entregó en alma y cuerpo a la causa: dos ministerios, Interior y Transportes, han sido por ahora su premio.

Joaquín Almunia dirigió otros dos ministerios: Trabajo y Administraciones Públicas. En su familia no hay uno, sino dos títulos nobiliarios: los marquesados de Tejares y Rubalcava.

Ministro fue también por partida doble —Educación y Justicia— el ya citado barón de Carondelet, más conocido como Iñigo Cavero, que no sólo es noble de rancio abolengo, sino de actualísimas riquezas. Tampoco anda descalza la ahora portavoz del PP en el ayuntamiento de Sevilla, Soledad Becerril, marquesa consorte de Salvatierra y que fue en su anterior partido, la UCD, la primera mujer ministro de nuestra actual democracia. Incluso una misma familia noble ha desempeñado funciones de relevancia en los dos partidos que han ocupado el gobierno desde 1977 hasta la fecha: UCD y PSOE. Jaime Lamo de Espinosa y Michels de Chapourcin, ex ministro de Agricultura con la UCD, es el actual marqués de Mirasol, mientras que su hermano Emilio, aunque no tiene título, ocupa importantes cargos en el PSOE.

Un noble al que se le ha conocido casi tanto por su título como por su nombre de pila, ha sido el conde de Motrico, José María de Areilza, desde que fue alcalde de Bilbao tras la entrada de las tropas franquistas hasta el papel representado en los últi-

El duque de la transición española, Adolfo Suárez, se presentó en la sociedad aristocrática y confesó no conocer a nadie, excepto a Sus Majestades y a José Luis de Villalonga. (Foto: *Tribuna*/Carlos Alvarez.)

mos años del franquismo y primeros de la transición. Su cargo más alto fue el de ministro de Asuntos Exteriores.

Sin embargo, nadie llegó más alto que Adolfo Suárez en la política de los años setenta: primero fue presidente del Gobierno. Cuando dimitió se le concedió el título de duque y ahora, cuando las urnas parecen haberle vuelto definitivamente la espalda, se consuela con él. Quién sabe si cuando el socialista Felipe González deje de ser presidente el rey le hará alguna gracia parecida. ¡La cara que pondrían los grandes de España si sucediera tal cosa! Claro, que también sería de alivio la que se les podría quedar a las bases socialistas y a don Pablo Iglesias si levantara la cabeza.

Otro noble con título heredado de la transición gana importancia de día en día. Se trata de Enrique Fernández Miranda, duque de Fernández Miranda, parlamentario en el Congreso por la provincia de Guadalajara (con la que no tiene nada que ver) y miembro del PP, de cuya dirección forma parte. En concreto es responsable de Acción Sectorial. Enrique es hijo de Torcuato, mentor de tantos políticos y personalidades en la transición y casi el hombre que en la sombra, y por parte del régimen, la condujo. Preceptor del rey Juan Carlos, su hijo lo ha sido ahora del príncipe.

En relación con aquellos primeros tiempos de la transición, nadie puede olvidarse de lo que significó la apuesta por la reforma política de Miguel Primo de Rivera, duque de Primo de Rivera, título otorgado por Franco al fundador de Falange. Miguel fue el consejero nacional del Movimiento que, con su toma de postura y discurso en aquellas orgánicas Cortes, provocó aquel *harakiri* colectivo del que brotó en buena medida la democracia española.

Aún nos queda algún noble más que citar, como Guillermo Perinat, al que incluso hemos exportado, pues es eurodiputado por el Partido Popular, además de grande de España, marqués de Campo Real y marido de Nieves Escrivá de Romaní y Morenes, marquesa de Alginet.

En todo caso, el poder más acorde con la nobleza siempre ha parecido que era el de las armas, y algo de esto sigue habiendo. Si entre las familias nobles hay una treintena de diplomáticos de primera línea y algunos destacados políticos, entre los militares actuales de alta graduación se encuentra toda una legión de títulos. El ex decano del Consejo de la Diputación Permanente de la

Luis Carrero Blanco Pichot, duque de Carrero Blanco e hijo mayor del almirante asesinado por ETA, que ha llegado también al almirantazgo. (Foto: *Tribuna*/Carlos Alvarez.)

Grandeza de España, Iñigo de Arteaga, duque del Infantado, alcanzó en el ejército español la graduación de teniente general y llegó a ejercer el mando de la Capitanía General de Andalucía. Ya en la democracia, Alvaro Lacalle Leloup, conde de Torrejón, fue presidente de la Junta de Jefes de Estado Mayor, esto es, el máximo cargo dentro de las fuerzas armadas. Muchos otros han llegado también al generalato, en tierra y aire, o al equivalente grado de almirante en la marina, cuerpo éste que parece gozar de mayor favor aún por parte de los nobles; los Sánchez Barcaiztegui o Ignacio Martel Viniegra, marqués de San Fernando, son buenos ejemplos de ello. Otra carrera brillante en la marina es en la actualidad la de Luis Carrero Blanco Pichot, hijo del almirante y presidente del gobierno asesinado por ETA, que heredó la dignidad de duque de Carrero Blanco concedida a título póstumo a su padre y que también ha llegado brillantemente al almirantazgo. Luis Carrero Blanco pasa por ser, además, uno de nuestros marinos más capaces. En resumen, que en el Juan Sebastián Elcano, nuestro buque escuela, donde los jóvenes cadetes se preparan para el mando, no falta nunca la representación de la nobleza entre los aspirantes.

Tampoco faltan nobles en el ejército de tierra o en el del aire. Los ejemplos de los generales José María Alvarez de Toledo y Mencos, conde de la Ventosa o de José Joaquín Márquez y Alvarez de Toledo, duque de Santa Cristina, están ahí para demostrarlo. Pero es que hay familias completas dedicadas a la milicia, títulos que parecen predestinados a la vida de las armas, como son los casos del marquesado de Esteva, la baronía de Finistrat o el condado de Morphy, varios de cuyos herederos visten el uniforme de los ejércitos españoles.

Sin duda, de la carrera de las armas y del fragor de las batallas vienen muchos de los más rancios títulos aristocráticos españoles, y de ahí proceden también algunos de los más recientemente concedidos, aunque no lo fueran por un rey. Son los títulos otorgados por Franco a sus compañeros de la guerra civil, y que nadie ha desautorizado posteriormente. A ésos nos vamos a referir en el próximo capítulo. Antes, y para terminar éste, habrá, sin embargo, que repasar algunos nombres. Quizá salen poco en los periódicos, pero son cada vez más numerosos: el noble de clase media, el profesional liberal, el funcionario o el empleado de una empresa que es además un señor con títulos. Son los casos de la vizcondesa de Matamala; Carmen Ruiz García-Durán, profesora de inglés; el conde del Pozo Ancho del Rey, Joaquín Llorens, inspector del SENPA, y tantos otros economistas, abogados, ingenieros o médicos. Porque también hay que decir que, aunque hayan perdido poder, es difícil encontrárselos en la indigencia. Sin embargo, algunos de ellos reconocen que alguna vez han tenido dificultades para pagar a plazos las poco más de doscientas mil pesetas que cuestan las transmisiones directas de títulos, e incluso han necesitado pedirlas prestadas a la Diputación de la Grandeza de España. El caso, casi la leyenda, que más se cuenta de un aristócrata arruinado es el del marqués de Cabras, de quien se llegó a afirmar que hubo de poner un puesto en el Rastro madrileño para sobrevivir.

Sin embargo, y por lo general, los nobles españoles tienen poder, tienen fuerza, y ahora hacen relucir con renovado ímpetu sus blasones y linajes ante la envidia y el deseo de quienes no los poseen. Nos encontramos sin duda ante un insospechado rebrotar de las ansias aristocráticas.

Al concentrado poder de nuestra nobleza ha contribuido, además, un elemento que supone una verdadera tortura para los investigadores: los sistemáticos matrimonios endogámicos. Las familias se cruzan, recruzan y vuelven a cruzarse. La norma es casarse con otro noble u otro hijo de nobles, aunque no herede título. De este modo, los apellidos se repiten, vuelven y revuelven. Apellidos como Alvarez de las Asturias, Alvarez de Toledo, Bermúdez de Castro, Arteaga, Barcaiztegui, Benjumea, Bernaldo de Quirós, Cabeza de Vaca, Colón de Carvajal, Cavero, Cotoner, Churruca, Díez de Rivera, Escrivá de Romaní, Falcó, Fernández de Córdoba, Fernández de Henestrosa, Figueroa, Jordán de Urríes, Martínez de Irujo, Melgar, Mencos, Morenes, Ossorio, Pérez de Guzmán, Silva, Urquijo o Villalonga se repiten una y cien veces, títulos que se desplazan de familia en familia y en conjunto emparentan a la casi totalidad de la alta aristocracia española dando lugar a un impresionante galimatías. Un enredo que, como no hay mal que por bien no venga, está dando creciente ocupación y una buena manera de ganarse la vida a algunos otros nobles dedicados a la ciencia genealógica.

Capítulo VIII

LOS TITULOS DE «SU MAJESTAD» FRANCISCO FRANCO

Cuando a los nobles españoles se les pregunta acerca de su opinión sobre los títulos concedidos por el dictador Francisco Franco suele hacerse un embarazoso silencio. Al final, la mayoría suele escabullirse afirmando que, al ser más tarde asumidos por el rey, pues ahí están y son válidos. Sin embargo, no deja de ser curioso que el hombre que se enfrentó a quien los monárquicos históricos consideraban su rey, don Juan de Borbón, se dedicara a lo largo de su prolongado y vitalicio mandato a otorgar títulos nobiliarios como si de un rey se tratara. Y es que de lo que no duda nadie es de que Franco mantuvo durante los últimos treinta y seis años de su vida un poder sobre los españoles que ni siquiera los reyes absolutos igualaron.

El general decidió el 4 de junio de 1948 que, puesto que entraba en sus cálculos, aunque muy lejanos, el devolver a España al ámbito de las monarquías, para lo cual la definió como reino, qué mejor cosa que atribuirse a sí mismo, como regente, las facultades reales de otorgar títulos. En consecuencia, hizo redactar y firmó un decreto en el que se atribuía la «gracia» de conceder títulos y algunas otras mercedes, pues el autonombramiento decía así: «Todas las referencias que en la legislación, cuya vigencia se establece, se hacen al rey y a la monarquía, se entenderán que se atribuyen y contraen al jefe del Estado» [1].

[1] Véase Apéndice.

Amparado en ese decreto y también en la mejor tradición real de entregar títulos a los vencedores de las guerras, sobre todo en las civiles de los últimos siglos, después de haber cercenado el segundo intento de gobierno republicano en España, Francisco Franco debió de pensar que tenía derecho a conceder, en nombre de aquel reino sin rey que había instaurado, algunos títulos a los que le ayudaron. Otorgó treinta y ocho, diecisiete de ellos a militares.

Los primeros de todos fueron dos ducados concedidos a título póstumo a los dos protomártires de la guerra civil: José Calvo Sotelo, el político conservador de la CEDA, monárquico convencido, cuyo asesinato fue considerado por los historiadores «nacionales» como el detonante de la guerra civil, y José Antonio Primo de Rivera, fundador de Falange Española, fusilado por los republicanos el 20 de noviembre de 1936.

Antes de estar unidas por el hecho sangriento y luego por el título, las dos familias lo habían estado anteriormente por la política. Los Primo de Rivera provienen de una casta de militares. Uno de ellos, el jerezano Fernando Primo de Rivera y Sobremonte, senador del reino y ministro de la Guerra, fue ennoblecido con los títulos de marqués de Estella en 1877 y luego con el de conde de San Fernando de la Unión, en 1883, por el rey Alfonso XII, tras la restauración monárquica de Martínez Campos en Sagunto, en 1874. Su descendiente fue el también general Miguel Primo de Rivera, quien dio el golpe de Estado del 13 de septiembre de 1923, con el que disolvió las Cortes y se convirtió en dictador, aunque amparando a la monarquía de Alfonso XIII y amparándose a su vez él mismo en ella. El día 11 de octubre de ese mismo año, menos de un mes después, el rey lo hizo grande de España. El dictador dimitió el 28 de enero de 1930, tras lo que se produjo la proclamación de la República, el 14 de abril de 1931, y la salida del rey por Cartagena.

José Calvo Sotelo era un joven político de los llamados «mauristas», seguidores de Antonio Maura, el cual acabó colaborando activamente con el dictador Primo de Rivera, hasta llegar a ser su ministro de Hacienda, cargo del que dimitió tan sólo ocho días antes de que Primo de Rivera hiciera lo propio. Convertido más tarde en una de las voces más autorizadas de la derecha en la época republicana, Calvo Sotelo obtuvo en repetidas ocasiones y brillantemente su escaño por Orense. Sus intervenciones parlamentarias eran inflamadas, aplaudidas por sus partidarios y replicadas con virulencia por la izquierda, como haría en una ocasión la comunista Dolores Ibárruri. Calvo Sotelo, que jaleó la represión de Asturias e incluso los fusilamientos, no tardó en aparecer como la mayor personalidad de las derechas, que se preparaba para derrocar por todos los medios, incluidos los violentos, a la República. Sin embargo, el 13 de julio, cuando la conspiración antirrepublicana era ya un hecho, bajo la dirección efectiva del general Emilio Mola (a la sazón, gobernante militar de Pamplona) y la nominal del general José Sanjurjo, exiliado en Portugal, José Calvo Sotelo murió asesinado en represalia por el asesinato, producido el día anterior, del teniente José Castillo, un ferviente republicano de la Guardia de Asalto.

El hijo de Primo de Rivera, José Antonio, fue aún más lejos que Calvo Sotelo, pues había fundado la Falange Española, partido de corte fascista, el 29 de octubre de 1933. En las elecciones de aquel año, la Falange logró dos diputados, uno en Cádiz, el mismo José Antonio Primo de Rivera, que se había presentado en la circunscripción de Cádiz, de donde procedía su familia, y otro el del marqués de Eliseda, casado con una hija del duque del Infantado, que abandonó poco después la formación. Sin embargo, a pesar de lo exiguo de sus fuerzas parlamentarias, la Falange se convirtió más tarde, amalgamada con los tradicionalistas monárquicos, en el eje ideológico del franquismo.

José Antonio Primo de Rivera tuvo tres hermanos: Fernando, que correría igual suerte que el fundador de Falange, al ser fusilado el 22 de agosto de 1936, Pilar y Miguel. Pilar sería la histórica delegada nacional de la Sección Femenina, y Franco le daría el título de condesa del Castillo de la Mota en 1960. La hermana del fundador de la Falange murió en 1991.

Un descendiente de la familia es Miguel Primo de Rivera, que ha heredado los dos títulos más importantes, el ducado de Primo de Rivera y el marquesado de Estella. Este último ha pasado a su hijo Fernando Primo de Rivera, quien, ingeniero agrónomo de profesión, se ha hecho famoso por ser un especialista en la orientación del aprovechamiento cinegético y por la instalación de sofisticadas cercas para atraer y mantener la caza en las principales fincas de los terratenientes de Castilla-La Mancha. El condado de San Fernando de la Unión ha pasado a su primo Miguel Primo de Rivera, hijo del hermano pequeño de José Antonio, también llamado Miguel.

El ducado de los Calvo Sotelo ha pasado por línea directa a

su actual poseedor, José Calvo Sotelo Grondona, que no es ni mucho menos el más conocido de la familia, pues su pariente Leopoldo llegó, aunque efímeramente, a la presidencia del Gobierno antes del desmoronamiento final de la UCD, entre febrero y octubre de 1982. Los Calvo Sotelo se han dedicado además, con creciente éxito (incluso el ex presidente) a la literatura. Joaquín Calvo Sotelo es académico, y Leopoldo ha demostrado mucha mayor gracia escribiendo de la que se le supuso gobernando, incluso teniendo en cuenta el intento de golpe de Estado del 23-F durante la sesión de su investidura.

A Franco tampoco se le podía olvidar otro mártir, aunque éste fuera, según las investigaciones oficiales, accidental: se trataba del general Emilio Mola, a quien hizo duque de Mola, muerto en accidente aéreo el 3 de junio de 1937, al igual que había sucedido con el que iba a ser jefe, al menos nominal, de la sublevación: el general Sanjurjo, cuyo avión se estrelló el 20 de julio de 1936 al intentar despegar en tierras portuguesas. Emilio Mola, que había sido él máximo jefe de la sublevación, el «Director», tenía un gran prestigio en el norte, de cuyo ejército era jefe supremo. La muerte del general monárquico y tradicionalista, el jefe de los requetés, dejó sin rival de calibre, desaparecidos José Antonio y Calvo Sotelo, a Francisco Franco, quien se quedó como única cabeza del bando nacional.

Así pues, aquel 18 de julio de 1948, aniversario de la sublevación, Franco pagaba de alguna manera una deuda histórica. El título de los Mola lo lleva ahora el segundo duque de la dinastía de los Mola, aunque también lo sigue ostentando la duquesa viuda, Consolación Bascón.

Aquel mismo día de 1948, Francisco Franco concedió también el tratamiento nobiliario a otro de sus generales, pero en este caso no era a título póstumo, sino a un héroe vivo: José Moscardó, cuya gesta en el alcázar de Toledo había sido convertida en el símbolo franquista por excelencia. Franco le había prendido la Laureada, en las ruinas del alcázar el 29 de septiembre de 1936, dos días después de que sus tropas conectaran con los defensores. En 1948, aun cuando le dio menor rango que a los anteriores, ya que lo hizo conde del Alcázar de Toledo, sí le otorgó el añadido de grandeza de España. Moscardó, uno de los contadísimos militares que llegaron al grado de capitán general, había sido incluso jefe de la Casa Militar de Franco y su acompañante, junto a Serrano Súñer, en la entrevista mantenida con Hitler en

Hendaya. El actual dueño del título es José Luis Moscardó, nieto del defensor del alcázar.

Al año siguiente, 1949, Franco concedió otras dos mercedes a título póstumo, y las distribuyó políticamente: una para un falangista Onésimo Redondo Ortega, al que concedió el condado de Labajos, y el otro para el tradicionalista Víctor Pradera Larumbe, al que nombró conde de Pradera. Además, el marquesado de Dávila fue a parar al teniente general Fidel Dávila. Como en el año anterior, la fecha de concesión fue el aniversario del 18 de julio.

Fidel Dávila Parrondo, teniente general, vocal de la Junta de Defensa, presidente de la Junta Técnica del Estado en Burgos, general en jefe de los ejércitos del norte tras la muerte de Mola, ministro de Defensa Nacional, capitán general de la II Región Militar, jefe de Alto Estado Mayor, ministro del ejército y consejero del reino, fue alguien en quien Franco confió a lo largo de toda su vida, cosa bastante rara en él. Tanto es así, que en prueba de ello, el dictador le otorgó la grandeza de España dos «dieciochos de julio» después, en el de 1951. Sin embargo, aquel mismo año y aquel mismo día lo cesó como ministro del Ejército, cargo que había desempeñado desde 1945, metiéndolo como consolación en el Consejo del Reino.

Onésimo Redondo había sido el fundador de la JONS, Juntas de Ofensiva Nacional-Sindicalista, de carácter aún más marcadamente fascista que la Falange de José Antonio, con la que no tardó en unificarse. Redondo era un católico de viejo cuño que volvió entusiasmado de un viaje a la Alemania nazi. Primero se unió con Ramiro Ledesma y más tarde con José Antonio. Su muerte tuvo lugar en Labajos de donde coge el nombre su título. Fue una muerte en combate, aunque en la concesión de Franco se señala que «fue muerto traidoramente». En la actualidad el título lo lleva María de las Mercedes Francisca Redondo, casada con Pedro Temboury de la Muela, a quien se señalaba como uno de los diplomáticos relacionados con la nobleza.

Víctor Pradera era un ingeniero, abogado y escritor de filiación carlista. Muy ligado políticamente a Calvo Sotelo, fue detenido por los milicianos en 1936 y fusilado más adelante. Uno de sus descendientes, Javier Pradera, se convertiría más tarde en uno de los mayores críticos intelectuales del régimen, llegando a militar en el PCE. Hoy día, Javier Pradera está fuertemente vinculado al PSOE, donde cuenta incluso con la amistad de Felipe González, y es uno de los analistas estrella del diario *El País*. El título de conde de Pradera lo ostenta, sin embargo, un familiar suyo: Víctor Pradera Cortázar.

En el siguiente año, 1950, las concesiones de títulos introdujeron alguna novedad sorprendente. La primera es que no se respetó la tradición de la fecha del 18 de julio para conceder los títulos a Queipo de Llano y a Saliquet, sino que se adelantó al día de la Victoria, el 1 de abril. Se mantuvo, sin embargo, el día del Alzamiento para los demás ennoblecimientos sumando cinco en total. El almirante Francisco Moreno, el oftalmólogo Hermenegildo Arruga y el banquero falangista Julio Arteche fueron los otros tres agraciados.

Gonzalo Queipo de Llano era el más conocido. Pasadas sus primeras veleidades republicanas (llegó a arrojar panfletos sobre Madrid en el levantamiento antimonárquico de Cuatro Vientos en compañía de Ramón Franco, el famoso aviador hermano del generalísimo), se puso primero al lado de la conspiración y luego de la sublevación contra la II República, a pesar de que ésta confió por completo en él, dada su trayectoria. El gobierno republicano le había nombrado sucesivamente capitán general de la I Región (Madrid), jefe de la Casa Militar del presidente de la república y director general de carabineros. Sublevado en Sevilla, logró hacerse con el control de la ciudad y se hizo famosa su estratagema de hacer que sus exiguas tropas moras patrullaran continuamente por las calles para asustar a la población, mayoritariamente republicana. Sus charlas desde Radio Sevilla fueron celebradísimas entre los franquistas durante gran parte de la guerra, hasta que el propio Franco pensó que eran ya demasiado, lo mismo que algunas veleidades poco menos que virreinales de su general, quien, eso sí, no dudó en aplicar una terrible represión sobre los vencidos. En Sevilla, Málaga y en general en Andalucía, esta represión tuvo todas las características de una atroz venganza contra las clases populares, y en ella no pocas veces intervino la figura del señorito andaluz. Quizá el olvido histórico hubiera caído sobre los desmanes cometidos si no hubiera sido por la muerte del gran poeta Federico García Lorca, víctima de una de estas atrocidades, que su amigo el falangista Luis Rosales no pudo impedir por mucho que lo intentó.

El marquesado lo ostenta el hijo de Gonzalo Queipo de Llano, también general, que tiene su mismo nombre y parecidos gustos, sobre todo la caza, que practica en su finca de «El Pilar», en las cercanías de Andújar.

Si la República confiaba en Queipo, no confiaba desde luego en el viejo general vallisoletano Andrés Saliquet, al que tenía retirado del mando por desafecto. Esta medida demostró estar justificada pues el día del levantamiento, Saliquet se presentó en la Capitanía General de Valladolid y ordenó la entrega del mando. El general Molero se negó. Los sublevados dispararon y los ayudantes de Molero también. Finalmente, aquel breve choque armado con un saldo de tres muertos —los comandantes Riobó y Liberal, ayudantes de Molero, y el abogado Estefanía, que iba con Saliquet—, decidió la suerte de Capitanía. Molero fue detenido y luego sería fusilado. Saliquet se hizo con el mando y fue nombrado por Franco general en Jefe del Ejército del Centro.

Acabada la guerra, fue capitán general de Madrid, pero, monárquico convencido, el 8 de septiembre de 1943, en unión de los tenientes generales Orgaz, Kindelán, Dávila, Solchaga, Moscardó y Varela, se dirigió a Franco para decirle que la restauración monárquica no admitía ya más demoras. Craso error: Franco habló uno a uno con todos y luego los fue pasando al ostracismo, excepto en los casos de Dávila, en quien siempre confió, y Varela, al que mantuvo al mando en Africa. Para sustituirlos en los puestos de mando eligió a militares más jóvenes que se lo debieran todo a él. No obstante, título les dio a casi todos los veteranos. De este grupo, a la larga, tan sólo Solchaga y Orgaz se quedarían sin él.

El otro militar premiado en el año cincuenta fue el almirante Francisco Moreno Fernández, a quien se hizo marqués de Alborán. Había sido el jefe de la flota franquista durante la guerra civil y desempeñó después los cargos de capitán general de la zona marítima de El Ferrol y ministro de Marina. El título lo posee ahora su hijo, también Francisco de nombre.

Como ya se ha indicado, el 18 de julio trajo otros dos títulos para aquel año de 1950: uno para un oftalmólogo y otro para un banquero. El primero no deja de ser una curiosidad, ya que es el único concedido a alguien de esa profesión, pero es que además rompió la hegemonía de militares o destacados políticos vinculados al Alzamiento. Desde luego, Hermenegildo Arruga no era para nada un republicano, pero aquel 18 de julio de 1950 en que le fue concedido el título, que ahora ostenta su hijo Alfredo, rompió lo que había llegado a ser casi una norma. En ella sí estaba, sin embargo, por su condición de banquero directamente vinculado al régimen, el presidente del Banco de Bilbao, Julio Arteche y Villabaso, que se convirtió en conde de Arteche. Su hijo, Julio Arteche Chalbaud, lleva ahora el título.

En 1951 prosiguieron los ennoblecimientos de militares. Aquel año le tocó el turno al general José Enrique Varela y al aviador Joaquín García Morato. Un financiero tradicionalista, Joaquín Benjumea, completó el cupo. Franco, una vez más, eligió sus fechas para las concesiones: a los militares el «1.º de abril, Día de la Victoria», y al civil el «18 de julio, Glorioso Alzamiento Nacional».

José Enrique Varela, marqués de Varela de San Fernando, es uno de los pocos militares que posee dos laureadas. Adscrito al carlismo, la sublevación lo encontró en Cádiz. Dirigió la columna que liberó el Alcázar y a Moscardó. Luego sustituyó al general Yagüe en el mando de las tropas que atacaban Madrid, siendo herido en la batalla. Estuvo en Brunete y fue el jefe de las fuerzas que volvieron a reconquistar Teruel para Franco, lo que le valió ser ascendido a general de división. Fue ministro del Ejército desde el final de la guerra hasta 1942, año en que sufrió un atentado en Bilbao.

Franco siguió confiando en Varela incluso después de que éste firmara la carta por la que se reclamaba la vuelta de la monarquía, pero lo envió como alto comisario a Marruecos, donde estuvo desde 1945 a 1951, año en que dejó de ocupar ese cargo, aunque a cambio obtuvo el marquesado. Una vez más se repetía el proceso: el cese y el título solían venir casi con el mismo motorista.

El título lo ostenta ahora el hijo de José Enrique Varela, también militar, aunque sólo ha llegado a comandante y sus victorias las ha obtenido en batallas más galantes. Según hemos visto en anteriores capítulos, sí ha acumulado una buena ristra de escándalos, unos en negocios no muy claros y otros entre faldas muy famosas.

El otro militar ennoblecido en 1951 fue Joaquín García Morato, el aviador más famoso de todo el ejército de Franco, al que se incorporó desde Gran Bretaña, donde se encontraba al comenzar la guerra. Se le concedió, a título póstumo, el condado de Jarama, batalla en la que se había destacado al mando de su escuadrilla en los combates contra «chatos» y «moscas» soviéticos. García Morato había sido ascendido a comandante por méritos de guerra, y vio acabar ésta victoriosamente para su bando, pero un accidente logró lo que no habían conseguido los aviadores enemigos: derribar su avión y acabar con su vida tres días después de finalizada la contienda. El título lo lleva ahora su hija María Josefa García Morato, casada con un ingeniero de minas.

Aquel año, para poner a un civil en la lista, Franco eligió a Joaquín Benjumea, miembro de una poderosa familia sevillana ligada a la sublevación desde la primera hora e incluso antes. Era ingeniero y fue el primer ministro de Agricultura del franquismo desde 1939 a 1941, y luego ministro de Hacienda nada menos que hasta 1951. Entonces fue cesado, pero consolado con el ennoblecimiento y con el cargo de gobernador del Banco de España. Su título lo ha heredado su hijo Diego. Por cierto, a esta familia, que tanto significó en el régimen anterior, pertenece precisamente María Jesús Llorente, quien fue compañera sentimental de Alfonso Guerra, con el que tiene una hija, Alma.

Como Benjumea era más bien monárquico y, al igual que Varela, tiraba a carlista, al año siguiente Franco, siempre con sus compensaciones, concedió dos títulos que fueron para los muy generales y muy «azules» Yagüe y García Escámez.

Juan Yagüe Blanco, que había intervenido al mando de la Legión en la represión de la sublevación de Asturias de 1934, donde también estuvo Franco, fue el enlace entre Mola y los oficiales falangistas de Marruecos. Jefe de las tropas marroquíes, avanzó con ellos península arriba hasta tomar Badajoz, donde causó una espantosa carnicería entre la población tras ocupar la ciudad. Al llegar a Madrid su avance fue frenado en las mismas puertas de la capital, y sustituido por Varela. Yagüe era entonces coronel, y fue ascendido a general en octubre del año 1937. Participó también en la toma de Barcelona. Tras la guerra fue ministro del Aire, de 1939 a 1942, y tras ser ascendido a teniente general fue nombrado capitán general de Burgos en 1943. Se le concedió, en 1952, el título de marqués de San Leonardo de Yagüe, que ahora ostenta su hijo Juan Yagüe Martínez del Campo.

Quizá el ennoblecimiento más sorprendente, tratándose de Franco, fue el concedido a título póstumo al ilustre neurólogo Santiago Ramón y Cajal, que además había sido un destacado masón, amén de nuestro primer premio Nobel de medicina (1906) por sus descubrimientos sobre el tejido nervioso humano. Ramón y Cajal murió en el año 1934, pero sus descendientes eran bien vistos por el régimen y su memoria fue premiada con el rango aristocrático para sus herederos. El actual marquesado de Ramón y Cajal lo ostenta doña María Ramón y Cajal Conejero.

Franco cerró las concesiones de aquel año de 1952 con el ascenso a un personaje que ya tenía título de nobleza: el conde de Rodezno, Tomás Domínguez Arévalo, a quien se añadió la grandeza de España. Este conde fue el aristócrata, junto con el conde de Mayalde, más significado del régimen. Tradicionalista y de ilustre familia carlista, se vinculó a la sublevación desde temprana hora y fue un ferviente franquista, lo que le valió ocupar diferentes carteras ministeriales, la primera la de Justicia, en plena guerra (1938). El famoso conde, además de prestar sus servicios al dictador, actuó como privilegiada correa de transmisión entre éste y don Juan de Borbón, de cuyo «Consejo Privado» formó parte desde 1947, aunque un año antes, en una famosa reunión en la que estuvo también presente José María Gil Robles, el conde exigió a don Juan que declarara «ante el mundo que venía a prorrogar un verdadero régimen de guerra civil». Franco le concedió la grandeza de España en octubre del año 1952, precisamente el mismo de su fallecimiento. El título lo posee ahora su hija María del Sagrado Corazón Domínguez y López Montenegro, también marquesa de San Martín y condesa de Valdellano.

En el año 1953 no hubo títulos, pero sí en el siguiente que trajo una sorpresa mayúscula. Aquel año, Francisco Franco concedió un insólito título; ya que su guerra había sido una cruzada, pensó que nada mejor que hacer noble a un cardenal, aunque éste fuera italiano, como lo era Federico Tedeschini, a quien hizo marqués de Santa María de la Almudena.

Para compensar premió también al más famoso de los Cierva, a don Juan de la Cierva y Codorniú, ingeniero e inventor del autogiro, a quien hizo conde de la Cierva a título póstumo, ya que había muerto en accidente de aviación en Croydon en diciembre de 1936. Su padre había sido el político Juan de la Cierva (1864-1938) perteneciente al ala más derechista del Partido Conservador, de la mano del cual llegó a ser ministro de la Gobernación y luego de la Guerra, siendo el responsable de la sangrienta represión de la Semana Trágica de Barcelona, que culminó con la ejecución de Francisco Ferrer Guardia. Juan de la Cierva fue además uno de los pocos miembros del gabinete de Aznar que plantearon resistir con las armas la llegada de la República, y no llegó a ver el final de la guerra civil, ya que murió en Madrid refugiado en la embajada noruega. Sus «méritos», sin embargo, fueron menores que los de su hijo, el inventor. A su autogiro se debe el dominio de los aires, y ello le ha colocado en la nómina de nuestros pocos, pero grandes, genios de la ciencia. El condado de la Cierva lo ostenta ahora Jaime de la Cierva Gómez.

En años posteriores Franco siguió concediendo títulos a sus generales. En 1955, el premiado con el marquesado de Vigón fue Juan Vigón Suerodíez, de tendencia tradicionalista. En 1960 le llegó el turno a Juan Antonio Suances y Fernández, marqués de Suances. En 1961 a Francisco Martín Moreno, conde de Martín Moreno y a Joaquín Pallasar, conde de Pallasar. En 1962 les tocó la vez al almirante Cervera, Juan Cervera y Valderrama, marqués de Casa Cervera, y al general Alfredo Kindelán y Duany, quien por sus reivindicaciones monárquicas había pasado al ostracismo. El último título a un militar lo concedió Franco al almirante Luis Carrero Blanco, al que otorgó un ducado a título póstumo tras su asesinato por ETA en diciembre de 1973, cuando era presidente del gobierno.

Juan Vigón había sido ayuda de cámara del rey Alfonso XIII. Incorporado al ejército de Franco, fue nombrado jefe de estado mayor del frente de Aragón en 1938. Ministro del Aire desde 1940 a 1945, intervino en la firma de los acuerdos con los Estados Unidos en 1953. El año de la concesión del título, 1955, coincidió con el de su muerte. El marquesado lo ostenta ahora su nieto Juan Vigón García, también militar de carrera.

Juan Antonio Suances era un ingeniero naval al servicio de la marina de guerra. Era paisano y amigo de Franco y simpatizaba con el corporativismo católico. Fue director del Instituto Nacional de Industria (INI) desde su fundación hasta 1963, con algún intervalo durante el que desempeñó el cargo de ministro de Industria. A su sombra se educó el que luego sería una pieza decisiva del régimen: Gregorio López Bravo. Sin embargo, las tendencias liberalizadoras de éste iban a suponer, a la larga, un duro enfrentamiento entre ambos, con Suances en el INI y López Bravo ya ministro. Una dura carta de Suances al ministro tras un incidente protocolario y su dimisión le enajenó no sólo la amistad de López Bravo sino también la de Franco. Menos mal que para entonces ya le había hecho marqués. Su sucesor en el título es Saturnino Suances, capitán de corbeta retirado. El hijo mayor del marqués, Juan Antonio, dedicado a la publicidad, está casado con una Pita, Inés, de la famosa familia coruñesa a la que pertenece la esposa de Luis Solana, Leonor Pérez Pita, *Cuca*.

Menos conocidos son los generales Francisco Martín Moreno, que fue jefe del Estado Mayor de Franco durante la guerra civil, y que recibió el título en la fecha de su fallecimiento, y el teniente general García Pallasar, que fue general de artillería durante la contienda. La actual condesa, Isabel García Pallasar, está emparentada con los Franco por su matrimonio con Francisco Jaraiz Franco.

El almirante y el general monárquicos, Juan Cervera y Alfredo Kindelán, también hubieron de esperar a su muerte para ser ascendidos a nobles. El primero, que había participado en las campañas de Cuba y Filipinas y en la guerra civil al mando de la marina nacionalista, murió en 1952. El título lo lleva su hijo Juan Cervera y Govantes. El segundo, Kindelán, había pasado largos años en un segundo plano, aunque en los primeros momentos de la guerra, como teniente general del aire al mando de la aviación sublevada, fue una pieza decisiva para el ascenso de Franco a la máxima responsabilidad en la dirección del Alzamiento. La causa del apartamiento del general Kindelán fueron sus posteriores inclinaciones monárquicas lo que le condujo a caer en «desgracia». Al morir, como a muchos de sus compañeros, se le otorgó la dignidad de marqués. El heredero del título, Alfredo Kindelán y Núñez del Pino, lo es también de la carrera militar de su padre y en el mismo ejército, el del aire.

Desde 1962 a 1973 no se ennobleció a ningún militar, pero al ser asesinado ese último año el almirante Carrero Blanco, le fue otorgado el ducado de su nombre y, por tanto, la grandeza de España. El título lo lleva ahora el hijo del almirante, el cual ha desarrollado una impresionante carrera militar en las actuales FAS, en las que ha alcanzado ya el almirantazgo.

Justo es reconocer que Franco concedió títulos a personas que no eran militares, aunque no muchos. Uno de ellos fue el que dio a su amigo Pedro Barrie de la Maza, el primer conde de Fenosa, en 1955, título que ahora lleva su viuda, mucho más joven que él. Otro empresario ennoblecido fue Patricio Echevarría Elorza, conde de Echevarría de Legazpi, que recibió el título en 1958. O sea, un condado a los voltios y otro al acero.

La hermana de José Antonio Primo de Rivera, delegada nacional de la Sección Femenina, fue elevada a la categoría de condesa del Castillo de la Mota en 1960. En el año de 1961 fueron ennoblecidos el ingeniero Eduardo Torroja Miret, marqués de Torroja, a título póstumo, y el presidente casi vitalicio de las Cortes (lo fue desde 1943 a 1965) Esteban Bilbao Eguía, un tradicionalista de rancia trayectoria, que también fue ministro de Justicia desde 1939 a 1943.

Tras estos títulos de los años 1961 a 1962 hubo luego pocas concesiones. Tan sólo una grandeza de España en 1964, al abogado monárquico Fernando Suárez Tangil y de Angulo, que ya era marqués de Covarrubias y Leyva, y un condado, el de El Abra, al ingeniero industrial y falangista Alfonso Churruca Calbetón, en 1969.

En los años setenta sí hubo un título de los que dan que hablar: el concedido a Alfonso de Borbón y Dampierre con motivo de su boda con la nieta favorita de Franco, Carmen Martínez-Bordiú. Se le otorgó el ducado de Cádiz, cuyos avatares ya hemos señalado y que ahora ha vuelto a la Casa Real.

En 1973, antes del último título que iba a conceder, el ducado de Carrero Blanco, aún dio Franco una antepenúltima merced. El beneficiado fue el presidente del Consejo de Estado y vicepresidente del Consejo del Reino, Joaquín Bau Nolla, a quien hizo conde de Bau a título póstumo, como a la mayoría.

Capítulo IX

LOS TITULOS DEL REY DON JUAN CARLOS. PARA LOS PLEBEYOS AUN HAY ESPERANZA

El rey ha concedido desde el comienzo de su reinado diecisiete títulos, los mismos que años lleva en el trono. Don Juan Carlos ha sido prudente a la hora de conceder noblezas, frustrando con ello las locas esperanzas que algunos aspirantes a aristócratas pusieron en él al inicio de su reinado. Además, ha marcado serias diferencias con su antecesor en la elección de las personas que consideró dignas de recibir sus mercedes. Así, mientras que en el caso de Franco eran los militares quienes se llevaban la palma, el rey ha preferido a intelectuales y a financieros como receptores de sus gracias.

Sin embargo, los primeros títulos concedidos por el rey estuvieron marcados por nombres claramente vinculados al anterior régimen. Parece como si el rey hubiera querido dar las gracias y al mismo tiempo cancelar sus deudas con la familia de su antecesor y sus últimos colaboradores políticos. Seis días después de la muerte de Franco, el 26 de noviembre de 1975, concedió el señorío de Meirás a su viuda, Carmen Polo. El título tenía una doble vertiente: era el de más bajo rango del escalafón nobiliario, pero al otorgarle grandeza de España lo igualó a los más altos. A la muerte de doña Carmen ha pasado a su nieto, Francis Franco. En la misma fecha del anterior título, el rey ascendió al máximo rango nobiliario a la hija única del anterior jefe de estado, Carmen Franco Polo, a la que hizo duquesa de Franco.

Después, en el predemocrático año 1976 y en el ya democrático 1977 es cuando se produce la mayor avalancha de títulos que haya concedido su majestad. El primero de 1976 fue en realidad un ascenso en la graduación de la nobleza, al conceder, el 20 de febrero, categoría de grande de España a quien ya ostentaba el marquesado de Lozoya, Luis Contreras, quien había sido su profesor de historia del arte, cuando era príncipe de España. Con él, don Juan Carlos iba a apuntar sus preferencias por las personalidades del mundo intelectual. Ostenta ahora la merced la hija de Luis Contreras, María Dominica Contreras y López de Ayala.

El segundo título del año fue para Carlos Arias Navarro, el primer jefe de gobierno de la monarquía, aunque no el primero de la democracia, porque aún no sabíamos lo que eran elecciones generales. El rey le consoló de su cese-dimisión dándole el título de marqués de Arias Navarro con grandeza de España el día 2 de julio de 1976. Arias, que había sido un franquista convencido, acusado de haber practicado una gran dureza represiva en sus años jóvenes, sobre todo durante su estancia en Málaga. Luego fue alcalde de Madrid y llegó a jefe de gobierno con Franco, siendo el encargado de anunciar llorosamente su muerte a los españoles. Convertido en un freno para la transición democrática, fue apartado del poder y sustituido por Adolfo Suárez.

Al año siguiente de la concesión del marquesado para Arias Navarro, el rey otorgó, el 5 de enero de 1977, a Rita Gómez el condado de Iturmendi; de esta manera, según consta, se homenajeaba «en la persona de su esposa la memoria del que fue presidente de las Cortes y del Consejo del Reino, Antonio Iturmendi Bañales». La merced la ostenta ahora el hijo de ambos, el abogado Antonio Iturmendi Gómez. Del mismo modo, su majestad, también a título póstumo, premió a otro presidente de las Cortes franquistas, Alejandro Rodríguez de Valcárcel y Ribed, precisamente el que le tomó juramento en la sesión del 22 de noviembre de 1975 en que fue proclamado rey. El condado de Rodríguez de Valcárcel fue en realidad a parar a su sobrino, el abogado Carlos Rodríguez Valcárcel, para quien el político hizo funciones de padre y tutor desde que quedara huérfano a los trece años. El actual conde recuerda que se enteró de la concesión del título «por la radio y en el coche».

El rey, la reina y sus hijos. Sus Majestades junto al príncipe y las dos infantas. Unicos que tienen derecho a titularse así en España. (Foto: *Tribuna*/Vegas.)

Pero aún quedaba un ex presidente de las Cortes, y éste era, sin duda, el más querido por el rey: Torcuato Fernández Miranda. Había sido su preceptor, uno de los artífices de la transición y modelo de prudencia, habilidad y sabiduría políticas. Por todo ello, a don Torcuato le dio a título también póstumo, el 31 de mayo de 1977, el rango más elevado, haciéndolo duque de Fernández Miranda, dignidad que, como ya señalamos, ostenta ahora su hijo Enrique, uno de los dirigentes del Partido Popular. Estas concesiones, unidas a la que Franco había hecho a Esteban Bilbao, hacían que los cuatro presidentes de las Cortes del franquismo quedaran ennoblecidos.

Tuvieron luego que pasar tres años desde las primeras elecciones democráticas para que se produjera la concesión de un nuevo título. Fue en el año 1980 y pasó casi desapercibido. El rey otorgó el condado de Villacieros al diplomático Antonio Villacieros y Benito, quien fue jefe de protocolo de la Casa Real. El título lo lleva ahora su hijo Francisco Javier Villacieros, también diplomático y que ha sido embajador de España en Turquía.

Los ennoblecimientos que no pasaron desapercibidos fueron los de los años posteriores, en los que su majestad otorgó seis títulos y «un ascenso». El más notorio de todos fue para premiar al político que había posibilitado la transición en España: Adolfo Suárez. Otro no menos notorio ni menos político fue a parar a quien había hecho similar labor en Cataluña: Josep Tarradellas. Los demás se concedieron a cuatro personalidades de gran relevancia dentro del mundo intelectual: Salvador Dalí, Andrés Segovia, Gregorio Marañón y un descendiente de Ramón María del Valle-Inclán. El ascenso, no podía ser menos, llegó para un militar a quien hizo grande de España: el teniente general Joaquín María Valenzuela.

Adolfo Suárez llegó a la nobleza como casi siempre se llega, un poco a título póstumo, aunque en este caso no porque hubiera muerto, sino porque había dejado de ser presidente del Gobierno, lo que fue en cierta manera —conatos de resurrección aparte—, su muerte política. Suárez acababa de dimitir de su tercer mandato. El primero lo había conseguido por designación y el segundo y el tercero por votación, tras los comicios de 1977 y 1979, como jefe de filas de la ahora extinta UCD. Al nuevo duque le quedaba el consuelo aristocrático, pero no se conformó con ello, ya que regresó al ruedo político, aunque con menos fortuna, hasta llegar en la actualidad a lo que parece su ya definitivo declive tras dimitir como presidente de su nuevo partido, el CDS.

El presidente de la Generalitat catalana en el exilio y después dentro de la actual democracia, Josep Tarradellas, fue nombrado años más tarde, en 1986, marqués de Tarradellas. A su muerte, el título ha pasado a su hijo Josep, profesor en Suiza.

Uno de los títulos «intelectuales» fue para el hijo de Ramón María del Valle-Inclán, Carlos Luis, a quien el monarca hizo marqués de Bradomín (1981) en recuerdo del famoso personaje de ficción «feo, católico y sentimental» inventado por su padre. Al gran guitarrista Andrés Segovia, recientemente fallecido, le otorgó el marquesado de Salobreña (1981), que ahora ha correspondido al hijo de su segundo matrimonio, Carlos, también músico y que cuenta sólo veintidós años de edad. Por la vida va más de marquesa la viuda del compositor, Emilia Corral, a quien le gusta mucho lucir el título y no se recata en decirlo. Al también fallecido Salvador Dalí, uno de nuestros universales de la pintura y tan declarado surrealista como monárquico, le otorgó el marquesado de Dalí de Pubol (1982). Al pintor, dicen, le hacía mucha ilusión porque lo ponía al nivel del marqués de Sade. El título, en principio, estaba previsto que pasara a sus herederos, pero el pintor manifestó su intención de que a su muerte nadie lo ostentara, por lo que se dictó un real decreto posterior en tal sentido. Así, el marquesado de Dalí de Pubol ha sido uno de los más efímeros en la historia de España. Por último, al diplomático y escritor Gregorio Marañón Moya le correspondió, a título póstumo y en el centenario de su nacimiento (1987), el marquesado de Marañón, que recayó en la persona de su hijo del mismo nombre. El padre había sido un fiel amigo de Alfonso XIII, y el hijo fue compañero de estudios de don Juan Carlos.

En el año de 1983 se vio agraciado el, por ahora, único personaje de condición militar: el teniente general Joaquín María Valenzuela, que ya era marqués de Valenzuela de Tahuarda y a quien se agregó grandeza de España tras el gravísimo atentado que tuvo lugar contra su vida en Madrid, perpetrado por los terroristas de ETA, y del que milagrosamente sobrevivió. El título de los Valenzuela había sido concedido al padre del general por el abuelo del rey, Alfonso XIII, tras su muerte en la campaña de Marruecos, cuando era coronel del Tercio. El actual ostentador del título, Joaquín María Valenzuela, había sido preceptor del rey, encargado de su educación castrense.

Tuvieron que pasar varios años más para que el rey se decidiera a conceder nuevas mercedes, exactamente hasta el día 30 de diciembre de 1991. Esa fue la fecha en que el *Boletín Oficial del Estado* publicó la concesión de tres nuevos títulos nobiliarios: al músico Joaquín Rodrigo el marquesado de los Jardines de Aranjuez; al presidente del Comité Olímpico Internacional (COI), Juan Antonio Samaranch, el marquesado de Samaranch, y al banquero Alfonso Escámez el marquesado de Aguilas.

La distinción al maestro Rodrigo, comunicada a éste el día 19 de diciembre, siguió la línea emprendida por don Juan Carlos de premiar labores intelectuales. El propio nombre del título no indica otra cosa que el reconocimiento de la obra más universalmente conocida del maestro: el *Concierto de Aranjuez.* El músico, el segundo premiado por el rey (el primero fue Andrés Segovia), se confesó encantado con su nueva condición aristocrática, y recuerda que en la tradición de la corona inglesa hay también compositores como Benjamin Britten o Michael Tipett que han recibido los suyos adoptando el tratamiento de *Sir.* El maestro Rodrigo tiene una única heredera, Cecilia, casada con otro músico, el violinista Agustín León de Lara. El marquesado, pues, seguirá teniendo acordes musicales.

El título a Alfonso Escámez estaba «cantado». Se rumoreó

sobre él desde meses antes. El rey, incluso, había sondeado al banquero, que empezó de auxiliar administrativo y acabó presidiendo el Banco Central, sobre la denominación de la merced. La sugerencia del nombre del pueblo natal del financiero fue bien recibida. Escámez se halla, por tanto, en la tradición de los banqueros ennoblecidos. Se inició en el siglo XIX, y tanto los antecesores del rey como el propio Franco la continuaron.

El título de marqués de Samaranch le llegó al industrial catalán, conocido mundialmente por la presidencia del COI, en las vísperas de los Juegos Olímpicos de Barcelona, cuya celebración por vez primera en España sin duda se debe en parte a don Juan Antonio. Por supuesto, el destinatario recibió el título con la máxima alegría. No era para menos. Era lo único que les faltaba tanto a él como a su mujer, Bibis Salisachs, representantes máximos de la *jet* catalana. Coleccionista de arte y de sellos y conocido internacionalmente, ahora, además de dinero, tiene algo más que lucir en los Juegos Olímpicos y que legar a sus herederos. Samaranch, que había sido un prohombre franquista y fue presidente de la Diputación de Barcelona, ha visto en la democracia colmados sus anhelos.

Pero la noticia de estas concesiones estuvo esta vez en el título que no se concedió, el de Camilo José Cela, de quien se daba por seguro que obtendría el marquesado de Iria Flavia. La posibilidad había sido duramente criticada por los nobles más rancios dadas las particulares maneras de expresarse del escritor, y con no menos recelo por parte del Gobierno socialista, con el que mantiene un nada silencioso enfrentamiento. Finalmente Camilo se quedó, aunque quizá por poco tiempo, sin título. Tal vez lo sintió más que don Camilo su nueva consorte, la ex locutora gallega Marina Castaño, que no pudo celebrar su primer aniversario de boda con rango de aristócrata. En su polo opuesto, otro Nobel español, Severo Ochoa, había declinado la oferta mediante una cortés misiva. Sea por lo que fuere, lo cierto es que en la finca de «El Espinar» que los Cela tienen en Guadalajara, durante la celebración del primer aniversario de sus esponsales, los dos Nobel españoles vivos se reunieron en la fiesta y ambos seguían en las muy mayoritarias filas de los plebeyos.

Pero este año aún trajo un título más, y es posible que traiga otro, pues había rumores sobre su concesión a Francisco Fernández Ordóñez cuando este libro se encaminaba hacia la imprenta. El *BOE* del miércoles 6 de mayo publicaba la concesión a Sabino

Fernández Campos del condado de Latores con grandeza de España. El agraciado, jefe de la casa de su majestad, es un general a quien los españoles hemos visto casi siempre vestido de paisano. Nacido en Oviedo en 1918, se licenció en derecho e ingresó posteriormente en el ejército, donde llevó a cabo una brillante carrera en la que alcanzó el grado de general de división interventor. Fue también subsecretario de Presidencia del Gobierno entre 1975 y 1976, año éste en que fue nombrado subsecretario de Información y Turismo. En 1977 inició su trabajo como secretario en la Casa Real, cuya jefatura pasó a ocupar en enero de 1990.

Este hombre que está detrás del rey, como se ha dicho de él en ocasiones, tuvo un destacadísimo papel en la dramática noche del 23-F, en la que intervino como una de las almas organizadoras de la defensa del sistema democrático, prestando un inestimable servicio al rey y a la nación española. Sabino Fernández Campos ha sido sinónimo de trabajo, firmeza, habilidad y diplomacia en el desempeño de su difícil tarea. Con gracia asturiana agradeció que el título no le llevara acompañado el cese de sus funciones: «Ahora más que nunca estoy al servicio del rey», declaró al conocer la noticia, para señalar después que «hace tiempo ya le dije al rey que mi cargo está a su disposición para

El general Sabino Fernández Campos, «ese hombre que está siempre detrás del rey», nuestro último título nobiliario: Conde de Latores. (Foto: Cover.)

seguir y para cesar». El rey, que concedió al título el nombre de un pequeño pueblo asturiano de donde era nativo el padre del general, expresa que en los puestos que ha ocupado a su lado «me ha asistido en todo momento con agudo talento, prudente criterio, leal consejo y generosidad ilimitada en las tareas que me ha correspondido realizar a lo largo de una etapa trascendental en la historia de España durante la que se llevó a buen término la transición política, que ha culminado en el asentamiento de la democracia y de la monarquía parlamentaria en el marco de la Constitución». Evidentemente, todo un elogio, y encima real, por lo que don Sabino se halla encantado con su puesto y con su título.

Pocos, sin duda, han hecho lo de don Severo Ochoa, si es que lo ha hecho alguno. Al que más y al que menos no le importaría lo más mínimo ser marqués o que lo hicieran conde, aunque todos estos nuevos nobles no sean muy bien mirados por algunos de los representantes de la más rancia nobleza, pues consideran que son poco menos que unos intrusos en su club. Sin embargo, una mínima reflexión sobre sus orígenes, donde se encuentra de todo, debiera bastar para apaciguarlos. No hay que olvidar que antes del primer antepasado, y eso suponiendo que el antepasado que obtuvo el título lo hiciera por algún hecho intachable y no por algún favor inconfesable, hubo un progenitor que no tuvo título alguno. O sea, que antes de cualquier noble hay siempre un ancestro que fue plebeyo. Incluso en las dinastías de los reyes, antes del primero hubo quien desde luego no fue rey. Es decir, que todos somos en el fondo hijos de Adán y Eva, o del mono, que es más científico. Así que la «parida», y nunca mejor dicho, que algún noble suelta por Madrid de que «te pueden dar un título por ley, pero no que te haya parido la duquesa de Fernán-Núñez» olvida que al antepasado del primer duque de Fernán-Núñez vaya a saber usted qué plebeya lo parió.

Capítulo X

INFLACION DE REYES

La caída del muro de Berlín y el arriarse de las banderas rojas sobre el Kremlin lo hemos notado los españoles por el surgimiento de una auténtica inflación de aspirantes a reyes aparecidos como por arte de magia en nuestro territorio nacional: una pléyade de posibles monarcas para los países ex comunistas. Siempre hubo por aquí pretendientes a coronas, pero lo increíble han sido las peticiones de los nuevos países, estados independientes y hasta regiones para que les consiguiéramos un rey.

Si un buen día se presentaron los georgianos pidiendo a un Bagration para sustituir a su jefe de estado, Gamsajurdia, al que habían derrocado con un golpe militar, poco después los que se dejaban caer eran unos extremistas serbios de Krajina que se conformaban con el autotitulado Alexis de Anjou, cuyos antecedentes reales son causa de rechifla no sólo entre los historiadores, sino entre los policías que lo han detenido por estafa.

Qué tiene de extraño, pues, que, en este clima, cuando Antonio Vivas, del programa radiofónico *A vivir que son dos días* que dirige Concha García Campoy, se hizo pasar por un supuesto príncipe de Uzbekistán, se lo tomaran en serio en el mismísimo protocolo del palacio de La Zarzuela y hasta llegaron a discutir quién ponía la banda de música. La historieta inventada era casi una repetición de ciertos despropósitos de la actualidad española:

le había sido revelado, tan sólo hacía unos meses, y por parte de su madre moribunda, su ascendiente de sangre azul, y posteriormente había recibido la no menos sorprendente visita de una delegación de aquella república ex soviética con la noticia de que el Gobierno uzbeko estaba dispuesto a ofrecerle el trono.

Si se hubieran cumplido tan sólo algunas de estas expectativas de coronaciones, tendríamos en el este europeo a más de tres reyes hablando correctamente español y a un buen número de príncipes con recios apellidos castellanos. ¡Y en qué lugares! En Sofía, capital de Bulgaria; en Bucarest, capital de Rumanía; en Tbilisi, en la lejana Georgia; en Belgrado, y también dentro de la ya inexistente Yugoslavia en la atormentada región de Krajina, quién sabe si en la conquistada Vukovar o en Osijek, cuando la conquisten los serbios.

En resumen, que aquellos que creían que el único rey destronado entre nosotros era Constantino de Grecia, el hermano de nuestra reina —el cual estuvo implicado en el golpe de los coroneles para ser exiliado luego por ellos y rechazado finalmente en un referéndum por el pueblo griego—, se han llevado un chasco. Aquí, señores, tenemos reyes para repoblar Europa entera.

¿Y por qué hay tantos supuestos reyes destronados en España? La primera causa es que ellos se refugiaron aquí, y la razón de hacerlo no fue exactamente un ejemplo de amor democrático, del que algunos ahora alardean, pues cuando vinieron buscaron el amparo de una dictadura fascista, y no de una democracia occidental, en la que habrían tenido más de una cosa de la que responder. Las dinastías del centro y el este de Europa, desde Austria hasta Albania, se vieron envueltas en los avatares de la II Guerra Mundial, y más de uno y de dos reyes, con la excepción quizá del yugoslavo Pablo, se pusieron bajo el sol que creyeron más les iba a calentar: el del genocida alemán Adolf Hitler. Derrotado éste y con sus países en poder del Ejército Rojo soviético, sus horas estuvieron contadas y los comunistas les obligaron a abandonar sus coronas, tronos y países.

Simeón de Bulgaria fue uno de los que llegaron a España, poco antes del año 1950, y como él muchos otros que eligieron la «corte de Franco» antes que, como hubiera parecido más natural, la monárquica Inglaterra. La causa de ello es que habían estado en trincheras bien diferentes de las de los ingleses y sus aliados. Es decir, que sus simpatías habían caído del lado de los nazis y, por tanto, sus afinidades se acercaban más a la «corte de los milagros» franquista que a la constitucional monarquía inglesa.

En la misma época que Simeón también llegaron a España el gran duque Wladimir de Rusia, heredero del último zar; Leka de Albania y su madre, la reina Geraldine; la emperatriz Zita, de Austria; Carol de Rumanía, y los Bagration de Georgia. Franco los acogió y les dio un estatus especial y hasta un lugar de privilegio en el protocolo para que presenciaran los desfiles de la Victoria, del 1 de abril, o las conmemoraciones de La Granja, el 18 de julio.

Eso explica su presencia, pero no explica la posición de sus antiguos súbditos, que ahora los reclaman. Aquí la razón hay que buscarla en la ejemplarizante transición española, que se ha convertido en un auténtico punto de referencia y casi en una obsesiva fijación para los nuevos estados del este de Europa en su camino hacia la democracia. La figura del rey Juan Carlos como pieza esencial de estabilización en todo el proceso les atrae y apasiona. Y los mismos aspirantes no se sustraen a ese ejemplo: «Juan Carlos es un ejemplo a seguir», afirmaba Alejandro de Yugoslavia. «Bulgaria se merece una transición a la española», remachaba Simeón de Bulgaria. Y en esos mismos términos se han expresado la mayoría de los aspirantes a los tronos así como los promotores de la idea de la restauración monárquica en los respectivos países.

Es curioso observar que son los países más hacia el este, e incluso los de la extinta URSS, a los que les ha entrado la fiebre monárquica. En cambio, los más cercanos a la Europa central, cuyas referencias principales son Alemania o Austria, no parecen tener esas tendencias tan acrecentadas. Difícilmente pueden los herederos de Zita soñar en la reconstrucción del Imperio Austro-Húngaro, y en otros países de la zona, aparte de los conflictos planteados por nobles que reclaman sus posesiones, como en Checoslovaquia, parecen haber quedado atrás definitivamente las ideas monárquicas y la gente prefiere mantener los regímenes republicanos. Han sido las transiciones menos traumáticas y las más ordenadas. Ni en Hungría ni en Checoslovaquia, por ejemplo, parece que anden a la caza desesperada de rey.

Algunos intentos de restauración más parecen una comedia bufa que una operación de Estado. No obstante, no es legítimo meter a todos estos pretendientes reales dentro de un mismo saco. Los hay que tienen verdaderas posibilidades de recuperar sus tronos, mientras que también hay auténticos personajes y situaciones que están más cerca del esperpento que de la corona.

SIMEON DE BULGARIA

Simeón de Bulgaria es de los primeros. Afincado en nuestro país desde hace cuarenta años, está casado con una española, Margarita Gómez-Acebo —familia del recientemente fallecido esposo de doña Pilar de Borbón, hermana del rey—, y es amigo personal de don Juan Carlos, con quien veranea en el palacio de Marivent en Palma. Sus derechos al trono búlgaro están más que contrastados. Es más, Simeón mantiene incluso su título de rey, pues el Gobierno comunista ahora derrocado y que lo expulsó del país en 1946 tras un referéndum en el que votó por la república el 93 por 100 de sus compatriotas se olvidó de hacerle firmar el acta de abdicación, trámite por el que sí pasaron el resto de sus colegas.

Simeón, que ha hecho una considerable fortuna en nuestro país, es sin duda un hombre muy rico y de gran influencia econó-

Simeón de Bulgaria, un rey para los búlgaros que habla mucho mejor el español y cuyos hijos han nacido todos en nuestro país. (Foto: *Tribuna.*)

mica y financiera. Casó fastuosamente a su segundo hijo, Kiril —el mayor y heredero es Kardam— con una rica heredera española, Rosario Nadal, el 18 de septiembre de 1989, boda a la que asistió la familia real española en pleno. Además, los hijos e hijas de Simeón son grandes amigos del príncipe de Asturias y de las infantas, como ya se ha indicado. Ni que decir tiene que la lengua en que se entienden todos no es precisamente el búlgaro, sino su idioma ya nativo, el español.

Pareció en un principio que Simeón de Bulgaria, al igual que otros reyes destronados, tendría las puertas abiertas para su regreso, pero tras las primeras expectativas, las dificultades no han tardado en aparecer. La primera de ellas es que la nueva constitución de su país, donde ya no gobiernan los comunistas (aunque el nuevo partido comunista recogió casi la mitad de los votos en las últimas elecciones), incluye la exigencia de llevar cinco años de residencia en Bulgaria para poder optar a la jefatura del estado. Los líderes búlgaros admiten que ese requisito se incorporó precisamente ante la posibilidad del regreso de Simeón, y la mayoría de ellos aducen que el destronado monarca no conoce los problemas del país y que, por tanto, difícilmente podría resolverlos. Además se le achaca el haberse desentendido de Bulgaria, y ponen como prueba de ello la educación de sus hijos, que no conocen siquiera la lengua paterna en la mayoría de los casos.

Simeón se defiende diciendo que «los que dicen que no conozco el país eran aprendices de comunistas cuando yo ya me dedicaba a Bulgaria». Por otra parte, el pretendiente no puede ocultar su disgusto por la idea que hasta sus partidarios le transmiten: «Le queremos, pero antes hay que arreglarlo todo y consolidar la democracia, así que espérese en Madrid.» Pero Simeón lleva esperando mucho tiempo, y expresa su decepción en los siguientes términos: «No pienso dedicar mi vida a ser la rueda de repuesto y estar ahí por si un día... Además, la democracia vendrá mucho más rápidamente con una monarquía constitucional que puede escuchar y dar mucho más prestigio al país.»

Simeón se muestra incluso partidario de colaborar con los propios ex comunistas «para no caer en las mismas discriminaciones sectarias de que hicieron gala ellos, privando al país de innumerables talentos».

Simeón no ha dejado de insistir en su posible papel mediador. Sin embargo, este ex monarca metido a empresario piensa que aún no ha llegado la hora de volver: «Me encantaría enseñar

Bulgaria a mi mujer y a mis hijos en una visita turística, pero todavía no ha llegado el momento oportuno de presentarme en Sofía. Por ahora, pienso que puedo ser mucho más útil a los intereses de Bulgaria desde fuera, poniendo a su disposición mis múltiples e influyentes relaciones internacionales.»

En los últimos tiempos, las primeras expectativas cambian de color cada día. Se vuelven negras en ocasiones, como cuando las declaraciones del presidente búlgaro Yeliu Yelev a *El País* cayeron como un mazazo sobre las pretensiones de Simeón. En ellas calificó al padre de Simeón, Boris III, como el hombre que «unió Bulgaria a la Alemania hitleriana y es en realidad un criminal de guerra». Sobre las intenciones de Simeón, las calificó como «las pretensiones de un pequeño comerciante que se imagina que puede llegar allí a restaurar una dinastía comprometida». Simeón se defendió diciendo que, tras el armisticio, y una vez concluida la alianza con los alemanes, él, aunque era un niño, y sus regentes, restauraron «los derechos y libertades de los judíos». Pero, no mucho tiempo después, el mismo mandatario daba un giro y el 26 de mayo se entrevistaba con Simeón en Madrid. El día 27 se hacía pública la noticia de un pacto de reconciliación entre ambos por la democracia. Simeón recobraba las esperanzas de restauración, pero reconocía que no era por ahora «prioritaria». Era lógico, pues en ese mismo momento destacados colaboradores de Yelev volvían a insistir en su pasado fascista.

MIGUEL DE RUMANIA

Otro de los reyes considerados serios y con posibilidades es Miguel de Rumanía. Las dramáticas convulsiones de su país han hecho que bastantes miradas se vuelvan hacia él, que ya fue rey en dos ocasiones. Su padre, el rey Carol, llegó a España en compañía de su amante *Madame* Lupescu, con la que marchó después a Portugal. La verdad es que, en el caso del guapo rey Carol, señoras como la Lupescu tuvieron casi tanta importancia en su pérdida del trono como todas las circunstancias históricas en las que se vio envuelto. Y es que la vida de Carol fue tan rocambolesca como es ahora la situación de su hijo. Carol renunció, o mejor dicho, fue despojado de la corona en 1927 por su locura de amor con la bella Lupescu. Entonces, Miguel, con sólo seis años, fue coronado rey. Tres años más tarde el padre volvió y derrocó al hijo, quien devolvió el golpe en 1940 y derrocó a su padre. Sin embargo, Miguel se alineó con la Alemania nazi y las tropas rumanas se lanzaron contra la Unión Soviética. La derrota le obligó a pedir el armisticio a los aliados antes de concluir definitivamente el conflicto. En 1944 se creó en su país el Frente Nacional Democrático, de inspiración comunista, que lo expulsó del trono en 1947. O sea que, en el caso de lograrlo, ésta sería la tercera vez que se sienta en el trono real.

Miguel de Rumanía está poniendo, desde luego, mucho empeño en restaurar la monarquía. Ha adoptado una postura aún más activa que Simeón y ha hecho reiterados intentos por volver a Rumanía, hasta lograr el permiso y visitar el país como particular el 26 de abril de 1992, siendo recibido por sus enfervorizados partidarios. A pesar de que en algún momento Miguel coincidiera en España, donde se traslada con frecuencia, con el poeta Mircea Dinescu, miembro del Consejo de Unidad Nacional, y se rumoreara una posible entrevista que no se produjo, los actuales dirigentes rumanos no parecen tenerle excesivas simpatías, y aunque cuenta con partidarios, tiene también grandes y numerosos enemigos en el interior de su país. El reitera su voluntad de regreso al trono y, según declaró a Emilio Garrido en la revista *Tribuna,* es uno más de los reyes del este que se miran en el espejo español: «Considero muy probable una restauración monárquica a la española en mi país.»

En lo que respecta a las vinculaciones de Miguel de Rumanía con España, se unen las históricas a las de familia, ya que es primo carnal de nuestra reina. Doña Sofía es hija de Pablo de Grecia, hermano de la madre de Miguel, Helena de Grecia. Por ello Miguel de Rumanía se instaló en alguna de sus visitas en el palacio de los reyes españoles. Además, está casado con una Borbón, Anne de Borbón Parma. Durante sus estancias en España mantiene una intensa actividad política, acompañado de un personaje llamado Georges Antoniade, que parece ser una figura clave. Este, que ha castellanizado su nombre a Jorge, fue agregado comercial de la embajada rumana en Madrid e hizo en nuestro país una gran fortuna en negocios de fumigación aérea. Durante el período comunista se mantuvo alejado de la colonia rumana, y es actualmente el introductor del candidato a la corona en los circuitos políticos españoles. Como Simeón, Miguel de Rumanía espera. Sin embargo, una vez superados los máximos momentos de tensión en su país, ve cómo los días pasan y la corona no le cae sobre la cabeza.

Quien ve que otras cosas también pueden caerle sobre la cabeza es el gigantesco Leka de Albania, un hombre de más de 100 kilos de peso y 2,03 metros de altura. Leka de Albania, que residió largo tiempo en España hasta que fue expulsado en 1979 acusado de tráfico de armas, de activismo ultraderechista y de estafar a ciudadanos dándoles títulos de nobleza, se refugió en el régimen racista de Sudáfrica, donde la esperanza de volver a su país y el principio del fin del *apartheid* le han llegado casi al mismo tiempo.

Leka de Albania ha ido más lejos que Miguel de Rumanía en sus intentos de recuperar el trono. Ha llegado incluso a preparar y activar operaciones armadas contra el régimen comunista de su país, y algunos de sus partidarios protagonizaron frustrados intentos de desembarco. Ahora, los albaneses, en penosa situación económica, más que pensar en su exaltado y extremista rey tienen sus ojos vueltos a su vecina Italia, de la que esperan al menos comida, aunque sea a cambio de convertirse en colonia.

Protegido en la época de Franco, Leka de Albania se convirtió luego en un personaje tan estrambótico como incómodo. No sólo es que se dedicara a vender títulos nobiliarios, es que siempre andaba metido en líos de armas. El mismo confesó que cuando lo expulsaron estaba preparando un intento de golpe de Estado para regresar a su país. La policía española encontró en su residencia cientos de armas y una buena cantidad de explosivos. Sus relaciones con los ultras españoles fueron siempre muy estrechas, y aún hoy sigue manteniendo abiertos contactos y vías de comunicación con ellos.

Lo extraño de esa relación es que quienes derrocaron la monarquía albanesa fueron los fascistas italianos de Mussolini, que invadieron el país el 7 de abril de 1939, cuando Leka sólo tenía dos días de edad. Su madre, la reina Geraldine, una condesa húngara casada un año antes con el rey Zog, huyó a Grecia con el recién nacido, donde más tarde se reunió con ellos el depuesto rey. Luego vino el largo exilio. Los primeros veintidós años pasó por Grecia, Turquía, Francia, Inglaterra, Egipto y de nuevo Francia, donde el rey Zog murió en 1961. La reina Geraldine se trasladó entonces a España y aquí su hijo, en presencia de representantes monárquicos exiliados de la Asamblea Nacional albanesa, juró como sucesor del trono.

Pero Leka se metió en los ya relatados problemas, y con la llegada de la democracia en España hubo de poner tierra de por medio, aunque su madre se quedó en nuestro país. Primero se marchó a Rodhesia (Zimbabwe), pero allí Robert Mugabe acabó pronto con el sistema racista y entonces Leka se trasladó al país que todavía lo mantenía: Sudáfrica. Allí fue bien recibido y sus negocios florecieron, sobre todo los relacionados con el tráfico de armas, aunque él dice que es un financiero internacional relacionado con el carbón y el arroz.

Leka, que se considera a sí mismo como un exiliado de guerra, y que recibe a los visitantes en su casa de Johannesburgo con pistola en la cintura, en medio de guardias uniformados y perros bóxers, en un jardín por donde pasean los pavos reales, sigue obsesionado por reconquistar el trono y volver al país donde nació, aunque sólo estuvo allí durante dos días. Un país hambriento y miserable, pero al menos es un país.

ALEJANDRO DE YUGOSLAVIA

No como en el caso de Alejandro de Yugoslavia, que se ha quedado sin país. Hoy su antigua patria se encuertra dividida en siete repúblicas, tres etnias y otras tantas religiones que dirimen sus conflictos a tiros y morterazos. El origen de su familia, la Karagjorgjevic, se remonta a un antepasado suyo, George Petrović, George el negro (*karagjorgje* en el idioma serbio), que se levantó contra los turcos en 1804. Al principio, la dinastía sólo reinó en Serbia, hasta que en 1918 se creó Yugoslavia y Pedro I se convirtió en monarca de todos los pueblos del país, pero con ello, también, de todos los conflictos. La primera tragedia fue el asesinato en Marsella de Alejandro, abuelo del actual pretendiente. Los problemas continuarían hasta la huida de su padre, Pedro II, a Atenas, ante la invasión alemana, a la que, al revés que otros reyes de la zona, el monarca yugoslavo se opuso.

Durante el refugio de la familia real en Inglaterra, nació Alejandro, en 1945, en una habitación del hotel Claridge, declarado territorio yugoslavo para que se cumpliese la norma de que sus reyes debían nacer en suelo patrio. Se cumplió la premisa, pero Alejandro no ha pisado jamás Yugoslavia, ya que al final de la guerra el ejército popular del mariscal Tito (quien, al contrario de lo que ocurrió en otros países ocupados, se encargó él solo de expulsar a los alemanes) se hizo con el poder y proclamó la república para seguir después, con algún matiz, la línea comunista.

El rey Pedro II murió en 1970. Alejandro renunció a ser coronado como rey en el exilio: «Quiero ser rey, pero cuando la monarquía regrese a Yugoslavia.» Educado en Nueva York, Suiza y Gran Bretaña, donde siguió la carrera militar y alcanzó el grado de capitán, su vinculación a España le viene de su primer matrimonio, con María Gloria de Orleans y Braganza, prima del rey Juan Carlos. La boda se celebró en suelo español, en el pueblo de Villa Manrique de la Condesa (Sevilla), y a ella acudieron nuestros reyes, entonces príncipes de España, la princesa Ana de Inglaterra, Constantino de Grecia, y el ex rey Humberto de Italia. De aquella unión nacieron varios hijos: Peter, el heredero, y Philip y Alexander, dos gemelos que fueron apadrinados por los reyes de España. Tanto ellos como su padre hablan fluidamente el español, aprendido de su madre y de las prolongadas estancias en la finca sevillana. Al posible rey yugoslavo le gustan los toros, pero no el flamenco. Alejandro de Yugoslavia se divorció de María Gloria a los doce años de matrimonio, y se casó poco después con una ciudadana griega, también divorciada, en 1985.

Alejandro es consciente de las dificultades de una restauración monárquica en el conjunto de Yugoslavia, sobre todo en las repúblicas no serbias, como Eslovenia o Croacia, o en las que viven varias etnias, como Bosnia-Herzegovina (musulmanes, serbios y croatas), pero aún mantiene alguna esperanza en Serbia, donde el líder opositor Vuc Drasković ha declarado que si es elegido presidente sometería la cuestión monarquía-república a referéndum. Sin embargo, del exaltado y cambiante Drasković, un día militarista y otro pacifista, no cabe esperar mucha seguridad, y respecto al actual presidente, el neocomunista Milosević, Alejandro ya sabe a qué atenerse. Alejandro, eso sí, supo lo que era ser aclamado por sus partidarios en Belgrado a finales de junio de 1992, cuando encabezó una manifestación contra Milosević.

Por añadidura, al legítimo heredero, aunque su corona sea hoy por hoy una entelequia, le ha salido en España un competidor. ¡Y qué competidor! Los ciudadanos españoles se quedaron poco menos que traspuestos cuando tuvieron noticias de que un par de líderes serbios de la facción más extremista y procedentes de la región de Krajina se habían desplazado a España para ofrecer la corona a un tal Alexis de Anjou. La delegación de estos *chetniks,* los serbios más radicales de todos, afincados en la zona de Croacia de mayoría serbia, habían conectado, nadie sabe cómo, con este estrambótico personaje del que sí tenían noticias las policías de algunos países y los genealogistas del nuestro debido a su afición por atribuirse títulos e incluso entregarlos a quien estuviera dispuesto a pagar por ellos.

La delegación *chetnik,* que no parecía saber muy bien quién era Alexis, pero que sí tenía clara la idea propagandística de su viaje, acabó celebrando un estrafalario ceremonial en el parador de Ordesa. Allí, el pretendiente Alexis aceptó el trono el día 12 de febrero de 1992, de manos de un jefe de fuerzas paramilitares, Vojislav Seseljel, con el que no podía entenderse, pues no sabe una palabra del idioma serbo-croata. Las declaraciones de los serbios dejaron poco menos que atónitos a los periodistas que acudieron a la «ceremonia». Resultó que ellos mismos no tenían ni la menor idea de la existencia de Alexis hasta que un tal Atic publicó, meses antes, unos reportajes sobre él. Y como no querían a Alejandro, pues se vinieron a ver a este otro.

Los *chetniks* se volvieron a sus guerras, no se sabe si ya enterados de quién era su pretendiente y de que en vez de un príncipe lo que habían venido a ver era a un falsario y un estafador.

El famoso Alexis de Anjou, que presume de heredero de zares y reyes, pero que nació en el Zaire y ha sido condenado por apropiarse indebidamente de títulos nobiliarios. Los serbios más extremistas le ofrecieron una corona. (Foto: *Tribuna*/Villar.)

Oportunidad no les faltó, pues la polvareda levantada fue sonora. La propia Asociación Monárquica Europea (*ABC* 13-2-92) se vio obligada a publicar la siguiente nota:

«Ante las noticias aparecidas en diferentes medios de comunicación, inclusive *TVE,* sobre la supuesta restauración monárquica en Serbia en la persona de un tal Alexis de Anjou Borbón-Condé Romanov Doulgoruky, quiere manifestar:

»1) El auténtico nombre de este supuesto príncipe es Víctor Briemeyer, nacido en Constermansville (Zaire).

»2) Ninguno de los muchos y variados títulos que ha osado ostentar le corresponden por derecho histórico o dinástico.

»3) Su larga carrera delictiva le ha llevado a ser condenado en diversos países por farsante y estafador, a estar fichado por la Interpol y a ser condenado por estafa en virtud de sentencia de 20 de octubre de 1984, dictada por el juzgado de instrucción número 22 de Madrid.»

El tal Alexis llevaba años dando su particular murga, reclamando tronos y, de paso, aprovechándose de incautos. Por ello, el cachondeo que se montó fue de los que hacen época. Lo mejor salió de la pluma de algunos monárquicos españoles, como Alfonso Ussía, Antonio Burgos o Juan Balansó. El artículo del primero, en *ABC,* fue glorioso. En él, y entre otras reflexiones, decía del supuesto príncipe lo siguiente: «Tras una larga carrera de farsante, usurpador y estafador ha llegado a dominar su fantasía y creerse en verdad nieto de la gran duquesa María de Rusia, bisnieto del zar Nicolás II y príncipe de Anjou, con el nombre de Alexis para más datos. Con el nombre de Alexis fue recibido y agasajado en la recoleta corte lentejil de la "gran duquesa" Mona Jiménez, prima en tercer grado de la princesa Sofía de Jabugo.» Más adelante, tras describir el susto que recibieron en Ordesa los *chetniks* serbios cuando los periodistas les dijeron quién era su pretendido rey, Ussía remata: «Todo termina bien. Sólo falta, como sueña Antonio Burgos, que a Gunilla von Bismarck le ofrezcan la corona los chechenos, que a este paso se la ofrecerán.»

El recochineo de los monárquicos españoles, y de los no monárquicos más, era razonable. Y es que el personaje tenía detrás una historia inmejorable para un esperpento de Valle-Inclán.

Según la particular versión de su autobiografía, titulada *Yo, Alexis, bisnieto del zar,* asegura ser descendiente del emperador de Rusia, y no sólo reclama ahora el trono serbio, sino que antes había hecho lo propio con la corona zarista y con la ucraniana.

En su esplendorosa imaginación, Alexis dice que es nieto de la duquesa María, hija del zar Nicolás, la cual habría salido viva de la matanza de Ekaterimburgo, aunque bien es sabido que no escapó nadie con vida. Pues bien, según su relato, María sí sobrevivió a la ejecución, y huyó de los bolcheviques con el nombre de condesa Czapska, acompañada del príncipe Nicolás Doulgoruky, llamado también conde di Fonzo, que era *volodar* de Ucrania (título desconocido hasta la aparición de Alexis). Según el supuesto nieto, esta pareja se casó en la intimidad en Rumanía, aunque no hay documento que lo certifique. De su unión nació la supuesta princesa Olga Beata, y la familia se estableció en Constermansville, hoy Bukavu, en el Zaire, en una suntuosa mansión llamada Villa Ucrania.

Pero Alexis no se contenta con eso. Resulta que Olga Beata se casó con Briemeyer, pero el matrimonio no duró nada, pues en la vida de Olga Beata apareció Basilio de Anjou, duque de Durazzo, que tras una endiablada intriga la hizo suya por medio de un chantaje amoroso. De la unión nació él, afirma. Y aún llega más lejos: asegura que su madre se casó luego con su primo, Igor Doulgoruky (o sea, más títulos para él).

Finalmente, la justicia belga y el *Boletín de Genealogía y Heráldica de Bélgica,* hartos de las pretensiones del individuo, se encargaron de poner en claro la verdadera historia. Alexis de Anjou es en realidad Alejo Briemeyer, nacido el 4 de mayo de 1946 en el Zaire, fruto del matrimonio de Beatrice Difonzo (la Olga Beata) con un ingeniero llamado Víctor Briemeyer. Sus padres se divorciaron a los dos meses de su nacimiento y su madre se casó después, el 13 de septiembre de 1950, con Ferdinand Josep Oscar Fabry, que murió en 1979.

La supuesta y suntuosa Villa Ucrania es, según relató el periodista Santiago Dueñas en *Tiempo,* un establecimiento público, conocido como «freiduría rápida», que era atendido, según mostraban las fotografías aparecidas en la revista belga *El Pergamino,* por Beatrice y su hijo Alex.

Los delirios de grandeza de Alex salieron pronto a la luz. En su más tierna infancia, en el colegio, ya se hacía llamar Briemeyer de la Kalschayer, y en 1966 se matriculó en la Universidad de Bruselas con el título de príncipe de Khevenhiller-Abensberg. Dos años después anunció en los tableros de su facultad que su padre, el conde Briemeyer, había muerto cobardemente asesinado en Checoslovaquia durante el aplastamiento ruso de la Primavera de

Praga. Así se hizo con otro «título». Pero el bueno de Briemeyer, aun no siendo conde, ni siquiera había muerto, y en 1983 aún residía en la localidad de Grosbous, en Luxemburgo.

Las cosas se complicaron para nuestro Alejo porque, además, la auténtica familia, de casi idéntico nombre, Kevenhuller, le amenazó con demandarlo. El, intimidado, reconoció que había utilizado el nombre para introducirse en la alta sociedad e intentar casarse con una rica heredera. Ahora, no obstante, firma las cartas con su flamante nuevo nombre de Alexis, príncipe Romanov-Doulgoruky.

Como no había quien le diera nacionalidad ni parecía que fuera posible certificarle su personalidad, recurrió al inglés Ray Bates y a su propiedad, la isla artificial de Sealand (una plataforma construida en la II Guerra Mundial), de la que Bates se había declarado soberano. El inglés le expidió el pasaporte como príncipe Romanov-Doulgoruky, pero eso le costó caro. Si la anterior familia no le llevó finalmente a juicio, sí lo hicieron los verdaderos Doulgoruky, la Asociación de la Nobleza Rusa y el procurador del rey de Bélgica. Resultado: Alejo fue condenado a dieciocho meses de prisión y a una multa por falsificación de escrituras públicas, comerciales, bancarias y escritos privados mediante firmas falsas, alteración o imitación de los auténticos documentos, y también, por apropiación indebida de títulos y ostentación de títulos nobiliarios falsos. Alejo no esperó a ser detenido, sino que puso tierra de por medio y escapó a Grecia. Vivió durante algún tiempo en Atenas, donde se hizo pasar por descendiente de los mismísimos emperadores de Bizancio, presentándose con rango imperial. Luego se hizo pasar por el hijo del duque de Durazzo y se vino a España en 1972. El duque de Durazzo, según su partida de defunción, había muerto soltero.

Y aquí tenemos al personaje, que se dedica a utilizar todos estos títulos y algunos más que se le ocurren. Lo curioso es que algunas gentes en Madrid lo reciben de buen grado, e incluso él se permite otorgar títulos, bien de sus «coronas», o bien de la «rama ecuménica» de la Orden de Malta, que dice presidir con gran enojo de la auténtica. Lo de los *chetniks* fue únicamente una gota más, que servirá, eso sí, para alimentar su delirio y para que algún incauto más pique. Por cierto, en las fiestas hay que andar con ojo y llamarle, como poco, alteza, porque si no se pone histérico.

LA FAMILIA BAGRATION

La oferta más en firme de ser rey es la que le hicieron los georgianos a la familia Bagration. Los detentadores del poder en aquella república ex soviética, patria de Stalin para más señas, tras derrocar a base de cañonazos al presidente Zviad Gamsajurdia, que había sido elegido tan sólo unos meses antes, pensaron que una manera de salir del atolladero era convertirse en monarquía constitucional, y a tal efecto dos de sus máximos dirigentes, Guia Chanturia, del Partido Nacional Democrático, y Temur Zhorzholiani, del Monárquico, se presentaron en España dispuestos a llevarse a un rey con ellos, aunque hiciera casi doscientos años que se hubiera acabado la monarquía en su país.

Por lo menos algo tenían claro los dirigentes georgianos, y era la familia heredera. Esa, sin duda, era la de los Bagration, la familia que mantenía la legitimidad dinástica desde que, en 1801, el zar ruso destronara a Jorge XII. Pero lo que no se esperaban los georgianos es que se iban a ver de inmediato envueltos en otra batalla, esta vez de ambiciones, entre todos los hermanos y sobrinos de la familia, a quienes se les pusieron los dientes como espadas con sólo pensar que podían ser reyes. Los hermanos Bagration tienen cierto parentesco con la propia casa real española, como sucede en otros casos mencionados en este mismo capítulo. En efecto, Irakli de Bagration, tras morir María Antonieta de Pasquinim, su primera esposa, de quien nació el 22 de febrero de 1944 su hijo mayor, Jorge de Bagration, se casó en segundas nupcias con María de las Mercedes de Baviera, nieta del rey Alfonso XII, de la que tuvo otros dos hijos, María Paz y Bagrat.

Entre los tres hijos de Irakli se produjo la mencionada pelea. Al que más conocían los españoles era a Jorge de Bagration, debido a sus hazañas automovilísticas, tras haber ganado doce veces, entre 1963 y 1982, el campeonato de España. Ahora, desengañado en su pretensión de ser rey, sigue en lo de los coches, como asesor general de Fiat en Marbella, que es donde reside. Está nacionalizado español, pues vino a España a los seis meses de su nacimiento. Se casó primero con Mercedes Zornoza y Ponce de León, con la que tuvo tres hijos, y ahora está casado en segundas nupcias con Nuria Llopis Oliart, que fue campeona de España de Rally en 1977. Tanto él como sus hijos, María, Irakli y Daviti no hablan georgiano ni han estado jamás en aquel país.

Tras la independencia de Georgia en 1991, Jorge de Bagra-

Jorge de Bagration ante su residencia marbellí. Los georgianos llegaron para ofrecer el trono a una dinastía, y se quedaron espantados ante las peleas familiares. (Foto: *Tribuna*/Sánchez.)

tion, como hermano mayor, pensó que él era el elegido para el trono, y durante los primeros días de enero de 1992 concedió multitud de entrevistas. En todas se mostró más que dispuesto a aceptar la corona, y las palabras «estoy a la disposición de mi pueblo» se repitieron con insistencia machacona. Vamos, que estaba encantado con la idea de ser rey.

Pero he aquí que entró en escena su hermana Paz. Esta, fruto del matrimonio de Irakli de Bagration con María de las Mercedes de Baviera y dentista de profesión, sostiene que su hermano, al divorciarse, había renunciado a sus derechos sobre el trono. Además dice que Jorge nunca se ha preocupado lo más mínimo por Georgia, que no habla la lengua y que no sabe ni dónde cae en el mapa. En cambio, ella ha visitado el país y habla el georgiano, e incluso la sorprendió el golpe contra Gamsajurdia cuando se hallaba de visita en Tbilisi. Total, que ella sirve mejor para ser reina.

Casada primero con el diplomático José Luis Blanco de Briones, muerto en extrañas circunstancias en Zimbabwe, Paz tuvo con él una hija: Tamara, que hoy tiene veintiún años. Ahora está casada de nuevo con otro diplomático, Tomás Ortiz y Valero, de quien tiene un hijo, Luis Alfonso, de ocho años. Paz tampoco dudó en ponerse «a disposición» y estar lista para dejar su anterior vida y volver a Georgia. Claro que mucho mejor si es como reina o como reina madre.

El tercero —o eso se creía—, en discordia, Bagrat, fue el más silencioso. Casado con Carmen Ulloa Suelves, hija de los marqueses de Castro Serna y padre de tres hijos, fue el más cauto de todos, pero también se mostró «dispuesto a aceptar».

Y fue entonces cuando se armó la gorda, porque llegaron los georgianos y se vio claro que su primera intención no era elegir a alguno de los tres hermanos, sino al hijo de uno de ellos. O sea, a un muchacho español, que se iba a ver así, de repente, coronado como rey de Georgia. Parecía que el elegido iba a ser el mayor de los varones de Jorge, Irakli, y así fue publicado. Pero la cosa empezó a agriarse. Primero, los georgianos se encontraron con la sorpresa de que el padre, Jorge, se había hecho muchas ilusiones y se ofrecía para rey. Más aún, estaba empeñado en defender sus derechos como legítimo heredero. Entonces salieron a la luz sus relaciones con el anterior gobernante, Gamsajurdia, y fue acusado por la delegación de haberse «comprometido con él», por lo cual le descartaron junto con sus hijos. Entonces, como su hermanastra Paz era una mujer, la atención se volvió hacia Juan, de catorce años, hijo de Bagrat, el hermano menor.

A esas alturas aquello estaba ya tan liado que no se sabía muy bien qué sucedía con las declaraciones cruzadas de todos. Finalmente se supo que en realidad los georgianos sólo venían a sondear, pues debería haber un referéndum, como poco en 1993, en el que el pueblo georgiano se pronunciara sobre la monarquía. Además, los delegados querían que toda una representación de los Bagration comenzara por hacer una visita a su país de origen.

La visita de la delegación georgiana acabó. Guia Chanturia declaró al volver a su país que «había sido un rotundo fracaso y que volvían decepcionados, lamentando que la ambición de los Bagration haya dado al traste con nuestro ideal», y concluía con una contundente frase: «La familia Bagration tiene como único fin reinar, y no le importaría hacerlo en Georgia, en Francia o en Senegal.» Total, que se volvieron, y como les había fallado la monarquía y Gamsajurdia les apretaba de nuevo desde su refugio en la vecina Chechenia, llamaron a Eduard Shevardnadze, que había sido uno de los mandatarios comunistas georgianos más poderosos. El ex ministro de Asuntos Exteriores de la URSS estuvo —cómo no— «dispuesto» a aceptar las responsabilidades que se le encomendaran. Y es que a mandar está dispuesto absolutamente todo el mundo, como rey o como lo que sea.

MONARCAS CON EXPECTATIVA DE DESTINO

A los españoles, dado que en realidad los pretendientes son en muchos casos compatriotas nuestros, se nos escapaba, o al menos se nos alejaba, otra posibilidad de tener un rey en el este que hablara el castellano. Pero no hay que desesperar.

En nuestro país vivió algún tiempo, y hasta su muerte, ocurrida el 21 de abril de 1992, frecuentó su chalé de Puerta de Hierro, el gran duque Wladimir Romanov, descendiente de la dinastía imperial rusa y bisnieto de Alejandro II. Tan sólo hace cinco años que dejó de residir habitualmente en España, y siempre se le consideró el legítimo heredero al trono. Estaba casado con Leonida, hija del gran duque Jorge de Georgia, y tiene como heredera a María, ya divorciada, a pesar de su juventud, de Franz Guillermo de Prusia, de quien tuvo un hijo, Jorge, ahora el heredero, nacido en la capital de España. Durante su estancia en Madrid, María trabajó como relaciones públicas de la peletera Nelsy Chelala. Ahora ha sido nombrada heredera de la corona imperial rusa.

El gran duque Wladimir mantuvo frecuentes relaciones con las nuevas autoridades rusas, y llegó a viajar a su patria. Allí, al menos, y en solemne ceremonia, logró ser enterrado. Pero el verdadero zar actual, Borís Yeltsin, no parece que vaya a poner la corona en la cabeza de su hija María o de su nieto Jorge.

Por último (que ya es hora de acabar esta relación), no sería ocioso nombrar a otro personaje que vivió también en España. Se trata de Otto de Habsburgo, el hijo de la emperatriz Zita, que al ser destronada se estableció durante una larga temporada en Lequeitio (Vizcaya) antes de cruzar de nuevo los Pirineos.

Otto se halla intensamente introducido en la política de su país, y hoy es diputado en el Parlamento Europeo en las filas del CSU alemán, pero está pensando seriamente en presentarse para jefe de Estado en Hungría, uno de los países que pertenecieron al imperio de sus antepasados. O sea, que Otto adopta otra vía. En vez de reclamar el trono, pretende llegar a la jefatura del Estado a lo democrático y por las urnas.

En fin, que son muchos los reyes con expectativa de destino pero, hasta el momento, coronación no ha habido ninguna. Y en vista de cómo tienen el panorama, no sé si sería muy recomendable para su seguridad futura que los coronaran, porque por aquellas tierras del este lo mismo reclaman hoy un rey que le pueden cortar la cabeza pasado mañana. Sin embargo, todos están «dispuestos» a correr el riesgo. Con todo, la nómina de cabezas coronadas en Europa no ha aumentado en una sola. La última restauración, y la que todos quieren utilizar como ejemplo, fue la española. Sólo nuestros monarcas hicieron algo positivo a favor del sistema que representan para que no se hicieran realidad las palabras que pronunció el rey Faruk de Egipto el día en que fue derrocado, en 1952: «Dentro de unos años, en el mundo, sólo quedarán cinco reyes: el de Inglaterra y los cuatro de la baraja.» No sé si a ellos se añadirá en fecha próxima alguno en el este, pero si eso ocurre, el nuevo monarca corre el riesgo de durar menos que una partida de cartas. Eso si no es más falso que un rey de naipes.

Epílogo

Quise comenzar el libro, que ahora termina, sin prólogo alguno ni introducción que fuera situando al lector. Preferí abrir inmediatamente los cortinones del escenario y que los protagonistas comenzaran de inmediato a danzar en la escena. Así, con mayor o menor fortuna, según mi mayor o menor inspiración y sus personales habilidades, han ido apareciendo ante los ojos del lector. Ahora llegó el final, pero antes de dejar caer el telón sí que haré una breve y última reflexión, un breve epílogo.

No quisiera, bajo ningún concepto, que una cierta imagen de la aristocracia que haya podido transmitirse en estas páginas —a lo largo de las cuales aparecen a veces los actos más escabrosos protagonizados por algunos de sus miembros o los esperpénticos intentos de otros que quieren ingresar en el selecto club— se identificara con la globalidad de la nobleza española. En esas dos mil familias que hoy componen el reducido elenco de nuestros títulos nobiliarios, es necesario decir que la inmensa mayoría son ciudadanos que estudian, trabajan, se esfuerzan, triunfan o fracasan, personas normales en una sociedad como la española en los albores del siglo XXI. Tienen una tradición y un título a sus espaldas, y la mayoría de los que conozco no alardean de él, pero tampoco se avergüenzan de llevarlo.

Muchas veces son los nobles discretos, los mejor adaptados a la nueva época que a todos nos toca vivir, los que se irritan más que nadie con los delirios de grandeza, las salidas de tono, los escándalos o las ínfulas medievales de algunos de sus compañeros de escudos y blasones.

Entre la aristocracia, como ocurre en cualquier otro sector de la sociedad española, se encuentran la inteligencia y la estupidez, la grandeza y la mezquindad, el éxito o el fracaso y, por supuesto, esa otra nobleza o esa otra villanía que es la que de verdad debe tenerse en cuenta a la hora de valorar a los seres humanos.

Como anécdota final he de reconocer un común denominador que ha presidido no pocas investigaciones. Por regla general, a mayor ampulosidad, alarde de blasones y pregón de linajes ha correspondido en muchas ocasiones el simple delirio de la titulitis, y al silencio cauto, la prudencia y la cierta reserva para airear las grandezas familiares han correspondido los verdaderos apellidos de rancias y auténticas tradiciones.

Código Penal

* Artículo 322

El que públicamente usare un nombre supuesto o se atribuyere títulos de nobleza que no le pertenecieren, incurrirá en las penas de arresto mayor y multa de 30.000 a 60.000 pesetas.

Cuando el uso del nombre o título supuestos tuviere por objeto ocultar algún delito, eludir una pena o causar algún perjuicio al Estado o a los particulares, se impondrán al culpable las penas de arresto mayor y multa de 30.000 a 150.000 pesetas.

No obstante lo dispuesto en este artículo, el uso del nombre supuesto podrá ser autorizado temporalmente por la autoridad superior administrativa mediante justa causa.

Real Decreto 1368/1987, de 6 de noviembre, sobre régimen de títulos, tratamientos y honores de la Familia Real y de los Regentes («B.O.E.» núm. 271, de 12 de noviembre de 1987).

A propuesta del Ministerio de Justicia, previa deliberación del Consejo de Ministros en su reunión del día 6 de noviembre de 1987.

DISPONGO:

CAPITULO PRIMERO

De la Real Familia

Artículo 1.° 1. El titular de la Corona se denominará Rey o Reina de España y podrá utilizar los demás títulos que correspondan a la Corona, así como las otras dignidades nobiliarias que pertenezcan a la Casa Real. Recibirá el tratamiento de Majestad.

2. La consorte del Rey de España, mientras lo sea o permanezca viuda, recibirá la denominación de Reina y el tratamiento de Majestad, así como los honores correspondientes a su Dignidad que se establezcan en el ordenamiento jurídico.

3. Al consorte de la Reina de España, mientras lo sea o permanezca viudo, corresponderá la Dignidad de Príncipe. Recibirá el trata-

miento de Alteza Real y los honores correspondientes a su Dignidad que se establezcan en el ordenamiento jurídico.

Art. 2.° El heredero de la Corona tendrá desde su nacimiento o desde que se produzca el hecho que origine el llamamiento la Dignidad de Príncipe o Princesa de Asturias, así como los demás títulos vinculados tradicionalmente al Sucesor de la Corona y los honores que como tal le correspondan. Recibirá el tratamiento de Alteza Real. De igual Dignidad y tratamiento participará su consorte, recibiendo los honores que se establezcan en el ordenamiento jurídico.

Art. 3.° 1. Los hijos del Rey que no tengan la condición de Príncipe o Princesa de Asturias y los hijos de este Príncipe o Princesa serán Infantes de España y recibirán el tratamiento de Alteza Real. Sus consortes, mientras lo sean o permanezcan viudos, tendrán el tratamiento y honores que el Rey, por vía de gracia, les conceda en uso de la facultad que le atribuye el apartado f) del artículo 62 de la Constitución.

2. Asimismo el Rey podrá agraciar con la Dignidad de Infante y el tratamiento de Alteza a aquellas personas a las que juzgue dignas de esta merced por la concurrencia de circunstancias excepcionales.

3. Fuera de lo previsto en el presente artículo y en el anterior, y a excepción de lo previsto en el artículo 5 para los miembros de la Regencia, ninguna persona podrá:

a) Titularse Príncipe o Princesa de Asturias u ostentar cualquier otro de los títulos tradicionalmente vinculados al Sucesor de la Corona de España.

b) Titularse Infante de España.

c) Recibir los tratamientos y honores que corresponden a las dignidades de las precedentes letras a) y b).

Art. 4.° Los hijos de los Infantes de España tendrán la consideración de Grandes de España, sin que ello dé origen a un tratamiento especial distinto del de Excelencia.

CAPITULO II

De la Regencia

Art. 5.° Quienes ejerzan la Regencia tendrán el tratamiento de Alteza e iguales honores que los establecidos para el Príncipe de Asturias, a no ser que les correspondan otros de mayor rango.

CAPITULO III

De los títulos de la Casa Real

Art. 6.º El uso de títulos de nobleza pertenecientes a la Casa Real solamente podrá ser utilizado por el Titular de la Corona o los miembros de su familia. La atribución del uso de dichos títulos tendrá carácter graciable, personal y vitalicio.

DISPOSICIONES TRANSITORIAS

Primera.—1. Don Juan de Borbón y Battemberg, padre de Su Majestad el Rey Don Juan Carlos I de Borbón, continuará vitaliciamente en el uso del título de Conde de Barcelona, con tratamiento de Alteza Real y honores análogos a los que corresponden al Príncipe de Asturias.

2. Igual título y tratamiento recibirá la madre de Su Majestad el Rey Don Juan Carlos I de Borbón, Doña María de las Mercedes de Borbón y Orleáns.

Segunda.—Las hermanas de Su Majestad el Rey Don Juan Carlos I de Borbón serán Infantas de España y conservarán el derecho al uso del tratamiento de Alteza Real vitaliciamente, pero no sus consortes ni hijos.

Tercera.—Los miembros de la familia del Rey Don Juan Carlos I de Borbón que en la actualidad tuviesen reconocido el uso de un título de la Casa Real y el tratamiento de Alteza Real podrán conservarlo con carácter vitalicio, pero no sus consortes ni descendientes.

DISPOSICION DEROGATORIA

Quedan derogadas las disposiciones del mismo o inferior rango que se opongan a lo previsto en el presente Real Decreto.

Dado en Madrid a 6 de noviembre de 1987.

JUAN CARLOS R.

El Ministro de Justicia,
Fernando Ledesma Bartret

Real Decreto 222/1988, de 11 de marzo
(«B.O.E.» núm. 67, de 18 de marzo de 1988)

Por el que se modifican los Reales Decretos de 27 de mayo de 1912 y 8 de julio de 1922 en materia de rehabilitación de títulos nobiliarios.

(...)

Por otra parte, las autorizaciones de uso de los españoles de títulos extranjeros han sufrido una desnaturalización de su significado, pasando a configurarse en la actualidad como una corroboración del título extranjero mediante el Real Despacho español y siendo utilizado dicho título del Reino. La situación descrita hace conveniente que la utilización de uso se condicione a un relieve extraordinario para España del título en cuestión.

(...)

«Artículo 17: En lo sucesivo sólo se expedirán autorizaciones de uso en España de títulos extranjeros que tuviesen una significación valiosa para España en el momento de la solicitud, que deberá ser apreciada como tal por la Diputación de la Grandeza y el Consejo de Estado. Denegada la autorización, no podrá reiterarse la solicitud mientras no concurran nuevas circunstancias.»

Real Decreto 602/1980, de 21 de marzo

Por el que se modifican diversos artículos del Real Decreto de 8 de julio de 1922.

La complejidad de los trámites requeridos para la rehabilitación de títulos nobiliarios en el Real Decreto de 8 de julio de 1922, así como la amplitud del grado de parentesco ahora legitimado para solicitar en vía administrativa tal beneficio, hace indispensable, para mantenerlo en sus justos límites, modificar en parte el citado Real Decreto para que, sin merma del principio cardinal de la perpetuidad en toda rehabilitación nobiliaria, se agilicen aquellos trámites y se delimite el grado de parentesco que ha de concurrir en el solicitante en esta vía para evitar prolongaciones que desnaturalizan el fondo de la Institución.

Asimismo se tiende a dar mayores facilidades para obtener la rehabilitación a aquellos parientes que siendo ascendientes, descendientes, hermanos o descendientes de éstos, del último poseedor legal de la merced, no hubieran solicitado en tiempo y forma la correspondiente sucesión, siempre que alegaran justa causa a juicio de la Administración, en cuyo caso la rehabilitación adquiere naturaleza de sucesión, pasando a regirse por los preceptos del Real Decreto de 27 de mayo de 1912, salvo, como es consustancial, en lo referente a obligaciones fiscales por parte del legítimo poseedor del título.

Finalmente, y como consecuencia del carácter de gracia excepcional y discrecional que supone la concesión de una rehabilitación nobiliaria, se consideran denegadas las solicitudes sobre las que no hubiere recaído resolución expresa dentro del año siguiente al día en que hubiera sido puesto a despacho el expediente concluso a falta exclusivamente de firma Real.

En su virtud, a propuesta del Ministro de Justicia y previa deliberación del Consejo de Ministros en su reunión del día 21 de marzo de 1980,

DISPONGO:

Artículo único. Se modifican los artículos 4.°, 10, 11 y 13 del Real Decreto de 8 de julio de 1922, que quedarán redactados en la forma siguiente:

«Art. 4.° Sólo podrán solicitar la rehabilitación aquellas personas que se encontraran en alguno de los siguientes grupos:

A) Descendientes directos, hermanos y descendientes directos de hermanos del último poseedor legal de la merced pretendida.

B) Colaterales hasta el cuarto grado civil inclusive del último poseedor legal.

C) Descendientes directos de cualquiera que se demuestre haber ostentado legalmente dicha dignidad.»

«Art. 10. A los españoles en quienes concurra el grado de parentesco establecido por el apartado A) del artículo 4.° y no hubieren podido solicitar la sucesión en el título durante los tres años siguientes al fallecimiento del último poseedor les será de aplicación el Real Decreto de 27 de mayo de 1912, sobre sucesiones, siempre que alegaran justa causa en el retraso, libremente apreciada por la Administración.

No obstante, en estos casos se aplicará, a efectos fiscales, lo dispuesto para rehabilitaciones de títulos nobiliarios.»

«Art. 11. Los méritos aducidos por el solicitante serán apreciados discrecionalmente y en los casos B) y C) del artículo 4.° serán tales que excedan notoriamente del cumplimiento normal de obligaciones propias del cargo o profesión del pretendiente o que destaquen por sus servicios a la comunidad o la cultura y no hayan sido motivo de recompensa anterior a la petición que en ellos se apoye.»

«Art. 13. La resolución de los expedientes de rehabilitación se acordará mediante Real Decreto que será publicado en el "Boletín Oficial del Estado".

No obstante, se considerarán denegadas tácitamente las solicitudes sobre las que no haya recaído resolución expresa dentro del año siguiente al día de puesta a despacho del expediente de rehabilitación.»

Disposición transitoria

El plazo a que se refiere el artículo 13 se computará en los expedientes actualmente puestos a despacho a partir de la vigencia del presente Real Decreto.

Disposición derogatoria

Queda derogado el Decreto 1299/1962, de 1 de junio, y cuantas disposiciones de igual o inferior rango se opongan a lo dispuesto en el presente Real Decreto.

Disposición final

El presente Real Decreto entrará en vigor el mismo día de su publicación en el «Boletín Oficial del Estado».

Dado en Madrid a 21 de marzo de 1980.

JUAN CARLOS R.

El Ministro de Justicia,
Iñigo Cavero Lataillade

DIPUTACIÓN PERMANENTE

Y CONSEJO DE LA

GRANDEZA DE ESPAÑA

EXCMO. SEÑOR.:

La Diputación Permanente y Consejo de la Grandeza de España, que tiene encomendada la representación de la Nobleza Titulada Española, y la consideracion de Corporación Asesora y Consultiva del Estado en materia nobiliaria, ante la reiterada aparición en órganos de la información de diversos artículos, reflejando opiniones de ciertos medios jurídicos, sobre supuestos cambios en la Legislación Nobiliaria, especialmente en lo referente al orden sucesorio de las Grandezas de España y Títulos del Reino, quiere dejar clara constancia de que su posición en este tema es la de respetar la fórmula que tradicionalmente se ha aplicado.

Se entiende que no existe discusión alguna respecto de aquellos Títulos en cuya Carta de Creación, se establece un orden específico ó irregular y que se rigen por ésta y por las escrituras de fundación y otros documentos de su procedencia: y que para los demás títulos debe mantenerse la sumisión a las normas del órden regular de sucesión, que es el que siempre se ha seguido.

Se cumple con ello la obligación moral que impone a la Nobleza Española, el mantener un legado histórico y cultural que no pertenece a sus miembros individuales ni siquiera como grupo, sino que forma parte del patrimonio inmaterial que es la propia Historia de España.

Estima la Diputación que en la aplicación de la norma de sucesión tradicional no se produce una discriminación de la mujer al igual que no se discrimina, por razon de edad, al hermano mas joven; sino que se aplica un orden preestablecido para la adjudicación de un bien no susceptible de partición.

Al pronunciarse asi, la Diputación estima que respeta de este modo la Voluntad Real, al crear los títulos; el deseo de quienes merecieron que se les otorgasen, y la confiada seguridad en la eficacia de tales normas, que sintieron cuantos ostentaron tales distinciones a lo largo de los siglos.

Cree tambien la Diputación que interpreta fielmente el sentir mayoritario de quienes actualmente ostentan los títulos, con orgullo y con responsabilidad, conscientes de su obligación de mantener en su integridad el legado espiritual que constituye la institución de la nobleza.

Madrid 24 Abril 1989.

EL DECANO,

DIPUTACION PERMANENTE
Y CONSEJO DE LA
GRANDEZA DE ESPAÑA

ILTMO. SEÑOR:

La Diputación Permanente y Consejo de la Grandeza de España quiere de nuevo expresar y reafirmar la doctrina que viene manteniendo en sus preceptivos informes oficiales, sobre el orden de suceder en Grandezas y Títulos del Reino.

Ante la pretensión de que la preferencia del varón sobre la mujer ha de entenderse discriminatoria en lo que respecta a dichas sucesiones, la Diputación entiende que:

1.º El artículo 14 de la Constitución se refiere a la igualdad de todos los españoles ante la Ley, sin que pueda prevalecer discriminación alguna. La posesión de un título es una preeminencia o prerrogativa de honor que **no entraña privilegio alguno o especial ventaja política,** ni lesiona los principios recogidos en el citado precepto, ni daña otros derechos constitucionales.

2.º La Convención de Nueva York de 18 de diciembre de 1979, suscrita por España, sobre no discriminación de la mujer, se refiere a derechos y libertades fundamentales de la persona humana. Ahora bien, el derecho a suceder en un título nobiliario, no obstante su relevancia, **no puede considerarse un supuesto de derecho fundamental de la persona humana.**

El derecho a suceder en un título **no figura** entre los derechos fundamentales y libertades públicas recogidos en la Constitución española, ni en los textos internacionales.

3.º Los Títulos Nobiliarios se crearon para honrar y distinguir a personas con importantes méritos. Están sujetos en su sucesión, en primer lugar, a lo que se determina y establece en la Carta de Concesión y, en su defecto, al orden de sucesión que tradicionalmente se ha seguido en esta materia.

Los Títulos Nobiliarios ya existentes son bienes vinculados sobre los que se carece de poder de disposición y, por lo tanto, deben regirse siempre por la ley concesionaria y no pueden estar sometidos a incertidumbres jurídicas en sus diferentes transmisiones.

4.º El Tribunal Constitucional ha sentado en su Sentencia de 24 de mayo de 1982, que **no resulta discriminatoria la existencia de los Títulos Nobiliarios,** ni su adquisición por vía sucesoria.

El Consejo de Estado, en reciente dictamen de 8 de marzo de 1990, ha manifestado su coincidencia con las apreciaciones de la Diputación Permanente de la Grandeza de España y del Servicio de Asuntos de Gracia del Ministerio de Justicia.

Declara, ese Alto Organismo, que no desconoce las recientes Sentencias del Tribunal Supremo, pero que ha de mantener en esta materia la autorizada doctrina del Tribunal Constitucional; añade que no cabe sostener que determinados elementos de la institución nobiliaria sean inconstitucionales, y que el orden regular de sucesión en Títulos y Grandezas de España, tal y como aparece regulado en la legislación vigente, no es inconstitucional.

La Diputación de la Grandeza no desconoce, por su parte, esas recientes Sentencias del Tribunal Supremo acerca de las sucesiones nobiliarias, pero ha de mantener en esta materia el respeto y aplicación de la normativa y del derecho histórico y la autorizada doctrina del Tribunal Constitucional, que podrá pronunciarse de nuevo sobre el alcance del artículo 14 de la Constitución Española, si se somete el caso a su alta consideración.

Madrid, mayo de 1990.

EL DECANO,

DIPUTACION PERMANENTE
Y CONSEJO DE LA
GRANDEZA DE ESPAÑA

ILMO. SR.

Ante las diversas informaciones publicadas últimamente sobre posible alteración del orden sucesorio de los Títulos Nobiliarios, esta Diputación Permanente y Consejo de la Grandeza de España, con el objeto de que no se produzca confusión ni se extraigan conclusiones improvisadas o erróneas, quiere expresar a V. I., que su criterio es totalmente opuesto a lo que se deduce de dichos escritos, por estimar que la Legislación Nobiliaria histórica española tiene unas características especiales, singularidad apreciada y reconocida en Sentencia del Tribunal Constitucional, y que dicho criterio así fue expuesto y mantenido en los informes oficiales referentes a los Títulos en que este problema se ha planteado hasta la fecha.

El criterio que la Diputación ha sustentado siempre es que la Sucesión de Títulos Nobiliarios se rige por las condiciones establecidas en la Carta de Creación del Título, y en defecto de cláusulas especiales, por el Orden Sucesorio Regular.

Dios guarde a V. I. muchos años.

Madrid, septiembre de 1987.

EL DECANO
DUQUE DEL INFANTADO

JEFATURA DEL ESTADO

Instrumento de Ratificación de 16 de diciembre de 1983 de la Convención sobre la eliminación de todas las formas de discriminación contra la mujer, hecha en Nueva York el 18 de diciembre de 1979.

JUAN CARLOS I,
REY DE ESPAÑA

Por cuanto el día 17 de julio de 1980 el Plenipotenciario de España, nombrado en buena y debida forma al efecto, firmó en Nueva York la Convención sobre la eliminación de todas las formas de discriminación contra la mujer, hecha en Nueva York el 18 de diciembre de 1979;

Vistos y examinados los 30 artículos de dicha Convención;

Concedida por las Cortes Generales la *autorización* prevista en el artículo 94.1 de la Constitución,

Vengo en aprobar y ratificar cuanto en ella se dispone, como en virtud del presente lo apruebo y ratifico, prometiendo cumplirlo, observarlo y hacer que se cumpla y observe puntualmente en todas sus partes, a cuyo fin, para su mayor validación y firmeza, *mando* expedir este Instrumento de Ratificación firmado por mí, debidamente sellado y refrendado por el infrascrito Ministro de Asuntos Exteriores, con la siguiente reserva:

«La ratificación de la Convención por España no afectará a las disposiciones constitucionales en materia de sucesión a la Corona española.»

Dado en Madrid a 16 de diciembre de 1983.

JUAN CARLOS R.

El Ministro de Asuntos Exteriores,
Fernando Morán López

TITULO II

DE LA CORONA

Artículo 57. 1. La Corona de España es hereditaria en los sucesores de S. M. Don Juan Carlos I de Borbón, legítimo heredero de la dinastía histórica. La sucesión en el trono seguirá el orden regular de primogenitura y representación, siendo preferida siempre la línea anterior a las posteriores; en la misma línea, el grado más próximo al más remoto; en el mismo grado, el varón a la mujer, y en el mismo sexo, la persona de más edad a la de menos.

2. El Príncipe heredero, desde su nacimiento o desde que se produzca el hecho que origine el llamamiento, tendrá la dignidad de Príncipe de Asturias y los demás títulos vinculados tradicionalmente al sucesor de la Corona de España.

3. Extinguidas todas las líneas llamadas en Derecho, las Cortes Generales proveerán a la sucesión en la Corona en la forma que más convenga a los intereses de España.

4. Aquellas personas que teniendo derecho a la sucesión en el trono contrajeren matrimonio contra la expresa prohibición del Rey y de las Cortes Generales, quedarán excluidas en la sucesión a la Corona por sí y sus descendientes.

5. Las abdicaciones y renuncias y cualquier duda de hecho o de derecho que ocurra en el orden de sucesión a la Corona se resolverán por una ley orgánica.

Ley 4 mayo 1948 (Jefatura del Estado, B. O. 5).

Concesión, restablece la legislación anterior.

Artículo 1.° Se restablecen, en cuanto no se opongan a la presente Ley y Decretos que la complementen, las disposiciones vigentes [1] hasta el 14 de abril de 1931 sobre concesión, rehabilitación y transmisión de Grandezas y Títulos del Reino, ejercitándose por el Jefe del Estado la gracia y prerrogativas a que aquéllas se refieren.

[Véase Decreto 4 de junio de 1948, núm. 29133.]

Art. 2.° Se reconoce, según los mismos llamamientos establecidos en la legalidad a que se refiere el artículo anterior, el derecho de ostentar y usar Grandezas y Títulos concedidos por los Monarcas de la rama tradicionalista, previo el cumplimiento de los requisitos establecidos en aquellas disposiciones, siempre que se conserven las Reales Cédulas de concesión o testimonio fehaciente de ellas.

Art. 3.° Los títulos otorgados por reyes españoles en territorios que

[1] Constituida principalmente por el Real Decreto 27 mayo 1912 (G. 29) con el texto refundido regulador y sus complementarios de 28 junio 1915 (G. 2 julio), sobre inscripciones en el Registro Civil, 29 julio 1915 (G. 31) sobre certificaciones de las Leyes de armas, 8 julio 1922 (G. 12) de rehabilitación de títulos y la Real Orden 21 julio 1915 (G. 22) con Estatutos de la Grandeza. *(Es nota oficial.)*

pertenecieron a la Corona de España podrán, asimismo, rehabilitarse mediante la revisión y tramitación correspondiente.

Art. 4.º Sin perjuicio de lo dispuesto en el Código Penal para los casos en que constituya delito, podrá ser sancionado reglamentariamente el uso indebido de Grandezas y Títulos.

[Véase el artículo 322 del Código Penal, núm. 12867.]

Art. 5.º El Jefe del Estado podrá acordar la privación temporal o vitalicia de aquellas dignidades nobiliarias cuyos legítimos poseedores se hayan hecho personalmente indignos de ostentarlas. En este caso, la Grandeza o Título quedará vinculado en la familia con arreglo al orden de sucesión establecido en las Leyes.

Art. 6.º El pago de derechos de carácter fiscal para las concesiones, transmisiones y rehabilitaciones de dignidades podrá ser prorrogado, fraccionado o condonado total o parcialmente cuando concurran circunstancias especiales que hayan justa la la concesión de tal beneficio.

Artículo adicional. El Ministro de Justicia concederá un plazo prudencial a los súbditos de las naciones hispanoamericanas y de Filipinas para que soliciten la reivindicación en su favor de los Títulos nobiliarios a que estimen tener derecho.

Las solicitudes oportunas, dirigidas al Jefe del Estado español, podrán ser presentadas en las representaciones diplomáticas y consulares de nuestro país y serán sometidas al Ministro de Justicia para su aprobación definitiva.

Disposiciones transitorias

1.ª Los Títulos concedidos con anterioridad al 14 de abril de 1931, en virtud de la legislación entonces vigente, y para cuyo uso legítimo sólo faltase algún requisito complementario a la disposición oficial que los otorgó, serán autorizados, previa solicitud al Jefe del Estado, por el que se expedirá la oportuna carta, cumplidos que sean los trámites correspondientes.

2.ª Las Grandezas y Títulos vacantes por fallecimiento de su legítimo poseedor, con posterioridad al 14 de abril de 1931, podrán transmitirse, a petición de parte y mediante la oportuna justificación documental, tramitándose sus expedientes por el Ministerio de Justicia en la forma que reglamentariamente será establecida. Podrá aportarse como prueba documental los expedientes de sucesión instruidos por la Diputación de la Grandeza en el período que media entre el 14 de abril de 1931 y el 2 de octubre de 1947.

Disposición final

Quedan derogadas cuantas disposiciones se opongan a lo prevenido en la presente Ley, de modo expreso el Decreto de 1 de junio de 1931 (R. 1931, 365), y Ley que lo ratificó de 30 de diciembre del mismo año (R. 1932, 22), y se autoriza a los Ministros de Justicia y Hacienda para dictar las Ordenes necesarias al desenvolvimiento de los Decretos que desarrollen lo dispuesto en la presente Ley.

Decreto 4 junio 1948 (M.º Just., B. O. 16, rect. B. O. 18)

Desarrolla la Ley anterior, de rehabilitación.

Artículo 1.º De conformidad con lo establecido en el artículo 1.º de la Ley de 4 de mayo de 1948 (núm. 29132), la concesión de Títulos nobiliarios así como la transmisión y rehabilitación de los mismos, se ajustarán a las normas contenidas en la legislación vigente con anterioridad al 14 de abril de 1931, con las modificaciones que en el presente Decreto de establecen.

[Véase R. D. de 8 de julio de 1922 y O. de 21 de octubre del mismo año, ambos sobre rehabilitación de Grandezas y Títulos, núms. 29127 y 29128.]

Art. 2.º Los expedientes sobre uso de Grandezas y Títulos otorgados por los Reyes españoles en territorios que pertenecieron a la Corona de España se tramitarán por las normas establecidas para la rehabilitación de los Títulos de Castilla.

El reconocimiento de los Títulos concedidos por los Monarcas de la rama tradicionalista se tramitarán en igual forma, debiéndose aportar como prueba las Reales Cédulas de su concesión, y en caso de pérdida será preciso que quede testimoniada en forma fehaciente la existencia de aquélla.

Se sustanciarán por los mismos trámites los expedientes que se inicien a solicitud de los súbditos de naciones hispanoamericanas y Filipinas, para la reivindicación de los Títulos nobiliarios concedidos por los Reyes de España a personas residentes en aquellos territorios por servicios prestados en los mismos, concediéndose, en todo caso, un plazo de tres meses, a contar de la publicación de los edictos, para que los súbditos de dichos países puedan oponerse a la rehabilitación solicitada. Los peticionarios podrán presentar sus instancias dirigidas al Jefe del Estado, con el árbol genealógico y demás documentos necesarios, en las representaciones diplomáticas o consulares de España, remitiéndolas éstas al Ministerio de Justicia para su tramitación.

Art. 3.º La publicación de edictos que, en los expedientes a que se refieren los artículos anteriores, deban hacerse con arreglo a la legislación vigente, se efectuará únicamente en el «Boletín Oficial del Estado».

Art. 4.° El plazo para formular oposición en los expedientes de rehabilitación será el de tres meses.

Art. 5.° El orden de suceder en todas las dignidades nobiliarias se acomodará estrictamente a lo dispuesto en el título de concesión y, en su defecto, al que tradicionalmente se ha seguido en esta materia.

Art. 6.° El uso indebido de Títulos y Dignidades nobiliarias será constitutivo de las figuras de delito que definen y castigan los artículos 322 y siguientes del Código Penal (núm. 12867), sin perjuicio de las sanciones que reglamentariamente correspondan.

El uso de un Título o Dignidad nobiliaria sin cumplir los preceptos contenidos en el presente Decreto se considerará como indebido.

Art. 7.° La privación temporal o vitalicia de dignidades, a que se refiere el artículo 5.° de la Ley de 4 de mayo de 1948 (núm. 29132), será acordada por el Jefe del Estado, a propuesta del Consejo de Ministros, previa formación del correspondiente expediente, que se iniciará de oficio por el Ministerio de Justicia, en el que habrá de ser oído el interesado, y podrán informar la Diputación de la Grandeza y el Consejo de Estado.

[Véase R. O. de 21 de julio de 1915, núm. 29125.]

Cuando se decrete la privación vitalicia del Título, quedará éste vacante, efectuándose la transmisión, al ocurrir el fallecimiento del titular, con arreglo al orden de suceder establecido por el artículo 5.° de este Decreto.

Art. 8.° En todo lo referente al pago de derechos se estará a lo establecido en la legislación vigente con anterioridad a 14 de abril de 1931 y a lo que, en su caso, se disponga por el Ministerio de Hacienda.

Disposiciones transitorias

1.ª Los expedientes sobre Grandezas y Títulos nobiliarios pendientes sólo de algún requisito complementario en 14 de abril de 1931 podrán seguir tramitándose siempre que los interesados o sucesores legítimos los soliciten del Jefe del Estado en el término de seis meses, a partir de la publicación de este Decreto, siguiéndose su curso en el mismo trámite en que se hallaren y sin retroceder en ningún caso su tramitación.

En los casos en que se hallare iniciado el expediente, y corriendo algún plazo del mismo, se entenderá que éste comienza a computarse de nuevo a partir de la publicación del presente Decreto, pero sin que pueda entenderse caducado el término antes de transcurridos tres meses en los de sucesión o de rehabilitación.

[El término de este plazo fue fijado en 31 de enero de 1949 por O. de 12 de diciembre de 1948, B. O. 10 de enero de 1949, R. 1949, 35.]

La Orden de 27 de octubre de 1948 (M.º Just., B. O. 9 noviembre, R. 1351) dispone:

1.º En los expedientes sobre Grandezas y Títulos Nobiliarios, a que se refiere la disposición transitoria primera del Decreto de 4 de junio de 1948, en que se solicite por el interesado que se reanude su tramitación, se anunciará por medio de edicto en el «Boletín Oficial del Estado» la nueva petición concediéndose un plazo de treinta días para que puedan formular reclamación los que se consideren con derecho al Título de que se trata.

2.º Transcurrido el tiempo fijado en los edictos, si no se hubiere formulado reclamación alguna, se reanudará el curso del expediente y, en su día, se adoptará la resolución que sea pertinente.

En el caso de que se presenten otros aspirantes al Título se sustanciará su petición por los trámites establecidos en la legislación vigente.

3.º Cuando el interesado no solicite la reanudación del expediente a que se refiere dicha disposición transitoria y se presentare por persona distinta otra petición sobre la misma dignidad, se anunciará y tramitará ésta conforme a las normas vigentes.

[Si ante esta nueva petición pidiere el primer interesado la reanudación en su expediente, se tramitará aquélla con arreglo a las normas establecidas hasta alcanzar el mismo trámite en que se hallare el asunto acogido a la disposición transitoria primera, que entre tanto quedará en suspenso.]

2.ª Las sucesiones de Grandezas y Títulos nobiliarios que hubieran sido tramitadas por la Diputación de la Grandeza deberán ser convalidadas por el Jefe del Estado, a cuyo efecto aquellos que vinieren usando las referidas dignidades lo solicitarán del mismo dentro del término de seis meses, a partir de la publicación de este Decreto.

Las solicitudes deberán presentarlas los interesados en el Ministerio de Justicia, bien directamente o por conducto de la Diputación de la Grandeza. Cuando se trate de dos o más sucesiones de un mismo Título, se formulará una sola petición, que se tramitará en un mismo expediente.

Cuando la solicitud se formule por conducto de la Diputación de la Grandeza, se cursará por ésta, en unión del expediente y de cuantos antecedentes obren en la misma con relación al Título de que se trate, al Ministerio de Justicia. En el caso de que la petición se hubiere formulado directamente, podrá aportarse por el interesado, como prueba documental, el expediente de sucesión instruido por la Diputación de la Grandeza. En uno y otro caso se entenderá que, en tanto se tramita el expediente, el peticionario podrá seguir usando el Título objeto de la convalidación.

El expediente se tramitará anunciándose la petición en el «Boletín Oficial del Estado», concediéndosele un plazo de noventa días, a partir de la publicación de los edictos, para que los que se consideren con derecho a la sucesión del título puedan formular sus reclamaciones.

Si dentro del plazo de los edictos no se formulare reclamación alguna y de la documentación presentada no resultare defecto en la transmisión verificada por la Diputación de la Grandeza, el Ministerio de Justicia someterá al Jefe del Estado la resolución que estime procedente.

En el caso de que, dentro del término señalado en los edictos, se presenten otros aspirantes al Título, se sustanciará la oposición por los trámites establecidos en la legislación vigente.

3.ª Las sucesiones o rehabilitaciones de Títulos nobiliarios que se soliciten por personas no comprendidas en los supuestos a que las anteriores disposiciones transitorias se contraen, se tramitarán con arreglo a las normas contenidas en la legislación vigente, entendiendo en cuanto a plazos, a efectos de caducidad, que aquellos que quedaron interrumpidos el día 14 de abril de 1931 comienzan nuevamente a contarse desde la fecha de publicación de este Decreto.

Disposiciones finales

1.ª Todas las referencias que en la legislación cuya vigencia se establece se hacen al Rey y a la Monarquía, se entenderá que se atribuyen y contraen al Jefe del Estado y a la Nación.

2.ª Quedan derogados los artículos 1.º, 4.º, 6.º en su párrafo segundo, 14, 18, 19 y 20 del Decreto de 27 de mayo de 1912 (núm. 29120), el apartado séptimo de la Orden de 21 de octubre de 1922 (núm. 29128), así como cuantas disposiciones exijan determinada renta para ostentar dignidades y Títulos nobiliarios o se opongan a los preceptos contenidos en este Decreto, y autorizado el Ministro de Justicia para dictar cuantas fueren precisas para su debida ejecución y cumplimiento.

INDICE ONOMASTICO